湖南省『十四五』时期社会科学重大学术和文化研究专项项目成果

湖南第一师范学院红色学术文库·思政系列　　主　编　罗成翼

总　编　罗成翼

李昱等　著

传承与弘扬
湖南传承红色基因研究

社会科学文献出版社
SOCIAL SCIENCES ACADEMIC PRESS (CHINA)

总　序

麓山脚下，湘江岸边，湖南一师，钟灵毓秀。

千年学府，百年师范，红色摇篮，作育英才！

在中国近现代教育史上，湖南第一师范文脉盛昌，人才辈出，涌现了许多赫赫有名的历史人物，创立了一系列影响中国历史进程的思想学说，为民族和国家培养了很多学贯中西、经天纬地的栋梁之材。其教育发展的历史与长沙、湖南乃至中国社会的历史进程紧密结合，休戚与共，可以说，湖南一师是中国近现代师范教育的先驱与典范。

湖南第一师范的前身为南宋时期创建的城南书院，书院虽历经朝代更替，但一直秉承"成就人才，传道济民"的教育宗旨，格心致本，化育英才。书院创立者张栻，师承湖湘学派开创者胡宏，发展理学，初步奠定湖湘学派规模，成为一代学宗，与其时的朱熹、吕祖谦合称"东南三贤"。南宋至晚清的城南书院，名师辈出，学者云集，以研习儒家经籍为主，间或议论时政，对湖南学术思想的发展有重要的影响，成为"昔贤过化之地，兰芷升庭，杞梓入室，则又湘中子弟争来讲学之区"。至清朝，道光皇帝给予嘉奖，亲书"丽泽风长"四字匾额榜于讲堂。此后，城南书院声名大噪，成为湖南规模和影响最大的两所书院之一。

鸦片战争以后，国家多难，民族危机日益加重。城南书院为了济世救民，经世致用，着力培养实学人才。曾国藩、左宗棠、胡林翼、郭嵩焘、王闿运、张百熙等，或讲学于此，或求学于此。正如清代学者李彦章题城南书院："考古证今，致用要关天下事；先忧后乐，存心须在秀才时。"此联反映了城南书院由过去理学研习之所转变成关注民生、心忧天下的教育重地。

1903 年，湖南师范馆迁入城南书院，合并更名为湖南全省师范学堂。"五四"新文化运动前后，受新思想、新文化、新道德的影响，涌现出毛泽东、蔡和森、何叔衡、任弼时、李维汉、杨昌济、徐特立、孔昭绶、易培基等一批叱咤风云、卓乎人英的新民主主义革命者、无产阶级革命家、教育家。从此，中国民主革命和共产主义运动的红色种子在湖南第一师范生根发芽，"红色摇篮"成为其代名词。一代伟人、共和国创立者毛泽东，年轻时在湖南第一师范求学和工作。当时学校在校长孔昭绶主政下，"采最新民本主义规定教育方针"，以"人格教育、国民教育、实用教育为实现救国强种唯一之宗旨"，强调人格和学识的全面培养，吸引了一大批有志青年前来求学。也是在这里，毛泽东和蔡和森、何叔衡、罗学瓒等人结为朋友，纵论国事、探求真理，逐渐积累了渊博的知识，具备了开阔的眼界和强健的体魄，立下了"改造中国与世界"的宏伟志向。

中华人民共和国成立后，古老而年轻的湖南第一师范焕发新的生机，在教育文化的形式和内涵上，美美与共，革故鼎新，开了中国红色教育的先河，成为师范教育一道亮丽的风景线。

清代启蒙思想家龚自珍说："欲知大道，必先为史。"百年一师史是一部厚重的革命史、教育史，更是一部光荣的奋斗史。回顾第一师范百余年教育的光辉历史，其办学理念之"新"，主要有三点。一是开放办学。湖南一师早期教育在本土与西方、传统与现代、保守与先进的碰撞和交锋中走向开放融合，放眼世界、对接社会、开放办学，这是其人才辈出的"外部土壤"。二是民主治校。湖南一师早期所推崇和践行的自觉、自动、自治，是其人才辈出的"内在机理"。三是"大家"执教。湖南一师早期汇聚了一批胸怀"国之大者"的"大先生"群体，是其人才辈出的"源头活水"。

百廿喜回眸，学府更巍峨；盛世逢华诞，桃李沐春风！

适逢第一师范建校 120 周年，承蒙学界关心和学者耕耘，"湖南第一师范学院红色学术文库"丛书孕育而生，幸即付梓。此丛书旨在围绕"红色一师"建设重大任务，致力于湖南第一师范早期教育研究，擦亮"红色一师"名片。该丛书重在系统收集、整理、保存一师学人的红色学术成果，全面展示一师红色研究特色，传承和弘扬一师的红色学术思想与学术精神。

该丛书主要由湖南第一师范学院的教授、博士主持编撰，分思想政治、教育学等多个系列，分批出版，力求做到特色鲜明、资料翔实、分析严谨、深入浅出。丛书在编写上力求突出以下特点。一是研究内容的广泛性。丛书深入探究百年一师的办学思想、办学理念、课程体系、教学方法和师德师风等，努力寻找其办学过程中的"精神密码"。二是研究视角的多维性。丛书从政治学、教育学、历史学等角度，对湖南一师的早期教育、校长办学思想、教师群体、学生群体展开细致研究，绘制出一幅早期湖南一师兴办教育、积极改革、为国育才，学生崇道好学、敢为人先的生机勃勃、积极向上的历史画卷。三是研究方法的多元性。丛书利用档案、文集、日记、年谱、报刊、校史等第一手文献资料，将研究结论建立在翔实的史料基础之上，力图更多地用客观事实说话，用实际材料说话。因此，丛书凸显了湖南第一师范的教育特色、红色本色，值得一读。

"路漫漫其修远兮，吾将上下而求索。"

20 世纪初清华大学原校长梅贻琦说："所谓大学者，非谓有大楼之谓也，有大师之谓也。"湖南一师在百余年的师范教育进程中不仅涌现了许多大师级大先生，而且成长了一大批引领时代的学生，其影响及于整个近现代中国社会进程。1950 年，毛泽东在与校友叙旧时深情地回忆说："我没有正式进过大学，也没有到外国留过学，我的知识，我的学问，是在一师打下了基础。一师是个好学校。"湖南一师厚重的文化传统、光荣的革命传统和优良的教育传统，是中国共产党办学治校的宝贵财富，是落实立德树人根本任务的"传家宝"。

回望历史是为了更好地把握未来。新时代的师范院校，承担着培养大国良师的时代重任。静思细品湖南一师百余年的教育文化内涵，在新时代，我们更应该牢牢把握人才培养这一精神密码的实质内容，铭记立德树人的根本任务，以高目标引领人才培养方向；坚守为时代育人的担当使命，以高视野打开人才培养格局；践行以质量求发展的办学思想，以高标准保障人才培养质量，让湖南一师红色教育之光常亮。唯其如此，湖南一师的明天才会更加美好。这正是我们编著此丛书的目的。

罗成翼

2023 年 10 月 1 日

前　言

红色潇湘，巍巍忠魂，"十步之内，必有芳草"。这片热土英雄辈出、灿若星辰，中共一大 13 名代表中湖南人有 4 位；"为了民族复兴·英雄烈士谱"793 位（组）英烈中，湖湘英烈占比近 1/8；开国授衔将帅整体名单中，湖南人占了 1/7；抗美援朝战役中，5 名（代）司令员都是湖南人。这片热土革命胜迹星罗棋布，目前有已登记的革命类不可移动文物 2400 余处，革命文物保护展示项目 330 个，革命博物馆纪念馆 70 家。这片热土饱经鲜血浸染、烈火洗礼；这片热土写满故事，载满荣光。无数仁人志士在三湘四水留下动人诗篇，缔造了"半部中国近代史，竟由湖南血写就"的传奇，也为后人留下珍贵的历史文化财富。作为伟人故里、将帅之乡、红色圣地，湖南是中国共产党初心的重要萌发地和中国共产党创建的重要策源地之一，是新民主主义革命的重要发源地之一，也是中国共产党革命精神的重要锻造地和党的实事求是思想路线策源地。

芳草之地，涌动着敢为人先的开创精神、前仆后继的牺牲精神、代代相传的报国热忱。从范仲淹的"先天下之忧而忧，后天下之乐而乐"到杨度的"若道中华国果亡，除是湖南人尽死"，从屈原的"吾将上下而求索"到毛泽东、蔡和森的"改造中国与世界"，千载而下，湖南精神熠熠生辉，红色基因薪火相传。传承红色基因，离不开对中华优秀传统文化和红色文化（包括革命文化和社会主义先进文化）的弘扬。中华优秀传统文化以中国红为基，展现中国人昂扬向上的精气神。革命文化以中国红为基，彰显革命先烈坚韧无畏的英雄气。社会主义先进文化承继了中华优秀传统文化对于红色的推崇，发展了革命文化所铸就的红色品格，立足社会主义现代化建设，与时俱进地开辟中国特色社会主义文化新境界。红色基因积淀民族历史和革命传统，是我们精神的归宿、力量的源泉、成功的密钥。

近代以来，湖南以其砥柱之坚、牺牲之众、贡献之大，铸就了百余年党史上的特殊地位。习近平总书记每次考察湖南，都对湖南的红色文化和党史资源给予高度肯定和评价。汝城"半条被子的温暖"专题陈列馆、岳麓书院、湖南第一师范学院……党的十八大以来，习近平总书记四次到湘考察调研，其间多次深入革命圣地、红色旧址、革命历史纪念场所，缅怀革命先辈，重温峥嵘岁月，勉励广大党员干部用好红色资源、传承红色基因，走好新时代长征路。2024 年 3 月 18 日，习近平总书记在考察湖南第一师范学院时指出："一师是开展爱国主义教育、传承红色基因的好地方，要把这一红色资源保护运用好。"① 红色资源承载着我们党为中国人民谋幸福、为中华民族谋复兴的初心使命，是我们新时代"赶考"路上最宝贵的精神财富。我们要按照习近平总书记的指示，让信仰之火熊熊不息，让红色基因融入澎湃血脉，让红色精神激发磅礴力量，在新时代新征程中再立新功，在中国式现代化建设中再创辉煌。

---

① 新华社：《习近平在湖南考察时强调：坚持改革创新求真务实　奋力谱写中国式现代化湖南篇章》，中国政府网，2024 年 3 月 21 日，https://www.gov.cn/yaowen/liebiao/202403/content_6940751.htm? menuid=197。

目　录

第一章　红色基因的基本问题 …………………………………… 1

第一节　红色基因的科学内涵 …………………………………… 2

第二节　红色基因的理论渊源 …………………………………… 15

第三节　红色基因的文化底蕴 …………………………………… 27

第四节　红色基因的实践基础 …………………………………… 38

第二章　湖南红色基因的历史演进 ……………………………… 51

第一节　新民主主义革命时期湖南红色基因的历史演进 …… 52

第二节　新中国成立以来湖南红色基因的历史演进 ………… 65

第三节　构成湖南红色基因不可或缺的内在条件 …………… 77

第三章　湖南红色基因的文化源泉 ……………………………… 99

第一节　湖南红色基因的历史土壤 …………………………… 100

第二节　传道济民的湖湘文化 ………………………………… 113

第三节　马克思主义的先进文化 ……………………………… 124

第四节　奋斗不息的革命文化 ………………………………… 135

第四章　湖南传承红色基因的物化载体 ………………………… 145

第一节　湖南的伟人故里和名人故居 ………………………… 146

第二节 湖南的历史旧址和革命文物……………………… 151

第三节 湖南的文博事业及其软实力……………………… 161

第四节 湖南红色基因的基本元素及特质………………… 170

第五章 湖南传承红色基因的基本经验…………………… 192

第一节 融入时代：红色氛围"浓"起来…………………… 193

第二节 内化于心：红色理念"立"起来…………………… 203

第三节 固化于行：红色资源"活"起来…………………… 214

第四节 激发活力：红色经济"富"起来…………………… 224

第五节 升华主题：红色文化"兴"起来…………………… 231

第六章 新时代湖南传承红色基因的发展策略…………… 244

第一节 新思想引领：构建红色基因学科………………… 245

第二节 科学化布局："红古绿"三色融合 ………………… 257

第三节 全员化普及：创新红色基因传播方式…………… 268

第四节 融入式发展：擦亮红色文旅名片………………… 278

第五节 新时代升华：续写红色传承篇章………………… 290

后 记………………………………………………………… 302

第一章

红色基因的基本问题

2022 年 10 月 16—22 日，中国共产党第二十次全国代表大会在北京胜利召开。这是我国迈上全面建设社会主义现代化国家新征程、向第二个百年奋斗目标进军的关键时刻所召开的一次十分重要的大会。习近平总书记在党的二十大报告中明确宣示了党在新征程上举什么旗、走什么路、以什么样的精神状态、朝着什么样的目标继续前进，科学谋划了未来五年乃至更长时期党和国家事业发展的目标任务和大政方针。其中关于红色基因传承的问题，习近平总书记亦有明确指示。他强调，要"坚持不懈用新时代中国特色社会主义思想凝心铸魂"，要"坚持理论武装同常态化长效化开展党史学习教育相结合，引导党员、干部不断学史明理、学史增信、学史崇德、学史力行，传承红色基因，赓续红色血脉"。① 要贯彻落实习近平总书记的指示精神，高举中国特色社会主义伟大旗帜，就需要进一步研究红色基因，探寻传承和弘扬红色基因的有效路径。我们不仅要了解红色基因的产生和发展，还需大力挖掘红色资源，把握红色基因的实质内涵，领悟其精神要义，实现以红色文化教育人、以红色基因凝聚力量的目标。本

---

① 习近平：《高举中国特色社会主义伟大旗帜　为全面建设社会主义现代化国家而努力奋斗——在中国共产党第二十次全国代表大会上的报告》（2022 年 10 月 16 日），人民出版社，2022，第 65 页。

章首先从红色基因的基本问题入手，拟厘清基本概念，探讨红色基因相关理论及其文化底蕴。

第一节　红色基因的科学内涵

"基因"这一称谓，本来是生物学界的学术术语。"红色基因"作为社会科学的一个重要概念，源自习近平总书记 2013 年在兰州军区视察时的讲话。目前，红色基因这个概念已成为政治术语，体现党的性质宗旨和精神面貌，是中国共产党不同于其他一切阶级政党的鲜明标识，是共产党人的精神内核和维系中华民族的精神纽带。近年来，红色基因被新闻界、学术界广泛使用，相关概念探讨亦有不少。兹首先做一简要梳理，以使其内涵更加清晰明了。

一　红色基因概念的提出

"红色基因"作为学术关键词，最早出现在中国知网数据库所收录的《瞭望》2009 年第 30 期之《"铁军"叶挺独立团》一文中；同时，它作为文献标题核心词语，最早出现于中国知网数据库所收录的《军事记者》2010 年第 9 期之《传承红色基因　开创军媒未来——纪念〈战士报〉创刊 80 周年"新闻继承与创新"研讨会综述》。然而，以上文章仅仅提到"红色基因"的概念，并没有专门论述其内涵。2013 年 2 月 4 日，习近平总书记在兰州军区视察工作时，强调要持续深入抓好党的十八大精神学习贯彻，深入进行党史军史和光荣传统教育，确保部队建设坚定正确的政治方向。[①]

---

① 《习近平看望空军某基地酒泉卫星发射中心和兰州军区机关官兵　向全军广大指战员武警官兵致以新春祝福》，《人民日报》2013 年 2 月 7 日，第 1 版。

2016 年 2 月 2 日，他在江西瞻仰井冈山革命烈士园时又指出：
"回想过去那段峥嵘岁月，我们要向革命先烈表示崇高的敬意，
我们永远怀念他们、牢记他们，传承好他们的红色基因。"① 2019
年 5 月 22 日，他在江西考察工作结束时发表讲话强调："我们要
从红色基因中汲取强大的信仰力量……自觉做共产主义远大理想
和中国特色社会主义共同理想的坚定信仰者和忠实实践者，真正
成为百折不挠、终生不悔的马克思主义战士。"② 他还强调："光
荣传统不能丢，丢了就丢了魂；红色基因不能变，变了就变了
质。"③ 此后相关论述更多，反复出现在各种文献或讲话中，兹不
赘述。

目前，学界对红色基因的概念界定暂未统一，但对红色基因
的生成基础、内涵及特色等有较多探讨。刘建平等认为红色基因
是几代中国共产党人流血牺牲凝聚而成的宝贵精神财富，中华民
族独特且深厚的历史文化底蕴，同马克思主义及其中国化的伟大
实践共同构成红色基因的形成基础。④ 金民卿提出，红色基因生
成于中国共产党的创建时期，源于党的早期创建者们对马克思主
义指导地位的坚持与坚守，亦是早期马克思主义者坚守共产主义
远大理想的体现。⑤ 黄细嘉等在阐释共产主义理想信念与中华优秀
传统文化对红色基因形成所起到的思想根源与历史根本之载体作用
时，提出中国革命实践是红色基因形成的生命根本，而中国共产党

---

① 《祝全国各族人民健康快乐吉祥　祝改革发展人民生活蒸蒸日上》，《人民日报》
2016 年 2 月 4 日，第 1 版。
② 习近平：《用好红色资源，传承好红色基因　把红色江山世世代代传下去》，
《求是》2021 年第 10 期。
③ 习近平：《习近平谈治国理政》第 2 卷，外文出版社，2017，第 183 页。
④ 刘建平、王昕伟、周蓓：《习近平总书记关于红色基因的重要论述研究》，《湘
潭大学学报》（哲学社会科学版）2020 年第 4 期。
⑤ 金民卿：《中国共产党创建时期的红色基因》，《湖北社会科学》2021 年第 6 期。

自身的思想建树与价值取向共同构成推动红色基因形成及发展的主体力量。①总之，学界一般认为红色基因的生成基础，既离不开中华优秀传统文化这一历史底蕴，也离不开中国共产党人对马克思主义理论的实践运用与理论创新。

红色基因作为习近平新时代中国特色社会主义思想的重要概念之一，是彰显以习近平同志为核心的党中央的智慧结晶、民族立场、深远战略眼光的首创产物。党的十八大以来，随着习近平总书记多次在重要场合强调、重申发展红色基因这一重要命题，关于"红色基因"的相关研究日渐增多，"红色基因"日趋成为我国学术界的研究热点。而红色基因在"湖南"这一革命圣地如何传承和发扬光大，应是湖南学术界及社会科学工作者所关注的重点问题。

二　红色基因的概念界定

中国共产党在百余年革命、建设、改革历程中，留下了大量红色印记，创造了鲜明的红色文化，并凝结为红色基因，融入共产党人的精神血脉。从红色基因凝结的过程看，马克思主义和中华优秀传统文化是其主要理论渊源，马克思主义中国化进程必然彰显文化创造性转化与创新性发展的理论成果。红色文化体现着党的性质宗旨，承载着党的初心使命，是党领导中国人民在革命、建设、改革和新时代的伟大实践中创造积累的具有鲜明时代特征的先进文化，其精神内核是中国共产党人的精神谱系和中国精神，共同构成实现中华民族伟大复兴的强大精神力量。习近平总书记指出，"我们党之所以历经百年而风华正茂、饱经磨难而生生不息，就是凭着那么一股革命加拼命的强大精神"。②这股精神有红色文化的印记，是

---

① 黄细嘉、韩晶晶：《红色基因：生成逻辑、赓续历程与传承机理》，《南昌大学学报》（人文社会科学版）2022年第2期。

② 习近平：《在党史学习教育动员大会上的讲话》，《求是》2021年第7期。

中国人民朝着伟大事业迈进的精神动力。如果说红色文化是外在表现形式，那么红色基因则是内在衍生密钥。

（一）红色基因的基本要义

红色基因是共产党人在革命战争中构建的、经过血与火淬炼的精神因子，是在中国革命、建设和改革实践中不断锻造、升华出的思想结晶的形态集合，是中国共产党永葆生机朝气的生命密码与精神武器，呈现与时俱进、历久弥新的发展性与先进性。罗心欲指出，习近平总书记将"基因"引入中国共产党领导人民军队的"红色"政治意涵中，红色基因是决定中国共产党内在优质品质的信息序列和本质编码方式。[1] 王易等认为红色基因是具有强大遗传效应的政治文化基因片段。[2] 从红色基因的主要内容看，顾超认为红色基因的深刻内涵包括中国共产党人坚定执着的理想信念、一心为民的优良传统、顽强拼搏的斗争精神、严明自觉的纪律作风和不断创新的思想品格；[3]刘建平等认为红色基因的重要组成部分有中国共产党革命精神、中国革命历史与老一辈革命家和模范人物的崇高品质。[4] 总体而言，红色基因的内涵应至少有这些要义：以先进的思想理论与优秀传统文化底蕴为基石，以坚强厚重的历史伟力为论证，以与时俱进的实践创新为路径，彰显了中国共产党的初心使命与价值依归，承载着党与人民各个时期具体的奋斗目标，且深化为共产党人与中华民族全体人民日用而不觉的文化观念与精神动力。

（二）红色基因的鲜明特色

红色基因的生成、发展有其特定的种植土壤与培育场域，是在

---

[1] 罗心欲：《红色基因：科学内涵·作用机理·传承路径》，《中学政治教学参考》2021 年第 23 期。

[2] 王易、田雨晴：《论红色基因的生成条件、核心内容及时代价值》，《南开学报》（哲学社会科学版）2022 年第 1 期。

[3] 顾超：《教师要自觉传承红色基因》，《思想政治教育研究》2022 年第 3 期。

[4] 刘建平、王昕伟、周蓓：《习近平总书记关于红色基因的重要论述研究》，《湘潭大学学报》（哲学社会科学版）2020 年第 4 期。

特定的历史背景、时代境遇下形成的，决定了红色基因富有鲜明的特质。张建宝等认为红色基因具有鲜明的党性、深邃的科学性、坚定的革命性、深厚的人民性、崇高的道德性与深远的民族性。[①] 程小强强调，坚持红色基因的继承性与创新性相统一，使其在新时代焕发出新的生命力。[②] 周静认为红色基因传承的鲜明特色旨在坚持不忘初心、牢记使命的核心要义，坚持推进伟大革命与进行伟大斗争，坚持锐意进取、守正创新。[③] 以上说明，红色基因的鲜明特色在于蕴含着爱国、信仰、无私奉献以及百折不挠等精神气质，这是我们党奋斗历史和探索精神的再现。具体而言，红色基因的鲜明特色表现为稳定性与发展性相统一，历史性与现实性相统一，以及民族性与世界性相统一。

红色基因有稳定性与发展性相统一的特点。红色基因的稳定性，在于其在革命斗争中经过千锤百炼积淀凝结而成，能团结力量、固根守魂，同时提供了人们共同坚守的核心理念与价值遵循，因而其并非历史长河中多变而难以界定的随机产物。红色基因的发展性，在于其是中国特色社会主义的重要组成部分，是指导中国共产党人在各个领域实践探索中不断取得辉煌成果的基本依据。随着中国特色社会主义建设事业的推进，红色基因亦会与时俱进，彰显其独特的时代内涵与蓬勃生机，这也是党的创新理论不断发展的必然要求。

红色基因有历史性与现实性相统一的特点。红色基因的历史性，在于其在历史实践中具体生成，并经过了历史的检验和淬炼。中国共产党的红色基因不是凭空而起的天然产物，而是在社会历史

---

① 张建宝、胡占君：《红色基因的丰富内涵与新时代传承》，《世界社会主义研究》2021 年第 12 期。

② 程小强：《红色基因的深刻内涵与时代价值》，《人民论坛》2021 年第 1 期。

③ 周静：《论新时代红色基因传承的鲜明特色》，《河海大学学报》（哲学社会科学版）2021 年第 2 期。

发展进程中得以构建的"生成品"与"凝练物"。党史就是红色基因不断充实、不断进化的"生成史",就是不断促使红色基因内涵丰富化、推动红色基因意蕴多样化的"凝练史"。红色基因的现实性,在于其并非静止的历史遗留物,而是能不断自我创新、解决现实问题的精神密码。传承红色基因需以社会发展和文明进步的现实要求为基础,以解决现实问题为导向,既要凝聚全民共识,使其投身实践探索之中,又要整合创新成果,不断丰富理论内涵。坚持红色基因的历史性与现实性相统一,应该固本培元、守正创新,不断增强红色基因的内在张力与隐性潜力,充分展现红色基因助推中华民族伟大复兴的磅礴伟力。

红色基因还具有民族性与世界性相统一的特点。民族性体现了红色基因的本土特征与生成环境,这要求我们在落实红色基因的传承、实践、赓续等各个环节中坚持实事求是,坚守初心使命,坚决反对民族虚无主义、历史虚无主义等错误思想与观点。世界性是指红色基因的开放发展与国际影响,红色基因与时俱进,不断吸收一切中外优秀文化,体现出具有中国特色的思想、理念和价值观,满足了人们对精神文化的追求和向往。随着我国国际地位的提升,红色基因的国际传播日益增多,世界影响力也日益凸显。红色基因蕴含马克思主义中国化的时代结晶,彰显中华文化和中国精神的时代精华。中国和平发展为扩大红色文化世界影响力提供了内在动力;而文化相互激荡的国际环境为红色文化对外交流提供了广阔舞台,资本主义经济和社会危机亦为红色基因走向世界提供了良好契机。① 坚持红色基因的民族性与世界性相统一,不仅是对中华优秀传统文化及其思想精髓的传承赓续,是创造和发展中国特色社会主义先进文化的必然要求,也是弘

---

① 刘娇:《中国红色文化世界影响力面临的机遇和挑战》,《北方传媒研究》2022年第1期。

扬中国文化、坚定文化自信，使中国文化更好惠及全世界人民的基本遵循。

（三）红色基因的精神内核

红色基因是共产党人的精神内核，是党的光荣传统、优良作风及革命精神的集中表现。它在"破坏一个旧世界，建设一个新世界"的伟大历史进程中淬炼而成，是对"中国共产党来自何方、为何出发？"这一问题的深刻解答。红色基因是对革命精神的深度凝练，反映了中国共产党人坚定信念、追求真理的历史过程，体现了中国共产党人勇立潮头、破旧立新的担当意识与爱国情怀。红色基因蕴含着中国特色社会主义伟大事业不断前行的精神动力，也是全面建成社会主义现代化强国的不竭动力源泉。

习近平总书记强调："人无精神则不立，国无精神则不强。"[①]百余年来，中国共产党始终坚守红色基因，与时俱进，开拓创新，熔铸出气壮山河的系列精神。这正是我们党作为马克思主义政党与资产阶级政党有着本质区别的根本原因所在，是我们党的性质宗旨、党性品格与人民情怀的真切体现。2021年中共中央宣传部公布的第一批纳入中国共产党人精神谱系的伟大精神，集中诠释了对红色基因的继承与弘扬。其精神内核主要包括以下内容：坚定理想信念，始终追求真理；对党忠诚，坚持以人民为中心；勇于斗争，乐于奉献。

坚定理想信念，坚守真理，不惧风浪，始终高举马克思主义伟大旗帜，是中国共产党人深刻洞察历史规律、社会本质而作出的选择。中国共产党人经受住了无数次革命失败或低潮的考验，曾经面临严峻的白色恐怖，大量共产党员和革命群众倒在了血泊中，但是

---

① 习近平：《在纪念红军长征胜利80周年大会上的讲话》（2016年10月21日），人民出版社，2016，第9页。

"中国共产党和中国人民并没有被吓倒,被征服,被杀绝",相反,
"他们从地下爬起来,揩干净身上的血迹,掩埋好同伴的尸首,他
们又继续战斗了"。① 中国共产党带领全国人民创造了举世瞩目的
伟大成就,始终秉持"两个务必"的优良革命传统,发扬民主政
治,勇于自我革命,刀刃向内,打破了数千年来治乱兴衰的"历史
循环论",取得了一个又一个中国奇迹。

中国共产党一路走来,未曾被任何困难击垮,未曾被任何敌人
打倒,靠的就是坚定的理想信念,是无数党员对党的无比忠诚。对
党忠诚是全体共产党员的基本政治品格,党员恪守忠诚品格,坚定
不移听党话,一心一意跟党走,这是中国共产党作为百年大党而依
然风华正茂的基因密码,是红色基因的第一精神要义。

中国共产党一路走来,未曾被任何困难击垮,未曾被任何敌人打
倒,还有一个关键因素是紧紧依靠人民。相信人民、依靠人民,做到
以人民为中心,坚持人民至上的根本立场,是中国共产党赓续红色基
因的人本主义精神要义。对人民忠诚、对事业坚守,铸就了共产党人
的革命灵魂与碧血丹心。作为党员对党绝对忠诚,是不负人民初心根
植的前提要求,是党始终保持与人民群众血肉相连的关键保障。对党
忠诚、不负人民体现了中国共产党人的红色基因所涵括的党性修养,
在危急时刻、生死关头,指引着中国共产党人坚贞不屈、勇毅前行,
带领全国各族人民一起攻坚克难,取得一个又一个伟大胜利。

赓续红色血脉,旨在把革命先烈流血牺牲打下的红色江山守护
好、建设好。红色血脉内在于红色资源之中,见证了中国共产党一
路艰辛奋斗创造出的辉煌历程。红色基因蕴含着革命先烈大无畏的
牺牲精神与斗争精神,鼓舞人们为新时代实现中华民族伟大复兴目
标而不懈奋斗。回顾百余年历史,无数先辈留下的壮丽凯歌,就是

---

① 《毛泽东选集》第 3 卷,人民出版社,1991,第 1036 页。

一曲曲敢于斗争、敢于牺牲的激昂乐章，英烈们所留下的英勇顽强的战斗作风、勇往直前的作战信念、牺牲奉献的优良品格及其忧患意识、危机意识、责任意识等，为红色基因抹上了最鲜亮的精神色彩。

（四）红色基因的使命担当

中国共产党的初心使命是为中国人民谋幸福，为中华民族谋复兴。后来进一步演绎出"四为四谋"，即"为中国人民谋幸福，为中华民族谋复兴，为人类谋进步，为世界谋大同"。党员的初心使命由红色基因决定，红色基因的实质内容是中国共产党基于一定历史时期而形成的实践产物，是对党的百余年历史进行总结、升华而凝练出的现实表征。

红色基因的特质决定其内在使命担当实际上是一个实践课题。红色基因涵盖了多重精神样态，是中国共产党带领全国各族人民应对实践难题、解决实践困境、回答时代问题的精神标杆。始终围绕实践而发展，是红色基因的动态发展沿着正确轨道与先进理路不断迈进的根本保障。红色基因作为引领奋进实践的重要力量绵延不绝，是中国共产党独有的特色优势。

中国共产党的红色基因传承史，彰显了时代发展的前进趋势与民族发展的进取方向，产生于历史实践，作用于社会实践，同时为党永葆风华正茂提供实践力量。中国共产党之所以能带领人民攻克重重难关，不断实现阶段性目标，正是有赖于根植在共产党人血肉灵魂之中的红色基因。马克斯·韦伯说："任何一项伟大事业的背后，都必须存在着一种无形的巨大的精神力量。更为重要的是，这种精神力量一定与该项事业的社会文化背景有密切渊源。"① 无论

---

① 转引自省社科联课题组：《贯彻"5·17"重要讲话精神　打造中国特色哲学社会科学中原品牌》，《河南日报》2017年5月17日，第6版。

客观环境多么复杂严峻，无论前进道路多么艰难曲折，苦征恶战的革命岁月锻造了中国共产党人傲雪凌霜、甘之如饴的革命意志与进取精神，沉淀为独具内涵的红色基因，早已融入中国革命、建设以及改革的波澜壮阔的发展历程，成为指引中国特色社会主义伟大事业接续奋进的行动指南与共同纲领。

没有生动实践，何来精神凝练；没有红色实践，何来基因沉淀。任何一种价值观要能真正升华为使命担当，要能真正发挥作用，必须融入社会生活，让人们在实践中感知它、领悟它。红色基因的使命担当体现在为党的建设、国家各项事业的发展高举精神旗帜，发挥出足以消解面临的重重危机并最终促成胜利的现实效用。红色基因内蕴着中国共产党的血色担当，彰显了一脉相承的精神气象，为新时代共产党人不忘初心、砥砺前行提供不竭的精神动力。红色基因作为中国共产党宝贵的精神财富，是新时代推进中国特色社会主义建设的重要基础，饱含着共产党人始终如一的初心和使命，为新时代立党兴党强党构建起实践规范，对助推实现中华民族伟大复兴的伟大实践具有强大的激励和指导作用。

三　湖南红色基因的鲜明特色

在党史上，湖南英才辈出、群星璀璨。习近平总书记指出："湖南是一方红色热土，走出了毛泽东、刘少奇、任弼时、彭德怀、贺龙、罗荣桓等老一辈革命家，发生了秋收起义、湘南暴动、通道转兵等重大历史事件，大批共产党人在这片热土谱写了感天动地的英雄壮歌。"[①] 红色热土孕育红色精神，红色精神奠定红色基因。中国共产党成立百余年来，伟大建党精神及党的精神谱系作为一个与时俱进的"红色"整体，在党领导全国人民不懈奋斗的历程中变得

---

① 习近平：《论中国共产党历史》，中央文献出版社，2021，第285页。

日益厚重而深刻。其中，湖湘元素作为党的红色文化与红色基因的重要组成部分，无疑是贯穿立党兴党强党过程中不可或缺、极其宝贵的精神养分。质言之，湖南作为"一步一尊英雄躯"的中国革命策源地与"敢教日月换新天"的毛泽东思想发源地，红色基因在湖湘大地上的形成与发展极具代表性，充分彰显了湖湘人的血性刚毅、笃实无我、忧乐天下、敢为人先的"精气神"等鲜明特色。

（一）坚定不移的理想信念

坚定理想信念是中国共产党人精神谱系的思想内核，对理想信念的誓死追求与不变坚守，在湘籍共产党人身上得到切实体现。1917 年，俄国十月革命一声炮响，为中国送来了马克思列宁主义。1918 年 4 月 14 日，还在湖南省立第一师范学校求学的毛泽东与蔡和森、何叔衡等发起成立了新民学会，这一进步团体后来被蔡畅誉为"建党先声"。此时的青年毛泽东，已深刻觉察湖南人民饱受列强与军阀的多重压迫，呼吁"民众大联合""共谋新社会"。他在1919 年五四运动期间自创《湘江评论》，先后发表了三篇《民众的大联合》，指出："到了近世，强权者，贵族，资本家的联合到了极点，因之国家也坏到了极点，人类也苦到了极点，会社〈社会〉也黑暗到了极点。于是乎起了改革，起了反抗。于是乎有〔民〕众的大联合。"并坚信："压迫愈深，反动愈大，蓄之既久，其发必速。我敢说一怪话，他日中华民族的改革，将较任何民族为彻底。中华民族的社会，将较任何民族为光明。中华民族的大联合，将较任何地域任何民族而先告成功。"① 这种带领各阶层人民奋起抗争的理念，是"红色基因"的最初星火。湖南人誓死不变的理想信念在毛泽东的很多论著中有充分显现，他曾豪迈地说："我们不但善于

---

① 中共中央文献研究室、中共湖南省委《毛泽东早期文稿》编辑组编《毛泽东早期文稿》，湖南出版社，1990，第 339、394 页。

破坏一个旧世界，我们还将善于建设一个新世界。"[1] 勇于开创新境界、敢于谋求新局面、善于创造"新世界"的理想信念并不是"本本"的产物，更不是脱离实际的"教条"，而是基于对理想信念的高度坚守、深度渴求及广度探索的实践形成的。以毛泽东为代表的湘籍无产阶级革命家群体在革命理想信念的指引与驱动下，通过克服重重艰难险阻、夺取一个个伟大胜利，形成了不达目的誓不罢休的坚定信念与理想品格。"砍头不要紧，只要主义真；杀了夏明翰，还有后来人。"湘籍无产阶级革命家夏明翰以一首慷慨激昂的《就义诗》，生动诠释了湖南人民为理想信念舍生忘我的爱国主义大无畏气概。

（二）实事求是的实践品格

实事求是作为我们党的基本思想方法、工作方法与领导方法，是毛泽东思想的活的灵魂，在湖湘文化的发展进程中亦早有呈现。青年毛泽东在早期求学过程中即有机会接受实事求是精神的熏陶。早在 1910 年他走出家乡韶山，前往湘乡东山高等小学堂求学时，这所当时比较时兴的学校院墙碑文上就刻印着"实事求是"的字样。1913 年毛泽东考入湖南省立第四师范学校，翌年春该校并入湖南省立第一师范学校。湖南一师《教养学生之要旨》的条文中有一条明确记载："国民教育趋重实际，宜使学生明现今之大势，察社会之情状，实事求是，为生利之人而勿为分利之人。"[2] 1917 年，湖南公立工业专门学校搬迁至岳麓书院旧址，校长宾步程亲自书写了校训——"实事求是"匾额，悬挂在岳麓书院大讲堂上方，以引导学生崇尚科学、追求真理、实业报国。[3] 青年毛泽东、蔡和森等人在长沙求学时，暑假曾拜谒在此任教居住的杨昌济先生，并在书

---

[1] 《毛泽东选集》第 4 卷，人民出版社，1991，第 1439 页。
[2] 《湖南第一师范校史（1903—1949）》，上海教育出版社，1983，第 12 页。
[3] 曾长秋：《论中国共产党人精神谱系中蕴含的红色基因及湖南元素》，《文化软实力》2022 年第 3 期。

院"半学斋"小住。他们推开窗户，即可看到"实事求是"匾映入眼帘。这些经历，可能促使"实事求是"的思想火种悄悄烙于心间。他们在以后的革命征程中，进一步践行并丰富这一思想，不断发挥解决实际问题的伟力。1927年，以毛泽东为代表的共产党人在领导新民主主义革命实践中创造性地提出新的中国革命道路——农村包围城市，武装夺取政权——就是对"实事求是"思想作生动诠释的真实写照。可以说，"实事求是"进行斗争、"实事求是"参与革命、"实事求是"改造中国与世界，不仅充分表达了以毛泽东为代表的党的湘籍领袖人物之建党初心、立党使命与强党追求，同时也充分说明了——湖南之所以是革命高地与热血腹地，离不开建党先驱们在革命征程上对"实事求是"的深刻把握与严格践履。

（三）不怕牺牲的斗争精神

党史告诉我们：共产党人最讲奉献、最富有牺牲精神。习近平总书记在党的二十大报告中指出："全党同志务必不忘初心、牢记使命，务必谦虚谨慎、艰苦奋斗，务必敢于斗争、善于斗争，坚定历史自信，增强历史主动，谱写新时代中国特色社会主义更加绚丽的华章。"① "务必谦虚谨慎、艰苦奋斗"是对毛泽东同志在党的七届二中全会上所提"两个务必"思想的传承与弘扬，"务必不忘初心、牢记使命"是针对中国共产党正处于"全面建设社会主义现代化国家新征程、向第二个百年奋斗目标进军"历史新坐标而作出的新要求，"务必敢于斗争、善于斗争"则是对当今世界百年未有之大变局作深刻洞察所得出的结论。在云谲波诡的复杂国际形势下，我们需保持定力，敢于亮剑，善于同一切阻碍中华民族伟大复兴的敌对势力作斗争。

湖湘文化孕育着"经世致用""敢为人先"的精神内核。"中兴

---

① 习近平：《高举中国特色社会主义伟大旗帜　为全面建设社会主义现代化国家而努力奋斗——在中国共产党第二十次全国代表大会上的报告》（2022年10月16日），人民出版社，2022，第1—2页。

将相，什九湖湘""湖南人流血不流泪"等诸多脍炙人口的俗语饱含对湘籍人民自强精神与斗争精神的认可与赞许。湖南革命历程在中国革命史中占有举足轻重的地位。在湖湘大地上，诞生了诸多护国为民的英杰，以及难以胜数的为革命而牺牲的先烈。不可否认，这片红色热土被浓厚的先辈之血浸润，五星红旗的色泽中必然也蕴含着无数湖南人的躯与魂。回顾血色潇湘的历史征程，可以看出湖南人自古具有奋勇当先的革命意志、气冲斗牛的凌云壮志与坚忍不拔的进取韧性，湖南革命者赴汤蹈火的斗争史是中国近代革命史的重要组成部分。马克思主义传入中国后，湘籍共产党人将"批判的武器"与"武器的批判"并举，批判的斗争与斗争的批判构成湖南人民在革命实践中的湖湘特性。以毛泽东同志为核心的党的第一代中央领导集体，始终坚持展现"一不怕苦、二不怕死"的革命姿态与斗争面貌，以此精神团结带领全国各族人民克服困难、开创新局，在顽强的斗争实践中展现出中华民族的凝聚力与战斗力，成功摆脱了旧社会遗留的历史困境，解决了时代难题，以革命精神为内核锻造出的湖南红色基因，为新时代中国特色社会主义现代化建设事业抹上了厚重有力的"湘红"色彩。

第二节　红色基因的理论渊源

中国共产党在推进马克思主义中国化的进程中，将马克思主义先进文化与中华优秀传统文化相结合，形成了极具中国特色的红色基因。习近平总书记在纪念马克思诞辰 200 周年大会上的讲话中明确指出："马克思主义为中国革命、建设、改革提供了强大思想武器。"[1] 这种

---

① 习近平：《在纪念马克思诞辰 200 周年大会上的讲话》，《人民日报》2018 年 5 月 5 日，第 2 版。

强大思想武器指导中国取得了新民主主义革命、社会主义革命与建设、改革开放与现代化建设的伟大胜利，并将继续引领未来道路行稳致远。马克思主义是红色基因形成发展的重要理论来源，不仅包含马克思、恩格斯本人关于文化思想的重要论述，也涵括列宁关于党性修养的深入思考以及马克思主义中国化理论成果的相关论述。

一　马克思、恩格斯关于文化的重要论述

马克思、恩格斯一生致力于人类解放的伟大事业，马克思主义传入中国之后，成为指导中国人民的锐利武器。追溯红色基因的理论来源，首先就要论及马克思、恩格斯的奋斗历程所体现的红色精神。例如，马克思早在中学时写的作文中说："如果我们选择了最能为人类福利而劳动的职业，那么，重担就不能把我们压倒，因为这是为大家而献身。"① 为人类谋福利、求解放是马克思、恩格斯不变的价值追求，是马克思、恩格斯在经典著作中展现出的鲜明革命性，他们以这种革命性为基点描绘了马克思主义文化思想。

（一）关于文化建设的重要论述

习近平总书记指出："学习马克思，就要学习和实践马克思主义关于文化建设的思想。"② 马克思主义文化思想鲜明地体现在关于社会意识的描述上。社会意识是可以反作用于社会存在，影响社会发展的。红色基因属于社会意识范畴，要清晰地了解社会意识的作用，才能明白红色基因的重要性。社会意识能影响社会生产力的发展，因而马克思非常重视社会意识的发展及其规律，特别是它的能动作用，这是红色基因代代传工程的理论保证。文化是社会意识的重要组成部分，基因是文化的凝结。文化基因蕴含着人类群体劳

---

① 《马克思恩格斯全集》第 1 卷，人民出版社，1995，第 459 页。
② 习近平：《在纪念马克思诞辰 200 周年大会上的讲话》，《人民日报》2018 年 5 月 5 日，第 2 版。

动实践中的思想智慧与价值追求，能为社会发展贡献积极力量、提供精神动力，并激发和凝聚人民的力量，为社会发展提供智力支持，使人们更加清晰地认识世界从而改造世界。马克思、恩格斯的唯物史观强调精神文化的重要作用，对文化的产生背景、阶级立场、内涵表现等有深刻论述，表明非物质性的精神文化与物质性的生产力同频共振，共同推动社会前进。文化产生的原因，是政治、法律、道德、宗教、哲学等社会意识形态受到物质资料生产方式的支配。在文化的阶级立场方面，马克思主义文化思想表明文化由时代的经济基础决定，是为统治阶级服务的。因而，马克思主义文化思想是无产阶级的精神力量源泉，在推动无产阶级建设新世界方面拥有鲜明的人民立场。马克思、恩格斯在强调物质生产成果意义的同时亦注重精神文化建设，恩格斯指出唯心主义历史观忽视了物质利益以及基于物质利益的阶级斗争，一切"生产和一切经济关系，在它那里只是被当做'文化史'的从属因素顺便提一下"。[1] 马克思、恩格斯坚持唯物主义文化观，主张文化应包括一切生产和经济关系，也即认为文化应该包括一切物质生产过程及其产品，而不应仅限于精神生产过程及其产品。因此，马克思主义文化思想在实践斗争中凝练成系列文化基因，使其在实践中发挥更大效用。

（二）关于精神生产的重要论述

马克思、恩格斯提出精神生产理论，客观揭示了文化的来源、本质、发展规律及文化在人类社会发展中的地位和作用，创立了唯物辩证的文化观。精神生产表示在意识层面满足人们的需要而开展的生产活动，其探索的重点是人们的内在精神世界和对美好生活需要的向往，关注的是人类的内心世界和社会的精神生活水平，并以此来满足人们的思想需要。马克思第一次对精神生产的含义作出界

---

① 《马克思恩格斯文集》第 3 卷，人民出版社，2009，第 544 页。

定是在《德意志意识形态》中，他说："思想、观念、意识的生产最初是直接与人们的物质活动，与人们的物质交往，与现实生活的语言交织在一起的。人们的想象、思维、精神交往在这里还是人们物质行动的直接产物。表现在某一民族的政治、法律、道德、宗教、形而上学等语言中的精神生产也是这样。"[1] 从中可看出，精神生产是意识层面的生产者内化出新的精神产品的过程，这个过程不仅与物质生产相关，亦建立在前人已创造出来的成果之上，是精神传承的持续发展。精神生产是社会生产的一部分，需要对前人的精神和文化产品进行吸收并创造性继承与发展。精神生产过程实质上是在继承和发展前人的优秀成果后，充分发挥人的主观能动性，再创造出新的精神产品。人类生产是一种超越人类本能的创造性活动，创造性思维要求精神生产者有一定的激情和创造性的热情，同时不断发挥其想象力和创新力，不断激发自身灵感。在红色基因的形成与发展过程中，离不开精神生产者的传承与产出。精神生产者处于一定阶级中，创造的精神产品往往与阶级相关且会随着时代的发展而发展。同时，精神生产关系对精神生产力有反作用，精神生产关系会影响精神生产力的发展方向，积极合理的精神生产关系能促进精神生产力的发展，反之，不合理的精神生产关系则会阻碍精神生产力的发展。

（三）关于党性修养的重要论述

党性是一个政党固有的本性，党性是关乎立场、关乎一个政党道路走向的根本因素，甚至会决定一个政党的兴亡。马克思主义强调党性以及党性建设的极端重要性，这是把握马克思主义政党理论的关键维度。一方面，没有党性的理论缺乏精神力量。在分析当时德国的革命运动时，恩格斯曾对其时空洞的"社会主义"作出批判："这种社会主义，由于自己在理论领域中没有党性，由于自己

---

[1] 《马克思恩格斯选集》第1卷，人民出版社，2012，第151页。

的'思想绝对平静'而丧失了最后一滴血、最后一点精神和力量。"① 另一方面，革命组织必须锤炼严格的党性。党性即指革命组织通过工人运动锤炼出来的一种精神品质。马克思、恩格斯关于党性修养的论述主要是在理论与思想层面，表明其具有坚定的阶级立场。党性的一个根本原则就是要求共产党人树立共产主义的价值立场，代表广大无产阶级立场，坚决维护党和人民的整体利益，坚持斗争精神和高远理想等。

二 列宁关于党性的重要论述

首先将无产阶级党性贯彻到一国政党实践中的，是俄国十月革命与列宁对马克思主义政党的文化、思想建设。党性思想涵括理论与实践的双重意义，既包括无产阶级政党思想文化建设的理论问题，也包括无产阶级政治的革命实践问题。在俄国起初的革命中，许多马克思主义者空谈本本，没有根据其具体国情来制定实践策略。针对这一现象，列宁结合马克思主义基本原理，研究探索俄国向何处去、走什么样的道路等重大问题，形成了关于马克思主义政党党性建设的思想。

（一）没有革命的理论，就没有革命的政党及其运动

列宁在领导十月革命和俄国社会主义建设过程中，与各种错误理论和思潮作斗争，这些革命实践使列宁哲学具有鲜明的战斗性和党性。在阶级问题上，列宁提出将实实在在的现实问题、政治问题、实践问题通过彻底的革命实践运动来解决。列宁的党性思想保持着无产阶级和人民的立场，维护绝大多数人的利益。列宁党性思想直接来源于马克思主义哲学，他曾说："马克思的哲学是完备的哲学唯物主义，它把伟大的认识工具给了人类，特别

---

① 《马克思恩格斯全集》第 2 卷，人民出版社，1957，第 659 页。

是给了工人阶级。"① 坚持哲学党性原则是马克思主义"最伟大和最宝贵的传统",② 列宁更是贯彻和发扬了这一传统。早在1894年,列宁在批判"合法马克思主义"时指出:"唯物主义本身包含有所谓党性,要求在对事变做任何估计时都必须直率而公开地站到一定社会集团的立场上。"③ 也就是说,哲学家都具有一定政治立场,哲学中确确实实存在党性,且一定是为阶级斗争而服务的。列宁认为没有"超阶级"的哲学,哲学不可能离开现实社会自说自话,否则它会陷入唯心主义的泥淖,只能成为"一朵不结果实的花"。④ 在现实的革命运动中,必须坚持马克思主义哲学的党性,贯彻历史唯物主义原则,以为无产阶级政党服务。

（二）党性表现为人民性,党性与人民性相统一

党性是指共产党人有自己的价值选择与价值立场,而落脚点就是人民。本质上说,坚持党性即坚持人民性,坚持人民性即坚持党性,党性与人民性相互体现、相互衬托。马克思主义认为,党的利益和人民利益是统一的,党的意志与人民意志是统一的,党的诉求与人民的诉求是统一的,党的奋斗目标与人民的奋斗目标是统一的,党的事业与人民的事业是统一的,党的未来与人民的未来亦是统一的。习近平总书记表示:"党性和人民性从来都是一致的、统一的……没有脱离人民性的党性,也没有脱离党性的人民性。"⑤列宁认为,党性反映了无产阶级政党的基本属性,党性是阶级斗争的产物,党性必然体现鲜明的阶级性。1905年,列宁在《社会主义政党和非党的革命性》一文中指出,只有资产阶级社会,才宣传所谓的

---

① 《列宁选集》第2卷,人民出版社,1972,第443页。
② 张守刚主编《马克思主义哲学教程》,人民出版社,1991,第18页。
③ 《列宁全集》第1卷,人民出版社,1955,第379页。
④ 《列宁全集》第36卷,人民出版社,1959,第370页。
⑤ 中共中央文献研究室编《习近平关于社会主义文化建设论述摘编》,中央文献出版社,2017,第23页。

"非党性""超党性"，其实质是磨平人们的斗争意识，维护资产阶级自身利益，而觉悟的无产阶级的政党，完全应该随时同非党性作斗争。"严格的党性是阶级斗争高度发展的伴随现象和产物。反过来说，为了进行公开而广泛的阶级斗争，必须发展严格的党性。"① 这就是说，党性是阶级斗争发展到一定阶段的产物，无产阶级要取得阶级斗争的胜利，就需建立思想上和政治上具有独立性的政党，锤炼严格的党性，并"使阶级斗争成为自觉的、明确的、有原则的斗争的条件之一"。② 无产阶级政权的阶级性本质是人民性，无产阶级只有解放全人类最后才能解放自己。拥有马克思主义哲学党性的无产阶级还需进行自身的思想建设，凝聚精神力量来实现崇高的理想。

（三）党性建设离不开思想建设

在创建无产阶级政党之初，马克思、恩格斯就非常重视从思想上加强党的自身建设，用马克思主义对抗各种非马克思主义流派，正本清源，坚定维护党的纯洁性，保持党的先进性。列宁在此基础上进一步强调党性建设，认为"只有以先进理论为指南的党，才能实现先进战士的作用"。③ 马克思主义既是共产党人的"理论头脑"，亦是共产党人的理想信念，思想建党即指用马克思主义教育全党、建设全党、武装全党，要将思想建党摆在党的建设的重要位置，贯穿于党的建设全过程，统一于党的建设的方方面面。列宁深入分析了党派分野与思想觉悟的重要性：党派分野既是政治开展的条件，也是政治开展的标志。按照通例，某些居民或者某个阶级在政治上愈开展，愈觉醒，愈觉悟，他们的党派分野也愈鲜明。④ 列宁强调，只有觉悟的无产阶级才是革命的真正力量，无产阶级政党

① 《列宁选集》第 1 卷，人民出版社，1995，第 672 页。
② 《列宁全集》第 12 卷，人民出版社，1987，第 129 页。
③ 《列宁全集》第 6 卷，人民出版社，1986，第 24 页。
④ 《列宁全集》第 30 卷，人民出版社，2017，第 157 页。

必须首先保持自身思想的先进性，并不断加强对无产阶级的阶级意识教育，是为了确保无产阶级始终保持社会主义思想、并与资产阶级思想划清界限。① 因此，必须加强党员的党性教育，贯穿于党的思想建设之中，从而更好巩固党员的思想凝聚力，使之在革命、建设各个时期提供强大的精神动力。

三 马克思主义中国化的理论成果

把红色基因传承好，把红色江山世世代代传下去，是马克思主义中国化下的革命文化表征。中国共产党一百多年来形成的各类精神文明，体现出马克思主义在中国的发展，也融入了中华优秀传统文化的精神底色，是马克思主义与中国具体实际、与中华优秀传统文化相结合而形成的思想理论成果。中国共产党历代领导人重视历史经验，以历史为教科书指导人民团结奋斗，强调要吸收中华五千年的优秀文化成果，要珍视中国共产党的宝贵历史经验，这些亦构成红色基因的思想源泉。

（一）以毛泽东同志为核心的党的第一代中央领导集体高度重视革命精神与党性修养

在土地革命战争时期，毛泽东等革命领袖领导红军进行了史无前例的二万五千里长征。毛泽东将长征比喻为宣言书、宣传队和播种机，② 此后在陕北又论述理论与实践的关系——将实践发展为理论，再用理论来指导行动。在社会主义建设时期，他分析"人的正确思想是从哪里来的"，③ 进一步厘清了理论与实践的关系。

---

① 参阅蔡文成、张艳艳《列宁关于无产阶级政党的党性原则及时代启示》，《社会主义研究》2020年第2期。
② 《毛泽东选集》第1卷，人民出版社，1991，第150页。
③ 中共中央文献研究室编《建国以来重要文献选编》第20册，中央文献出版社，1998，第283页。

毛泽东表示："我们要保持过去革命战争时期的那么一股劲，那么一股革命热情，那么一种拼命精神。"[①] 这股劲、热情和拼命精神，就是革命时期艰苦奋斗的实践经验凝聚成的红色基因的显现。在党的百余年历史上，产生了革命精神、奋斗精神，形成了中国共产党人的精神谱系，是马克思主义中国化的理论成果，凝聚成红色基因，使党的历史、共产党人的精神在红色血脉中流淌。历经党的早期历史上的各种经验教训，党内充分认识到，要形成加强思想建设的共识。在党的六届六中全会上，毛泽东提出马克思主义中国化命题，在全党号召一场学习竞赛，深入普遍地开展学习马克思列宁主义运动。刘少奇在《论共产党员的修养》一书中，向全党号召"每一个共产党员，不应该只是做一个起码的够格的党员"，而应该"努力学习马克思列宁主义"，"把伟大的马克思列宁主义创始人一生的言行、事业和品质，作为我们锻炼和修养的模范"。[②] 向马克思、恩格斯、列宁学习并提升党性修养，这是形成红色文化、传承红色基因必不可少的行动。在革命和建设时期，中国共产党形成的众多精神，如红船精神、井冈山精神、长征精神、西柏坡精神、"两弹一星"精神等都归属红色精神，属于马克思主义中国化理论成果的文化精神体现，是红色基因的理论来源。

（二）以邓小平同志为核心的党的第二代中央领导集体高度重视文化建设

早在新民主主义革命时期，邓小平就强调思想与文化建设的重要性。如1941年，面对抗战复杂局势，他主张政治上要团结抗战到底，彻底解放中华民族，建立新民主主义共和国；文化上则主张

---

① 中共中央党史和文献研究院编《毛泽东邓小平江泽民胡锦涛关于中国共产党历史论述摘编》，中央文献出版社，2021，第59页。
② 刘少奇：《论共产党员的修养》，人民出版社，1962，第9—10页。

新民主主义的文化，中华民族解放的文化。[①] 邓小平的文化思想继承了马克思主义关于文化思想的观点，非常重视意识与精神的能动作用。在社会主义革命和建设时期，他与毛泽东等党的第一代领导人一起发展了新民主主义文化，这是创新与发展马克思主义文化的中国实践，符合现代化建设要求。进入改革开放新时期，邓小平进一步贯彻文化建设的方针并将其落到实处，表现在他重视知识分子与干部的培养，善于从党史中吸取经验教训，不仅是国内经验，也包括国外的先进成果与惨痛教训。邓小平注重发展农村教育，提出要扫除文盲，加大发展文化的财政支持，提高教师待遇等。他坚持把教育放在文化战略的首要位置，重视人才队伍建设，为国家培养了一大批高科技优秀人才，以文化的发展来促进经济的发展。邓小平在南方谈话中又提出了教育的"三个面向"问题，为我国教育发展指明了前进方向。邓小平的文化思想是邓小平思想体系重要组成部分，作为一个相对独立的体系有自己严密的逻辑性和完备的构成要素，推进社会主义文化建设不断前进。

（三）以江泽民同志为核心的党的第三代中央领导集体进一步强调文化建设的重要作用

江泽民同志 2000 年 2 月全面系统地提出了"三个代表"重要思想，即中国共产党始终代表中国先进生产力的发展要求，始终代表中国先进文化的前进方向，始终代表中国最广大人民的根本利益。"三个代表"重要思想是我们党的立党之本、执政之基、力量之源。在文化发展战略方面，江泽民同志进一步强调以马克思主义为指导，用"三个代表"重要思想统领社会主义文化建设。江泽民同志将"始终代表中国先进文化的前进方向"作为党的先进性要求之一，在本质上反映了社会主义社会经济和政治在观念形态上的应

---

① 《邓小平文选》第 1 卷，人民出版社，1994，第 24 页。

有之义。江泽民同志指出："文化与经济和政治相互交融，在综合国力竞争中的地位和作用越来越突出。文化的力量，深深熔铸在民族的生命力、创造力和凝聚力之中。全党同志要深刻认识文化建设的战略意义，推动社会主义文化的发展繁荣。"要发展先进文化，就必须从几个方面着力：牢牢把握中国先进文化的前进方向；坚持弘扬和培育民族精神；切实加强思想道德建设；大力发展教育和科学事业；积极发展文化事业和文化产业；继续深化文化体制改革。①

（四）以胡锦涛同志为总书记的党中央深度关注文化建设路径

此时期我国高度重视意识形态对文化建设的引领作用，首次提出"提高国家文化软实力"的文化战略。通过构建社会主义核心价值体系，积极培育和践行社会主义核心价值观，发挥文化引领风尚、教育人民、服务社会、推动发展的作用。建设社会主义文化强国，必须走中国特色社会主义文化发展道路，坚持为人民服务、为社会主义服务的方向；关键是增强全民族文化创造活力；要坚持社会主义先进文化前进方向，树立高度的文化自觉和文化自信。② 胡锦涛同志强调："要重温我们党领导人民军队和全国各族人民为民族独立、人民解放而浴血奋战的伟大历程，弘扬崇高革命精神和优良革命传统，激励全党全军全国各族人民在中国特色社会主义伟大道路上继续奋勇前进。"③ 为此，他号召"要始终坚持崇高理想，坚定信念；始终坚持解放思想，实事求是；始终坚持依靠群众，服务人

---

① 《中国共产党第十六次全国代表大会文件汇编》，人民出版社，2002，第37—41页。

② 胡锦涛：《坚定不移沿着中国特色社会主义道路前进　为全面建成小康社会而奋斗——在中国共产党第十八次全国代表大会上的报告》（2012年11月8日），人民出版社，2012，第30—34页。

③ 《中共中央政治局进行第四十二次集体学习，胡锦涛强调弘扬崇高革命精神和优良革命传统》（2007年7月26日），新华月报社编《时政文献辑览》（2007年3月—2008年3月），人民出版社，2008，第21页。

民；始终坚持艰苦奋斗，自觉奉献"，[①] 使党和国家的事业不断获得最广泛而可靠的群众基础和力量源泉。

（五）以习近平同志为核心的党中央高度重视红色文化教育

党的十八大以来，习近平总书记围绕中国共产党历史发表了一系列重要论述。这些论述内涵丰富、思想深刻，是习近平新时代中国特色社会主义思想的重要组成部分。其中，2021 年由中央文献出版社出版的《论中国共产党历史》，被誉为一部红色文化的发展史，这是习近平总书记高度重视红色文化对党内外教育作用而总结出的文化思想。他多次指出："红色资源很多，要发掘好、运用好，丰富'红色基因代代传'工程内涵。"[②] 因而，高度重视马克思主义中国化的历史中包含的红色资源，丰富红色基因理论，是确保红色基因得以有效传承的重要前提。《论中国共产党历史》高度显示出习近平总书记对党史、新中国史、改革开放史和社会主义发展史的重视。一部党史就是传承和发展红色基因的历史，是重温革命历史、红色文化从而开创新的历史、创造社会主义先进文化的思想历程。只有传承好红色基因、发扬红色文化，才能走好新时代的长征路。在党的二十大报告中，习近平总书记高度强调要"坚定历史自信，增强历史主动"。[③] 要以历史为立论基础，以马克思主义中国化理论成果中的革命精神、党性修养为核心要义，充分发挥红色文化教育引领作用，确保红色基因在实践中得以传承和发展。

---

① 国务院扶贫办组织编写《中国脱贫攻坚 井冈山故事》，研究出版社，2020，第 9 页。

② 习近平：《论中国共产党历史》，中央文献出版社，2021，第 107 页。

③ 习近平：《高举中国特色社会主义伟大旗帜 为全面建设社会主义现代化国家而努力奋斗——在中国共产党第二十次全国代表大会上的报告》（2022 年 10 月 16 日），人民出版社，2022，第 1—2 页。

第三节　红色基因的文化底蕴

中华优秀传统文化、革命文化、社会主义先进文化是红色基因的文化底蕴。中华优秀传统文化、革命文化与社会主义先进文化这三种文化形态，是中华文明在不断延续的漫长历史中不同时代的呈现。红色基因直接的文化底蕴是革命文化，可置于承前启后的历史方位之中。"承前"是指发扬包含"家国情怀""天下一家"精神的中华优秀传统文化，"启后"则指将革命精神融入包括改革开放在内的社会主义建设事业。湖南传承红色基因，需要挖掘湖南的红色文化资源，以展现湖南红色基因的文化底蕴。

一　吐故纳新　古为今用

传承红色基因离不开中华优秀传统文化的土壤，它是中华民族的根与源，是中华民族的精神命脉。其"蕴含的天下为公、民为邦本、为政以德、革故鼎新、任人唯贤、天人合一、自强不息、厚德载物、讲信修睦、亲仁善邻"[①] 等传统文化的精华要义，体现了中华民族在历史上的生产生活中形成和传承的世界观、人生观、价值观，塑造和培育着中华民族的思维方式、精神品格、价值取向以及行为方式等。中华优秀传统文化这一深厚的文化底蕴融入了红色基因，经过创造性转化、创新性发展传承至今，突出表现为新民主主义革命时期的革命文化与新中国建设时期的社会主义先进文化。其中，红色文化底蕴在湖南突出表现为独具特色的湖湘文化。湖湘文化源远流长，具有推崇理学、注重经世致用、倡导躬行实践的文化

---

① 习近平：《高举中国特色社会主义伟大旗帜　为全面建设社会主义现代化国家而团结奋斗》，《人民日报》2022 年 10 月 26 日，第 1 版。

特色。而以中华优秀传统文化为底蕴的红色基因，主要体现在家国情怀、民本思想及自强不息的奋斗品格等几个方面。

（一）家国情怀

中华优秀传统文化蕴含的爱国思想是红色基因的重要文化底蕴，这不是某些个人的理论，而是整个民族几千年来凝练总结流传下来的思想观点。毛泽东曾说："从孔夫子到孙中山，我们应当给以总结，承继这一份珍贵的遗产。这对于指导当前的伟大的运动，是有重要的帮助的。"[①] 这表明，中华五千年文明史中出现的思想观点与经验总结是革命文化形成的一个重要来源。爱国爱人民是红色标识，爱党源自马克思主义、国际共产主义的传承。在中华优秀传统文化中必然要追寻到家国情怀与民本思想。有国才有家，"保家"即"卫国"。自古以来，家国情怀成为激励中华儿女团结一心奋斗不止的动力源泉，是中华民族自强不息的一面精神旗帜。中华民族生活在神州大地，在五千年的历史中形成的风俗习惯、思想理论，都成为其共有的精神文化。而红色基因作为马克思主义与中华文明的结晶，在新的历史进程中延续了中华优秀传统文化的历史成果，根植于中华文明的土壤之中。因之，中华优秀传统文化作为孕育红色基因的土壤，必然与其有一脉相承的关联性。历史长河中的爱国情怀、为民情怀等在近现代社会突出表现为奋斗救国、奋力建国。爱国、爱民、奋斗是红色的底色，是传统文化的精髓。处在湖南汨罗的屈原，他的爱国与爱民情感相互交织，"长太息以掩涕兮，哀民生之多艰"深刻表达了屈原对国家的热爱，对人民的关怀。在《过零丁洋》中，文天祥高呼"人生自古谁无死，留取丹心照汗青"，表现出对祖国和人民的深深热爱。爱国是中华儿女始终高举的一面精神旗帜，在历经磨难的近代，无数仁人志士慷慨赴死均为

---

① 《毛泽东选集》第 2 卷，人民出版社，1991，第 534 页。

了国家的崛起与民族的解放。革命是近代爱国的最好表达，而中国共产党领导人民进行革命并取得了成功，因而爱国与爱中国共产党息息相关。文化土壤不会变，但指导思想从落后的封建纲常变成先进科学的马克思主义，这是近代革命文化的根本立场，可知近代革命文化正是对传统家国情怀的传承，在党和国家的发展历程中熠熠生辉。

（二）民本思想

中国传统文化中的"民本主义"有其特定内涵，根植于农业文明的土壤之中，与重农主义相伴而生。传统社会的统治阶级为了维系其统治地位，必须关注农业劳动生产者的力量以及人心向背问题。"民惟邦本，本固邦宁。"（《尚书·五子之歌》）孔子在承继周公"明德""爱民"思想的基础上，提出了"仁"的理念。"仁"即"爱人"（《论语·颜渊》），"仁"的核心是"爱"，"爱"是"仁"的重要表现形式，"仁爱"理念在儒家思想中处于核心地位。儒家的仁爱是"孝悌也者，其为仁之本与"（《论语·学而》），要孝敬父母，尊重爱护兄弟姐妹。但仁爱绝不限于此，还需推己及人，爱血缘关系以外的万物。"泛爱万物"不仅超越了人与人、人与社会的关系，还主张人与自然要建立和谐关系，"子钓而不纲，弋不射宿"（《论语·述而》）。"仁者"取物有节，与万物一体。仁爱思想为传统社会家庭伦理和人际交往的构建提供了良好的借鉴，同时也体现在政治领域。儒家主张实施仁政，认为"仁政"是德治的表现，只有以德治国，才能使君臣相安、百姓和乐，国家也才能实现长治久安。孟子明确提出"民为贵，社稷次之，君为轻"（《孟子·尽心下》）的政治主张。明清之际，政权更迭，社会动荡，顾炎武、黄宗羲、王夫之等思想家提出了许多极具批判性的民主思想，他们主张限制君权，扩充民众的参政权利。当然，传统社会的统治阶级及其智囊，一方面强调"民为邦本，本固邦宁"，另一方面又强调"忠君"，他们将"忠君"和"重民"视为目的和手段的辩证统一，因而"重民"思想对于统治阶级而言带有极大的目的性。[1] 这些思想观点在近代社会得到了进一步发展，"民本"思想在近代革命历史中尤为彰显，中国共产党更是从创建伊始就坚定了"为中国人民谋幸福，为中华民族谋复兴"的初心使命，构筑了红色基因的文化土壤。

（三）奋斗品格

自强不息的奋斗品格首先体现在价值选择中，即义利之辨。这是中国传统社会极为重要的道德命题。儒家主张"利者，义之和也"（《论语·子罕》），"国不以利为利，以义为利也"（《礼记·大学》）。只有符合义的利才值得我们去追求。但在实际生活中，总有不遵守正义原则的人，舍义取利，甚或不择手段地谋利，故孔子提出"君子""小人"之分，认为"君子喻于义，小人喻于利"（《论语·里仁》）。孔子生活的时代，实现社会正义当然不可能，但孔子以"天将以夫子为木铎"（《论语·八佾》）的大无畏精神，周游列国，删述六经，编著《春秋》，希冀能解决诸多社会问题。孟子进一步强调"义"的重要性，主张舍生而取义，杀身而成仁，养"浩然之气"。儒家的义利观对后世产生了深远影响，在红色基因中亦有充分体现，无数革命志士为了中华民族复兴抛头颅、洒热血，虽九死其犹未悔。他们以实际行动深刻诠释了中华优秀传统文化"舍生取义""刚健有为"的精神。中华民族虽历经磨难而屹立不倒，反而在一次次绝境逢生、转危为安后，呈现出良好的发展态势，究其原因就在于中华民族所拥有的以爱国主义为核心的民族精神，这催生了中华儿女对国家真挚而深沉的热爱之情，也激发了中华民族的凝聚力与向心力。同时民本思想的稳定发展，促使中华民族总能朝着人民的方向前行。而"义利之辨"、自强不息的美德，

---

① 张岱年、方克立主编《中国文化概论》，北京师范大学出版社，2004，第128页。

则推动中华儿女在新的历史征程中不断奋发向上。由此可见，红色基因所拥有的中华优秀传统文化的深厚底蕴是贯穿历史、现在、未来的精神力量，在革命、建设、改革各个时期不断为传承红色基因提供文化支撑。

二　奋力拼搏　探索出路

革命表现为斗争，是舍生忘死的拼搏，是对国家出路的执着探寻，是对中华民族伟大复兴不屈不挠的追求。革命文化是红色文化，是近代历史的鲜明底色。因而革命文化是红色基因在近代生成的主要文化底蕴，其具备的爱国、奋斗精神是在中国共产党人带领全体中华儿女为建立新中国而奋斗的革命过程中形成的。革命文化的开创者是中国共产党人，他们作为最具革命性、最具战斗力的工人阶级先锋队，其自身的利益就在于国家、党和人民的利益，他们是为伟大事业而奋斗的前行者，也是伟大精神的开创者，在中国共产党的百余年征程中，中国共产党人的精神谱系是红色基因的集中体现。我们党在建党周年纪念会、党史学习教育大会上都论及伟大历程与伟大精神，展现出革命文化中的实践奋斗底蕴。湖南党史资源亦即红色文化资源的最大特色是名人故里众多，因而湖南无愧于"惟楚有材，于斯为盛"之誉。其革命文化底蕴，主要呈现在以下三个方面。

（一）爱国爱民的初心使命

中国共产党从成立伊始，就确立了"为中国人民谋幸福，为中华民族谋复兴"的初心和使命。党所引领的革命文化源自中华优秀传统文化和马克思主义文化的深度结合，涵括两大突出的精神特质——中华优秀传统文化的爱国情怀与马克思主义的人民情怀。党缔造的红色文化，契合了"中国精神"，显现在各个历史时期与各行各业之中。有以爱国主义、不畏牺牲为核心的五四精神、雨花英烈精神，以自力更生、艰苦奋斗为核心的延安精神、北大荒精神，以彻底革命、图强自律为核心的长征精神、西柏坡精神，以亲民爱民、无私奉献为核心的雷锋精神、焦裕禄精神等。正是这些具体精神所共同诠释的"中国精神"，引领着中华文明绵延发展。马克思主义的人民性就体现在对现实的人及其现实生活与未来发展的深切关怀。以人为本是构建马克思主义中国化文化理论的根本原则，必须贯穿始终。正如毛泽东同志所说："人的问题，是一个根本的问题，原则的问题。"① 唯有坚持以人为本，党的文化理论才能真正实现大众化。爱国情怀与人民情怀是革命文化赋予红色基因的深厚底蕴，红色基因以其为核心特征传承至今。湖南红色基因中的革命文化突出表现在这片革命热土上人才辈出，涌现了一大批重要的党史人物，为湖南留下了独具特色的党史文化，湖南红色文化资源位居全国前列。回顾党史，可知湖南不仅是最早创建中国共产党早期组织的国内六个地方之一，更是中国新民主主义革命的策源地之一，是毛泽东思想的萌芽地和马克思主义中国化的发源地之一。其中，"半条被子"的故事，代表了我们党的初心，体现了党的为民本色。习近平总书记在纪念红军长征胜利 80 周年大会上深情讲述了这个故事，他说："一部红军长征史，就是一部反映军民鱼水情深的历史。……老人说，什么是共产党？共产党就是自己有一条被子，也要剪下半条给老百姓的人。"② 爱国爱民的深厚情怀是湖南得以有效传承红色基因的情感根基。

（二）共产主义的理想追求

共产主义追求社会物质财富极大丰富、人类文明程度极大提高，且每个人都能实现全面自由发展。追求共产主义是一个不断趋近于这个远大理想的过程。革命时期，毛泽东等党内杰出领导人坚

① 《毛泽东选集》第 3 卷，人民出版社，1991，第 857 页。
② 习近平：《在纪念红军长征胜利 80 周年大会上的讲话》（2016 年 10 月 21 日），人民出版社，2016，第 14—15 页。

守崇高的理想信念，在加强思想建党的过程中将共产主义理想追求融入红色文化。毛泽东在领导中国新民主主义革命运动过程中，面对党内的种种错误思想、错误倾向，提出"在思想上入党"的重要论断，着重从思想上建党，① 大力开展党内教育，号召思想上的整顿与改造，展开对非无产阶级错误思想的坚决斗争。1934 年 1 月，毛泽东在第二次全国苏维埃代表大会上的工作报告中指出："苏维埃文化教育的总方针在于以共产主义的精神来教育广大的劳苦民众……在于使广大的中国民众都成为享受文明幸福的人。"② 这一论断得到党内其他领导的高度认同，张闻天在 1935 年亦撰文指出，应该"使党变为一个共产主义的熔炉，把许多愿意为共产党主张而奋斗的新党员，锻炼成为有最高阶级觉悟的布尔什维克的战士"。③ 这种对共产主义的理想追求与党的初心使命密切相关，同时包含着"为人民服务"的人民情怀。"为人民服务"首次提出是在 1944 年 9 月毛泽东发表的即兴讲话《为人民服务》中。1945 年 4 月，他在党的七大报告中进一步提出了"全心全意为人民服务"的宗旨，此后"全心全意为人民服务"被正式写入党章，成为党的根本宗旨。为了追求共产主义理想，湖南无数仁人志士前赴后继，作出了巨大牺牲，成就了"一步一芳草"的红色热土，成就了"敢教日月换新天"的奋斗精神。建党一百周年之际，共青团湖南省委在全省青少年中广泛开展"七个一"党史学习教育，从全省 80 余所学校中遴选出 100 名青年学生，讲述 100 个湖湘革命先辈和英雄模范的故事，并拍摄了百集纪录片《百年党史"潮"青年》，使当代青年更深入直观地认知共产主义理想与信念。

① 《中国共产党中央委员会关于建国以来党的若干历史问题的决议》，人民出版社，1981，第 46 页。

② 赵云献主编《毛泽东建党学说论》（下），人民出版社，2003，第 962 页。

③ 《张闻天选集》编辑组：《张闻天选集》，人民出版社，1985，第 77 页。

（三）勇于牺牲的英雄主义

分析中共中央宣传部公布的 2021 年 9 月第一批纳入中国共产党精神谱系的 46 种伟大精神，可发现"艰苦奋斗、奉献牺牲"是其中出现频率最高的关键词，生动展现了中国共产党人的英雄本色正是革命文化的显性表征与深刻体现。中国大地上盛产红色热土，习近平总书记每次考察都会去参观当地的红色场馆，认为充满红色记忆的土地将继续带领我们前进，这是贯彻"红色基因代代传"工程的深刻展现。无论是江西、湖南、湖北等中国共产党早期活动区域产生的井冈山精神、苏区精神，还是在陕西、河北等地产生的延安精神、西柏坡精神，都充满了革命浪漫情怀，激励着人们不断奋进。近代的革命奋斗文化底蕴就是由中国共产党人带来的，众多伟大精神引领思想、实践向前发展。其中尤具代表的就是长征精神，每年长征纪念日，党和国家领导人都会重温那段艰苦岁月，以此凝聚人民的力量，为走好新的长征路提供精神力量。

以上这些精神特质丰富了新民主主义革命时期的文化。毛泽东在《新民主主义革命论》中指出，"新民主主义的政治、新民主主义的经济和新民主主义的文化相结合，……这就是我们要造成的新中国"；而"民族的科学的大众的文化，就是人民大众反帝反封建的文化，就是新民主主义的文化，就是中华民族的新文化"。① 要想实现中华民族新文化的建设，首先要做的就是反思并革除旧文化中的反动文化成分，如封建皇权专制文化、殖民地半殖民地文化等。新民主主义文化和旧民主主义文化的首要区别就在于，新民主主义文化是在中国共产党领导下，广大无产阶级充分参与的，以马克思主义理论为指导的科学的思想体系。融合三大思想特质形成的

---

① 《毛泽东选集》第 2 卷，人民出版社，1991，第 708－709 页。

革命文化，成为红色基因在革命时期发展出的深刻文化底蕴。习近平总书记在湖南考察时对沙洲文明瑶族乡第一片小学的同学们饱含深情地说："革命事业要一代一代传下去。同学们要学好革命故事，铭记在心，同时把建设现代化的知识和本领也掌握好，努力做社会主义建设者和接班人。"[①] 新民主主义革命时期的文化毫无疑问是中华民族 20 世纪最为显著的、不同于其他文化形态的、具有独特价值和意义的文化形态。

三 紧跟时代 走出新路

红色基因中的革命文化底蕴到了社会主义建设时期，又体现为刀刃向内的自我革命精神，与党内外敌人作坚决的斗争。在社会主义现代化建设奋斗征程中，又发展出了社会主义先进文化，这是红色基因最新的时代底蕴。社会主义先进文化汲取了中华优秀传统文化和革命文化的精华，是中华优秀传统文化和革命文化的深度融合，也是中华文化在当代中国的最新发展。中国特色社会主义共同理想和共产主义远大理想、马克思主义中国化的理论成果、社会主义核心价值观、以爱国主义为核心的民族精神和以改革创新为核心的时代精神等，共同熔铸成社会主义先进文化。社会主义先进文化作为红色基因当代最鲜明、最深刻的文化底蕴，有其深刻精神特质。

（一）实现民族复兴的共同梦想

实现中华民族伟大复兴是一个伟大梦想。梦想的实现需要文化奠基，向历史追溯文化根源方能坚定文化自信。正如习近平总书记所说："在 5000 多年文明发展中孕育的中华优秀传统文化，在党和

[①] 本书编写组编《习近平的小康情怀》，人民出版社、新华出版社，2022，第387－388 页。

人民伟大斗争中孕育的革命文化和社会主义先进文化，积淀着中华民族最深层的精神追求，代表着中华民族独特的精神标识。"[1] 这一精神追求和精神标识的体现就是红色基因的传承，是中华民族伟大复兴的文化表征。2014 年 10 月，习近平总书记在全军政治工作会议上的讲话中强调，要"把理想信念的火种、红色传统的基因一代代传下去"。[2] 他还将中华优秀传统文化升华为中华民族的基因与民族精神的源头活水。中华优秀传统文化以强烈的历史穿透力延续着自己的生命，植根于人们内心，潜移默化地影响着我们的行为方式和价值取向，在实现中华民族伟大复兴的进程中始终发挥着关键作用。实现中华民族伟大复兴必须重视文化建设，中国式现代化建设必然包括文化强国的内容。红色基因传承至今，文化底蕴的最新表现形式是社会主义先进文化，这是马克思主义基本原理同中国具体实际相结合、同中华优秀传统文化相结合的成果。文化强国不仅应是先进的，还得有自身的特色及文化话语权，马克思主义彰显着科学性与先进性，中华优秀传统文化提供了历史底蕴及建设性，在此基础上发展起来的社会主义先进文化才能确保红色基因代代传。

（二）践行守正创新的奋斗精神

奋斗精神是习近平新时代中国特色社会主义思想的重要组成部分，也是时代精神的核心内容。践行守正创新的奋斗精神，就是强调共产党人的使命是为人民不懈奋斗，也鼓舞动员全体人民在党的领导下为幸福生活共同奋斗。社会主义先进文化的底色依然是奋斗精神，也包括爱党爱国爱民的情怀，同时爱国有了更深的一层含义——爱世界，为人类进步事业做贡献。而这种底蕴是以现代化建

---

① 习近平：《在庆祝中国共产党成立 95 周年大会上的讲话》，《人民日报》2016 年 7 月 2 日，第 2 版。

② 《习近平谈治国理政》第 2 卷，外文出版社，2017，第 402 页。

设的历程及推动党的建设途径来保障的，因而社会主义先进文化作为红色基因的底蕴需关注党在现代化建设时期的奋斗史及党的自身建设史。中国共产党是用马克思主义武装起来的无产阶级先进政党，始终坚持思想建党的优良传统，这是我们加强党的建设的重要法宝。新时代习近平总书记高度重视思想建党，强调党的思想建设、理论建设，强调"思想建设是党的基础性建设"。① 他在纪念马克思诞辰 200 周年大会上指出："中国共产党之所以能够历经艰难困苦而不断发展壮大，很重要的一个原因就是我们党始终重视思想建党、理论强党，使全党始终保持统一的思想、坚定的意志、协调的行动、强大的战斗力。"② 因之，坚持以马克思主义理论为指导，加强思想建党，对于增强党的战斗能力、治理能力，提高应对风险挑战、化解矛盾困难的能力，具备把握未来发展大势的长远智慧，有着重大现实意义。

（三）坚守人民至上的价值遵循

习近平总书记常说："人民对美好生活的向往就是我们的奋斗目标。"③ 这是新时代坚持和发展中国特色社会主义的重要内容，也是我们党始终坚持的政治立场和价值追求。在新时代的中国，坚持党的领导就是更好地坚持人民立场。中国共产党始终秉持以人民为中心的工作导向，秉持从群众中来、到群众中去的群众路线，秉持人民至上的价值取向，秉持以人为本的民生理念，秉持人民共享的发展思维。在中国共产党的领导下，我们的现代化事业取得了重大成果，开辟了中国特色社会主义道路，发展了中国特色社会主义

① 习近平：《决胜全面建成小康社会　夺取新时代中国特色社会主义伟大胜利》，《光明日报》2017 年 10 月 28 日，第 1 版。
② 习近平：《在纪念马克思诞辰 200 周年大会上的讲话》（2018 年 5 月 4 日），人民出版社，2018，第 24 页。
③ 习近平：《在纪念马克思诞辰 200 周年大会上的讲话》（2018 年 5 月 4 日），人民出版社，2018，第 20 页。

文化，在新的精神传承进程中推动着中华民族伟大复兴。社会主义先进文化继承中华优秀传统文化的民本理念，弘扬革命文化，传承红色基因，坚持以人为本，全心全意为人民服务。"江山就是人民，人民就是江山"成为新时代中国共产党人的价值追求。"一个国家、一个民族不能没有灵魂。"① 文化作为现代化国家的精神事业是一刻不能没有、一刻不能断的。红色基因是社会主义先进文化的精神表现，流淌在现代化建设的每根血管之中。在新时代，传承红色基因，发扬先进精神，才能以更好的精神面貌开创新的伟大事业。

总之，以社会主义先进文化为可靠底蕴的红色基因必然能帮助人们更好地铭记党的历史、加强党的建设，从而开展新时代的思想政治教育。党的十八大以来，习近平总书记发表的关于红色基因传承系列重要论述呈现出时代的鲜明特色：科学诠释了传承红色基因的思想内涵，解答了红色基因在新时代的实践重点，指明了红色基因在新时代传承的推进方略，为新时代坚定理想信念、筑牢信仰之魂提供了政治引领，为强化意识形态、抵御历史虚无主义提供了有效手段，为坚定文化自信、提升文化认同奠定了重要思想基础。这些重要论述是红色基因重要、深刻的社会主义先进文化底蕴。

第四节　红色基因的实践基础

实践从哪里开始，精神就从哪里开始产生。红色历史从哪里开始，红色基因就从哪里开始产生。红色基因是历史实践的产物，其内涵样态的形成和内涵的深化发展是通过不断探索而得以显现的。红色基因从形成到积淀、从传承到充实，是一个始终围绕中国革

---

① 《习近平谈治国理政》第3卷，外文出版社，2020，第322页。

命、建设、改革的实际情况不断发展的过程。它来源于实践，成熟于实践，又在实践中得以传承发展。红色基因的精神内涵与特质品格，早已融入中国特色社会主义发展的过程，早已贯穿于各项社会主义建设实践之中。红色基因作为时代发展的精华，是历史、人民赋予中华民族的磅礴伟力，不断指引中国特色社会主义现代化建设实践。

一 红色基因的中国实践

有学者从红色基因诞生的历史渊源与发展脉络两个层面，阐释了红色基因作为中国共产党立党之"根"所蕴含的实践底蕴。在党的奋斗历程中，红色基因熔铸于中国革命、建设、改革的伟大实践中。红色基因作为中国共产党自成立之日起便已显现的强大精神力量，同中国共产党的成长、发展密不可分。红色基因的形成与发展主要分为四个时期：一是 1921—1949 年，新民主主义革命时期培育了建党精神、井冈山精神、苏区精神、长征精神、抗战精神、西柏坡精神等；二是 1949—1978 年，社会主义革命和建设历程孕育了抗美援朝精神、雷锋精神、焦裕禄精神、红旗渠精神、"两弹一星"精神等；三是 1978—2012 年，改革开放和社会主义现代化建设新时期涌现了女排精神、特区精神、抗震救灾精神等；四是 2012 年至今，中国特色社会主义新时代铸就了载人航天精神、脱贫攻坚精神、抗疫精神等。以上所形成的共产党人红色基因序列，便是党的精神谱系。①

还有人提出为贯彻党的十九届六中全会精神，应以红色资源创新实践育人模式。指出红色基因实践育人的重要意义是赓续红色血

---

① 蒋笃君：《红色基因：百年大党的"根"与"魂"》，《人民论坛·学术前沿》2021 年第 19 期。

脉、传承红色基因，从红色实践育人之现实需求的角度，厘清了红色基因的实践生成及其实践脉络。自从中国共产党成立以来，党领导人民创造新民主主义革命的伟大成就，创造社会主义革命和建设的伟大成就，创造改革开放和社会主义现代化建设的伟大成就，创造中国特色社会主义新时代的伟大成就，这些成就统一构成无数伟大"红色故事"的史诗素材，是红色基因的实践来源及其经典载体。[①]

"灭人之国，必先去其史。"（龚自珍《古史钩沉二》）只有铭记历史，才能行稳致远。在时代发展的浪潮中、在社会主要矛盾变化中，代代传承的红色基因始终作为中华民族强大的实践原动力而历久弥新，根本在于共产党人始终坚持从实践出发，围绕实践、针对实践、开展实践、引领实践，坚持解放思想、实事求是，不断顺应时代主题变化，不断响应国情民情需求，不断重视初心使命要求，不断铸就红色基因实践基础的向心力，不断培育红色基因实践基础的创生力。在中国共产党百余年征程实践推动下，红色基因的生成发展至今已历经三个主要阶段，即萌生成长期、探索发展期、开拓繁荣期。

（一）萌生成长期

从 1917 年至新中国成立前夕的革命实践。1917 年，十月革命的胜利为中华民族带来了展望未来的新视角、新范式与新路程。马克思列宁主义的真理火苗、实践之光照进中国土壤，为一大批中国先进知识分子敞开了救亡图存新的大门。1919 年的五四运动，以"五四风雷"的影响力、感染力在北京、上海及全国各地迅速发展，是中国人民不畏强暴、反抗开展的彻底反帝反封

[①] 李佩洁：《贯彻党的十九届六中全会精神　创新红色实践育人模式》，《中国高等教育》2022 年第 Z1 期。

建的爱国救亡运动。爱国主义者的示威游行、请愿、罢工及工人阶级革命队伍的不断扩大，为红色基因的萌芽奠定了强有力的实践基础。1921年中国共产党的成立，标志着中国历史上迎来了最伟大庄严的实践探索——建党，从此孕育了红色文化的物质形态，确立了红色基因得以根植的初心使命。各地早期共产主义组织的建立、中共一大的召开、"七一"建党节确立等表现了伟大建党实践过程中红色基因的实质样态。进入土地革命战争时期，红色基因的精神形态随着战争实践进一步发展、彰显。1927年中国共产党独立领导武装斗争，创建人民军队，发起"八一"南昌起义，随后中共中央在湖北汉口紧急召开八七会议，并举行秋收起义，1935年1月中央政治局在贵州遵义召开主旨为"独立自主地解决中国革命问题"的扩大会议，红军进行二万五千里长征，带领人民进行抗日战争与解放战争等，均为红色基因的沉淀升华提供了强有力的实践基础。

（二）探索发展期

从新中国成立至党的十八大召开前夕的建设实践。从新中国成立到改革开放前夕，是持续探索阶段；从改革开放到党的十八大召开前夕，是发展推进阶段。新中国成立后，中国共产党带领全国各族人民向社会主义过渡、开始社会主义建设的艰难探索，在社会主义革命和建设的过程中，红色基因已彰显举足轻重的意义，即红色基因作为引领共产党人攻坚克难的制胜法宝，是社会主义革命和建设所必需的精神动力。从1978年党的十一届三中全会召开至党的十八大召开前夕，是改革开放和社会主义现代化建设新时期，我国在经济社会积极发展的同时，文化建设却面临诸多问题、经受严峻考验。历史再次证明，革命战争时期所孕育的红色精神，在改革开放和社会主义现代化建设历程中，仍然有弥足珍贵的价值。继承党的优良传统与基因密码，对重塑社会群体及个人的精神追求与价值取向具有极为重要的精神指引作用。在此期间形成的以大庆精神、雷锋精神、焦裕禄精神、抗洪精神、抗击"非典"精神、载人航天精神为代表的红色精神等，是对红色基因的进一步实践探索与自觉传承。

（三）开拓繁荣期

党的十八大以来的强国实践。自从中国特色社会主义进入新时代，习近平总书记多次在重大场合强调红色基因传承赓续的重要性，多次谈及如何传承好红色基因这一问题。红色基因是保障红色政权永不变色的成功密码，对红色基因的赓续传承是走好新时代长征路的关键一步。党的十九大以来，我们开展了"不忘初心、牢记使命"主题教育，开展了"传承红色基因、担当强军重任"主题教育，充分发挥红色资源的优势，加大对革命博物馆等红色基因库的开发建设力度，强化爱国主义教育基地与党史教育基地的现实作用，深入挖掘红色文化底蕴，深入拓展红色资源品牌全民推广度，不断增强保护红色遗址遗迹的意识，创新提质红色文艺作品与文创产品等。尤其是借助现代传播技术，充分发挥现代传播媒介的巨大优势，将红色基因的传承与传播媒介进行有机结合，运用现代科技打造传承红色基因的新媒体平台。以上举措，标志着对红色基因的传承赓续这一历史命题，在新时代越发引起重视、产生共鸣，并已被赋予全新的实践探索意义。

二　红色基因的湖南实践

红色，是湖湘大地最璀璨的底色。在这片土地上涌现出了毛泽东、刘少奇、任弼时、蔡和森、邓中夏、李立三、何叔衡、彭德怀、贺龙、罗荣桓、向警予、杨开慧、徐特立、田汉、陈树湘、粟裕、萧劲光、黄克诚、陈赓、谭政、许光达等一大批革命志士。无数革命先辈、优秀共产党人在这片红色热土诞生，并从这里奔赴人民解放、民族复兴的报国战场，矢志奋斗。这片红色热土所承载的红色实践，是催生红色基因的强大场域。由五四运动时期的敢为人先、锐意进取，土地革命战争时期的斗志昂扬、踔厉奋发，抗战时期的舍我其谁、艰苦奋斗，改革开放时期的劈波斩浪、开拓创新，新时代的革故鼎新、再立新功，统一构成湖湘红色基因，是支撑湖南高质量发展的力量源泉与实践动力。

2009年全国"双百"人物评选中，湖南的"双百"人物总数为全国之最。有17人入选为新中国成立作出突出贡献的英雄人物，包括蔡和森、向警予、何叔衡、杨开慧、毛泽民、毛泽覃、邓中夏、罗亦农、夏明翰、段德昌、左权、寻淮洲、王尔琢、黄公略、陈树湘、贺英、李白（非唐代诗人，是《永不消逝的电波》原型）；9人入选新中国成立以来感动中国人物，包括毛岸英、欧阳海、罗健夫、罗盛教、袁隆平、雷锋、文花枝、方红霄、谭千秋。这些代表人物，彰显了湖南人的信仰力量，诠释了"革命理想高于天"的精神境界。以上英烈或劳模，以高尚的情怀，锻造了救国救民的崭新格局；以昂扬的斗志，铸就了无畏奋斗的坚硬基石；以坚定的行动，成就了初始创业团队的伟大气象，成为举国上下学习的楷模。

2020年9月16日，习近平总书记在湖南郴州考察"半条被子的温暖"专题陈列馆时指出："红军在自己缺吃少穿、生死攸关的情况下，心里还是想着老百姓的冷暖。一枝一叶总关情啊！我们的军队是人民的队伍，我们共产党人和老百姓的感情就是共用一条被子的感情。"① 他强调："要用好这样的红色资源，讲好红色故事，搞好红色教育，让红色基因代代相传。"② 以上红色基因中的湖南

---

① 《坚守人民情怀，走好新时代的长征路——习近平在湖南考察并主持召开基层代表座谈会纪实》，《人民日报》2020年9月21日，第1版。
② 本书编写组编著《新时代党员干部学习关键词》，党建读物出版社，2022，第230页。

元素，充分说明湖南作为一块有着光荣革命历史的红色热土，为谱写共产党人感天动地的壮丽诗篇，贡献了极其宝贵的湖湘实践及湖南经验。

"为有牺牲多壮志，敢教日月换新天。"毛泽东、刘少奇、任弼时等老一辈革命家的足迹遍布湖南各地。回溯党史，湖南在革命进程中的每个关键时期均发挥着举足轻重的作用。

五四运动和大革命时期彰显湖南青年的忧患意识。1919 年，一场声势浩大的五四运动拉开了中国新民主主义革命的序幕。三湘大地，一群心怀忧患、敢于担当的湖南青年，勇立五四运动潮头，吹响了"与境遇奋斗、与时代奋斗、与经验奋斗"的战斗号角。常怀忧患之思，长存进取之志，是"顽石赭土，地质刚坚，而民性多流于倔强"①的湖湘血脉最鲜明的烙印。身处"八分山水二分田"的环境，湖南青年为谋求发展与出路，披荆斩棘，战天斗地，谱写了一支支忧患意识与生存智慧并重的青春颂歌。五四运动时期，毛泽东、蔡和森等人在长沙创立了当时影响最大的进步团体——新民学会。大革命时期湖南的工农运动如火如荼、风起云涌。到1927 年夏，湖南党员人数激增，一度成为全国党员人数最多、党组织分布最广的省份。毛泽东了解国情，深入调查后写出了《湖南农民运动考察报告》，以及不久发动秋收起义，为我们党成功开辟"农村包围城市，武装夺取政权"的革命新道路提供了思想指导。

土地革命战争时期彰显湖南人民敢为人先的革命品质。大革命失败以后，工农武装起义的熊熊烈焰在湖南境内燃烧，毛泽东领导秋收起义，打出了工农革命军的第一面军旗，还领导农民打响了全国土地革命的第一枪。井冈山根据地最早的工农兵政府在湖南茶陵建立，人民军队的第一军规在湖南桂东诞生，通道转兵更是红军长征中一次具

---

① 钱基博：《近百年湖南学风》，岳麓书社，2010，第 1 页。

有战略意义的重大转折，标志着中央红军从失败走向胜利的伟大开端。长征伊始，中央红军（红一方面军）、红二军团和红六军团这三支红军主力在湖南征战 130 余天，湖南成为血战湘江的发生地、生死攸关的转折地。为确保中央红军主力能杀出一条血路，顺利渡过湘江，陈树湘所率红三十四师与敌军主力反复周旋，几乎全军阵亡，陈树湘"断肠明志"，壮烈牺牲，以他为代表的三湘英烈谱写了气壮山河的英雄史诗。长征途中，三名女红军在湖南郴州汝城沙洲村徐解秀老人家借宿时共享并最终留下"半条被子"的温情故事，使共产党人心系人民、情暖人间的红色基因，在三湘大地上得到了充分彰显。

抗日战争和解放战争时期更凸显出湖南人民不屈不挠的顽强斗志。湖南是抗战的主战场，湖南军民血战八年，进行了顽强的斗争，为夺取胜利作出了巨大贡献，彰显出"日寇何足惧，湘人不可悔"的铮铮铁骨与革命意志。最终，以血肉之躯筑长城、一往无前赴国难的姿态，获得了日寇"一纸降书落芷江"的伟大胜利，熔铸了具有湖湘特色的抗战精神。湖南子弟兵在战场与日军浴血奋战的同时，陈纳德组建的美国志愿航空队和苏联志愿航空队陆续来到中国，与中国空军并肩作战，怀化芷江机场成为中国战区最重要的机场之一。历史不会忘记，人民亦不会忘记。湖南为全国抗战提供了大量兵员，平均每年输送 26 万人，人数居全国第二位。湖南并非人口最多的省份，只有 3000 万人，在八年全面抗战中却提供了210 万兵员，占全国募集人数的 15%，居全国各省人均参军人数第一位。湖南还为全国抗战提供了大量物资，平均每年提供 1000 万担粮食、300 多万匹布和 7 万担军棉。① 解放战争时期，在地下党组织的配合下，经过衡（阳）宝（庆）战役和长沙和平解放，湖南

---

① 参阅《"数"说湖南抗战》，《华声在线—湖南时报》，抗日战争纪念网，2017 年10 月 13 日，http://www.krzzjn.com/918/59233.html。

历史开启了新篇章。

新中国成立至今，湖南人民又展现出积极进取的首创精神。在科技报国的战场，湘籍"两弹一星"元勋周光召、陈能宽响应党和国家号召，隐姓埋名，舍家卫国，开拓进取，久久为功，为"两弹一星"精神增添璀璨光芒。以袁隆平为代表的湖南杂交水稻研究团队攻坚克难，持续占领世界领先高地，为解决全世界人民的温饱问题作出了巨大贡献。中国首台千万亿次超级计算机"天河一号"，首条拥有完全自主知识产权的中低速磁浮列车，均在湖南诞生；雷锋精神成为中国共产党人精神谱系的重要组成部分，是社会主义核心价值观的生动体现，是中华民族的伟大脊梁。灾难锻造风骨，磨难砥砺精神，面对各种突发性自然灾害，湖南共产党人冲锋在第一线，他们敢为人先，团结带领人民夺取了"九八"抗洪胜利，战胜了百年未遇的冰灾以及来势汹汹的"非典"疫情、世所罕见的新冠疫情。在这些重大斗争中，涌现出一大批人民英雄，彰显了抗洪精神、抗震救灾精神、抗疫精神的强大力量。

三湘四水激荡英雄壮歌，锦绣潇湘深植红色基因。湖南是一片有着光荣革命历史的红色热土，湘江水滋润着这片伟人故里、将帅之乡、革命摇篮。百余年来，党领导三湘人民历经"为有牺牲多壮志，敢教日月换新天"的革命岁月，开创"喜看稻菽千重浪，遍地英雄下夕烟"的建设热潮，开辟"洞庭波涌连天雪，长岛人歌动地诗"的改革之路，谱写"装点此关山，今朝更好看"的崭新篇章。一代又一代湖南共产党人传承红色基因、弘扬革命精神，奏响"天翻地覆慨而慷"的凯歌，三湘大地，激荡着"中流击水，舍我其谁"的英雄气概与豪迈气象。

三 红色基因的实践功能

按照马克思主义认识论的观点，实践是理论的基础。结合红色基因的内在属性，有助于系统性地把握红色基因实践功能得以产生的内在动因。中国共产党人的红色基因能够历久弥新，究其根本在于红色基因本身具有价值引领、精神熏陶的内在属性，能不断推进红色基因传承赓续。因此，红色基因的实践功能主要体现在铸魂育人效果上。

（一）引领价值，坚定信念

价值引领是指一事物使社会、群体或个人在诸多价值取向中确定某一具体的价值指标为主导价值诉求的过程，强调树立正确的价值观，引领社会风尚，规范言谈举止。价值引领的内容、目标及结果决定了社会、群体或个人对于满足自身主体需要的对象构建与路径的选择，影响着社会、群体或个人对于主体需要的满足程度的评判视角与评价标准，涵盖了努力方向、行为态度、方式选取、结果导向等多维度的生成。

为什么说红色基因在国家层面具有价值引领功能？一方面，理想信念对于社会进步、群体发展与个人成长起决定性作用。理想信念不仅影响着个人对于生活问题的言行指向，更关涉到对于生死问题的终极抉择，具备强有力的目标导向性牵引作用。崇高的理想信念一经树立，便具有了存在形态上的共同性意蕴，个体生活与群体生命产生共同联结从而共存于统一的集体模块中，共同的目标指向、理想追求便应运而生。另一方面，理想信念是精神依托与价值归宿的凝练产物。当统一的理想信念的受众对象是某一社会群体时，对于未来蓝图的构建、发展方向的遵循、追求方式的拟定便是以共同意识与深刻共识为基础的，价值引领的现实效用便能转化为强劲的社会力量，指导共同实践、实现发展合力朝着同一方向不断迈进。红色基因是中国共产党人的精神内核与政治标识，能为增强新时代人们尤其是青年群体的志气、骨气、底气提供价值引领。新时代青年应牢记初心使命，立报国强国大志向，学好文化知识，锤炼优良品行，让红色基因融入自身血脉，真正成为以中国式现代化全面推进中华民族伟大复兴的强大生力军，实现自己的人生价值与远大抱负。

（二）锤炼理想，服务社会

红色基因是一种社会科学概念，不是自然科学概念，即不是生物学概念。红色，象征光明，凝聚力量，引领未来。红色基因蕴含着崇高的革命理想信念和大无畏的革命精神，是中国共产党人的精神内核，是中华民族的精神纽带，红色基因孕育了中国共产党人的精神谱系，鼓舞着一代又一代中华儿女为了中华民族伟大复兴而坚强自立、坚持梦想、勇往直前。传承红色基因，可以坚定理想信念，传承革命精神，增强前行力量。在新时代要以强国富民为理想，以服务社会为己任，激励中华儿女踔厉奋进。作为奋斗中的青年一代，更应该努力锤炼理想，服务社会。从社会发展来说，青年一代有理想，国家就有前途，民族就有希望；从个人发展来说，青年时代有理想，心中就有动力，成才就有方向。中国共产党是工人阶级、中国人民和中华民族的先锋队，因此共产党员更要起模范带头作用。党史表明：中国共产党是中国革命、建设、改革事业的中流砥柱。党始终坚守马克思主义根本信仰，坚守中国特色社会主义共同理想与共产主义远大理想，带来了中国社会的大变化。

为什么说红色基因在社会层面具有理想锤炼功能？首先，红色基因实践功能的价值引领属性表现为极强的文化塑造力。红色基因是社会文化的标志性成果之一，文化的社会性塑造是一个动态的实践过程，需要借助红色基因对国民价值旨趣、精神风尚发挥出引领、示范作用，从而构建、发展及筑牢符合社会主义核心价值观的主流价值取向。其次，红色基因实践功能的价值引领属性表现出极强的精神培育力。社会主义核心价值观是中国共产党人精神谱系的凝练精华，始终离不开红色基因的培育，蕴含着爱国主义、集体主义、社会主义等信念，以及吃苦耐劳、进取创新、不畏艰苦、敢于斗争、自强不息、坚韧顽强等精神内核，统一构成了中华民族的精神面貌与实践指南。最后，红色基因实践功能的价值引领属性还表现在极强的行动号召力。红色基因厚植于共产党人的血脉中，亦被社会群体、人民群众的大多数所深知、领略并践行。饱含着历史记忆的风霜，承载着时代发展的使命，红色基因发展至今带给亿万中国人民的是一种共生共存、牢不可破的民族情感与价值归属，能凝聚人心，体现最大公约数，使全体中华儿女自觉为实现中华民族伟大复兴而奋斗不止。

（三）立德树人，振奋人心

"地势坤，君子以厚德载物。""立身必先立德，无德无以立身。"中国传统文化源远流长、博大精深，关于"德"的内容十分丰富、深厚而全面。红色基因作为红色文化的内生因子，对文化自信主体构建具有重要意义。"德性""德行""德智"等关于"德"的命题，正是保证社会主义文化大厦地基牢固而屹立不倒的重要载体，红色基因的实践能为落实"立德树人"根本任务提供有效途径。

为什么说红色基因在个人层面具有立德树人功能？首先，立德树人是一项涵盖历史—现实双重维度的实践任务，当今时代是信息化全面覆盖、互联网快速发展的时代，各种思想更加便捷地传播到世界各地，难免造成大众思想多元化、流派多样化的复杂形势，未经辨别的多元文化及各种思潮交杂席卷而来，在一定程度上造成了失德、腐化、萎靡等消极文化观念与精神样态的出现，对我国主流意识形态产生了隐性冲击与负面影响。其次，红色基因以坚定的理想信念与雄厚的民族精神为重要组成部分，是社会主义核心价值观的体现，具有立德树人、振奋人心的基本功能。以红色基因为依托，有助于引导国民特别是青少年群体感悟历史、领略革命、读懂中国、紧跟时代，将红色文化深植于每个中国人的心中，为培养理想信念、爱国情怀、民族大义、德行修养、实践品格提供精神能量。这是增强文化自信的必由之路、抵制不良思潮的核心武器、推崇社会主义核心价值观的优质载体。最后，以团结一致的育人目标，来助推社会主义文化事业更加繁荣兴盛。以培养担当民族复兴大任的时代新人为出发点，使社会整体共同构建红色文化，培养良好行为习惯，展现积极奋进的红色风貌。牢牢掌握党对意识形态工作的领导权，稳立时代潮头，树立新时代的道德风向标，创造出具有中国特色的丰富精神食粮，从而生动地讲好中国故事，彰显真实、全面、多彩、立体的中国形象与中国面貌。

总之，红色基因独具的稳定性与发展性、历史性与现实性、民族性与世界性等特质，决定了在实践导向的具体行动中，红色基因作为一种传导精神力量的关键载体，对国家、社会及个人具有强大的激励作用。它能激发、支撑人们坚守理想信念、克服重重困难、积极奋斗进取、创造美好生活，是推动我国行稳致远的精神支柱。新民主主义革命时期，红色基因根植在新民主主义文化之中，支撑着反帝反封建运动逐渐走向胜利。社会主义革命和建设时期，红色基因作为引领中国人民自立自强、不懈奋斗的精神图腾，以自主的、热血的奋斗姿态烙印在每一个渴望进取的中国人心中。改革开放以后，红色基因作为凝聚中国人民奋斗步伐的强大力量，引领着中国特色社会主义一步步获得胜利果实。因此，红色基因在不同的历史阶段、不同的时代境遇中，不断被赋予新的要义，展现着不同的时代风貌。红色基因对实践主体产生的鼓舞激励的积极作用，符合历史逻辑，符合人民需要，适应时代发展。新时代，新征程，红色基因将成为维护祖国统一、夯实民族团结的新时代中国魂，激励我们自强不息、开拓创新、不懈奋斗，为全面建设社会主义现代化国家提供更多更有力的精神引领。

第二章

湖南红色基因的历史演进

中国人的红色情结与生俱来，红色更是新中国的代表色。通常人们把近现代以来的革命文化称作红色文化。广义上，红色文化指世界社会主义运动史上发生的重大事件或由著名人物留存下来的物质成果和非物质成果。本书论述的红色文化主要指中国共产党领导革命和社会主义建设过程中留存下来的文化遗产[①]，包括红色精神文化、红色制度文化、红色物质文化三部分。其中，红色精神文化包含战争年代形成的革命传统以及新中国成立后的实践锤炼的时代品格等；红色制度文化包含中国共产党和人民政府的典章制度及各种文献等；红色物质文化包含故居遗址、革命文物、纪念场馆等。红色资源是红色文化和红色基因的载体，集政治资源、历史资源、文化资源、精神资源于一体。[②] 在厘清了这些基本概念的基础上，本章从新民主主义革命时期（1919—1949年）、社会主义革命和建设时期（1949—1978年）、改革开放和中国特色社会主义现代化建设新时期（1978—2012年）、中国特色社会主义新时代（2012年至今）四个阶段叙述湖南传承红色基因的

---

① 曾长秋：《论红色文化资源的价值提升与功能拓展》，《湖湘论坛》2016年第6期。
② 曾长秋：《论红色文化资源对大学生思想政治教育的有效融合》，《延安大学学报》（社会科学版）2016年第1期。

历史演进，并力图从中概括出湖南红色基因的基本特征，以突出湖南红色基因的重要地位。

第一节 新民主主义革命时期湖南红色基因的历史演进

从近代开始，湖南在历史舞台上呈现了一幕幕威武雄壮的画面。例如，王船山倡导实学，称"六经责我开生面"；魏源写《海国图志》，睁眼看世界；曾国藩、左宗棠等湘军人物兴起洋务运动，收复新疆；谭嗣同、唐才常办《湘报》和时务学堂，湖南遂成变法维新最有生气的省份；岳阳、长沙辟为对外商埠，常德、湘潭增列"寄港地"，在被迫开放中融入世界；锡矿山、水口山开发矿业，粤汉铁路、株萍铁路纵横全省，使湖南有了新的阶级力量；黄兴、宋教仁、陈天华在长沙成立华兴会，后参与国民党前身中国同盟会；萍（乡）浏（阳）醴（陵）起义是中国同盟会成立后发动的第一次大规模武装起义，湖南首先响应武昌起义；蒋翊武、蔡锷、刘昆涛奋起护国护法，推翻袁世凯复辟帝制。以上这些，为尔后湖南人才辈出、红色基因传承打下深厚基础。新民主主义革命时期湖南人受新文化激荡，思想与时俱进，在中国共产党领导下不断开展新的奋斗的历程。

一 建党和大革命时期的湖南红色基因

党的二十大报告指出要持续抓好党史、新中国史、改革开放史、社会主义发展史宣传教育，引导人民知史爱党、知史爱国。进行"四史"教育，重点应放在党史上。一部中国近代史，半部湖南人写就。历史是人们向先辈学习的最好的教科书，对共产党人来说，中国革命史是最好的营养剂。进入新民主主义革命时期，湖南在中国革命史中留下了浓墨重彩的一笔。湖南素有"革命摇篮、伟人故里"的美誉，这也成为湖湘文化及红色基因的显著底色。

习近平总书记在党的二十大报告中提出，要"弘扬以伟大建党精神为源头的中国共产党人精神谱系，用好红色资源，深入开展社会主义核心价值观宣传教育"。无论红色资源、红色文化还是红色基因，都以红色为底色，其中最鲜明的精神气质即奋发有为、积极向上。以红色为底色的社会主义核心价值观，激励着一代代湖湘儿女拼搏奋进、砥砺前行。挖掘红色文化和社会主义核心价值观的深刻内涵，应成为我们传承红色基因的着力点。特别要发掘其中能够体现湖南人"吃得苦、霸得蛮、耐得烦"的性格特征，以史实来打动人、教育人、影响人，做到以文化人、以史铸魂，使红色基因薪火相传。

众所周知，自五四运动以来，湖南的党史事件和党史人物数量跃居全国前列。毛泽东1910年秋在湘乡东山读高小，从《东山书院记》中受到"实事求是"思想的熏陶。一年之后，他走进省城，响应辛亥革命，参加了湖南军政府组织的援粤军，赴武汉新军当了半年兵。1913年春他回到长沙，考入设在荷花池的省立第四师范。1914年春，该校合并于妙高峰下的省立第一师范，他与蔡和森、何叔衡等成为同学。蔡和森于1913年秋直接考入湖南一师，编在第六班；李中（上海早期党员，共产党领导的第一个产业工会"上海机器工会"创始人）编在第七班，而毛泽东、罗学瓒、周世钊、贺培真（又名贺果）等从第四师范转来的同学，都编在第八班。此时，萧子升、陈昌等同学已毕业，年纪较大的何叔衡被编入讲习科学习。他们在湖南一师这座大熔炉里锤炼，志同道合——"恰同学少年，风华正茂""携来百侣曾游，忆往昔峥嵘岁月稠"就是对他们这段经历的生动写照。他们于1918年4月在蔡和森家中（岳麓山下滨湾镇周家巷刘家台子的"沩痴寄庐"）共同创立了青年进步团体新民学会，在湖南发出了"建党先声"。

五四运动推动了马克思主义在中国的传播，新民学会成员发动湖南青年赴法国勤工俭学，分别在长沙和巴黎开展建团、建党活动：毛泽东、何叔衡以长沙潮宗街 56 号文化书社为阵地，相继成立了俄罗斯研究会、社会主义青年团和中国共产党湖南早期组织，二人还作为湖南共产党早期组织的代表赴上海参加了中共一大；蔡和森等赴法国勤工俭学的新民学会会员在巴黎郊区蒙达尔纪召开会议，提出"改造中国与世界"的宗旨并讨论建党，还提议将新民学会在法国的外围组织"工学世界社"更名为"少年共产党"。特别是毛泽东、蔡和森等新民学会会员分别从巴黎、长沙互寄"两地书"，共同探讨建党事宜，首先提出"中国共产党"的名称，并以唯物史观作为建党的哲学根据，从而拉开了湖南乃至中国建党的序幕。当年由毛泽东在文化书社编印并保留至今的两份《新民学会会务报告》和三本《新民学会会员通信集》，便成为最早一批珍贵的建党文献。

盘点红色文化资源存量，湖南不仅是创建中国共产党的八个地方（含海外两个地方）之一，更是中国革命的重要策源地和毛泽东思想的发源地。五四时期，毛泽东在长沙主编《湘江评论》和《新湖南》，号召"民众大联合"，反对帝国主义和封建军阀，发动"驱张（敬尧）运动"。1920 年 8 月以后，毛泽东、何叔衡、彭璜、易礼容、陈子博等在潮宗街开办文化书社、成立俄罗斯研究会，传播新思想、新文化和马列主义。中共一大之后毛泽东从上海回到长沙，1921 年 10 月 10 日成立中共湖南支部（不久改为湘区执行委员会，设党的机关于长沙东郊清水塘 22 号），并成立了中国劳动组合书记部湖南分部，开展工人运动。

从上可知，湖南是最早萌发建党初心，最早沐浴伟大建党精神的地区。建党初期国内六个地方、海外两个地方党的早期组织的建立，除湖北和山东以外都有湖南人参与，最早的 50 多名中共党员中有20余名是湖南人。长沙人缪伯英是中国第一个女共产党员，她与早期党员何孟雄（炎陵人）是我国第一对党员夫妻。双峰人李中由陈独秀介绍入党，是中国共产党领导下第一个工会"上海机器工会"的工人运动领袖。毛泽东任书记的中共湘区执行委员会直接领导了长沙泥木工人、粤汉铁路工人、安源路矿工人、水口山工人等的多次大罢工，其中湖南劳工会领袖黄爱、庞人铨是中国第一次为无产阶级而死的先烈。现在，湖南常宁县铅锌矿设立了"水口山工人运动陈列馆"，再现当年的罢工场景。

1921年8月，毛泽东、何叔衡参加中共一大从上海归来，利用长沙中山路的"船山学社"社址创办了湖南自修大学。这所学校实际上是中共湘区区委的党校，培养了最早的湖南工农运动骨干。为了有一个研究中国革命问题的阵地，1923年4月毛泽东与李达创办了湖南自修大学校刊《新时代》，围绕党在民主革命中的地位、政策、策略、政权等重大问题，用马克思主义观点撰写和发表文章。创刊号第一篇文章就是毛泽东写的《外力，军阀与革命》，这是他成为马克思主义者以后写的第一篇政论文章。湖南自修大学培养的众多早期共产党员都能独当一面，赴各地开展工农运动，使湖南农民运动如火如荼地开展起来。

在国民革命（俗称大革命）的滚滚洪流下，中国共产党反帝反封建的政治主张成为各族人民的共同呼声。共产党在民众中的影响日益扩大，党的组织也得到迅速发展。千百万工农群众在党的领导下组织起来，直接推动了国共合作统一战线建立。1924年初在广州召开了有众多共产党员参加的国民党第一次全国代表大会，标志着第一次国共合作正式形成，为北伐战争作了准备。毛泽东担任国民党中央宣传部代理部长，受国民党一大委托回长沙组建国民党湖南省党部，并推荐了一批共产党员和青年团员到黄埔军校学习，学员左权、黄公略、蔡升熙、陈赓、蒋先云、袁仲贤、刘畴西、王尔琢、赵自选等后来成为著名湘籍将领。国共合作期间，黄埔军校招了六期学员，湖南输送了大量优质生源。据统计，军校前六期总计14295名学员，其中湘籍学员 4004 名，人数居全国各省第一位。黄埔军校武汉分校培养了中国现代革命军队第一批女兵，其中湖南籍女兵人数众多，例如曾宪植、谢冰莹、胡筠（红军第一个师职女司令）便是第一批被录取的湖南女兵。

北伐战争直接打击的目标为北洋军阀，主要有吴佩孚、孙传芳、张作霖三个派系势力。他们的兵力达 70 万人，盘踞北方各省。而南方的广州国民政府所辖国民革命军（北伐军）除原有的六个军以外，新归附了第七、第八军，约有 10 万兵力。湖南是北伐的主攻战场，北伐军中有三个军为湘军，即茶陵人谭延闿所率第二军、醴陵人程潜所率第六军、东安人唐生智所率第八军。战斗打响以后，第四军（粤军）和第七军（桂军）首先进入湖南与北洋军阀部队交战，开路先锋第四军叶挺独立团首战攸县禄田告捷。然后，北伐军从株洲分兵。一路夺取长沙直逼武汉，开辟两湖战场；另一路转兵入赣，攻打南昌，开辟江浙战场。现屹立于岳麓山的"五轮塔"，就是当年唐生智修筑的北伐军在湘阵亡将士纪念塔。

北伐军一路势如破竹，短期取得巨大胜利。究其原因，是国共合作结出硕果。在北伐过程中，国共两党之间虽存在矛盾，但基本上能够共同对敌。同时，政治工作发挥了强大威力。一些著名的湘籍共产党员向北伐军官兵宣传革命理念，如毛泽东担任国民党中央宣传部代理部长，并负责管理国共两党共同开办的农民运动讲习所；还有长沙人李富春担任第二军副党代表、醴陵人朱克靖担任第三军党代表、浏阳人罗汉担任第四军党代表、临澧人林伯渠担任国民党中央农民部部长兼第六军副党代表、长沙人萧劲光担任第二军第六师党代表等。

北伐战争期间，中共湘区执行委员会派水口山工人谢怀德、刘东轩回家乡衡山开展农民运动，成立岳北农工会；毛泽东在韶山建立了中共韶山支部，在农民中播下的革命火种很快燃遍三湘四水。黄埔军校开办之后，为了推动国民革命和农民运动走向高潮，国民党中央农民部部长林伯渠、广东农运领袖彭湃等积极支持毛泽东开办农民运动讲习所，学员毛泽民、王首道、高文华、吴芝圃等后来成为共产党人。中共湘区执行委员会分三批先后选派91名党团员到广州农民运动讲习所学习，还在长沙湘江学校创设农村师范部和农民通讯社，培训农运骨干。

随着北伐战争胜利进军，工农运动以空前的规模迅速展开。大革命时期的湖南是农民运动中心，湖南农民运动声势浩大，农会成员达600多万人，占同期全国会员的60％。北伐军所到之处，湖南各县农民纷纷起来响应，配合北伐军作战。长沙邻近的平江、浏阳、醴陵等县组织了工农义勇队或农军，甚至开始改组县政府和插牌分田。邵振维成为浏阳县第一任公选的女县长，也是中国共产党有史以来的第一个女县长。1926年12月，湖南全省第一次工人和农民代表大会在长沙教育会前坪同时召开，毛泽东莅会讲话，指出"农民问题乃国民革命的中心问题"。① 会后，他在戴晓云陪同下奔走湘东、湘中五县，历时32天、步行700公里考察湖南农民运动，于1927年春撰写了不朽著作《湖南农民运动考察报告》。该著在中共湖南区委机关报《战士》周报刊登，还以"湖南农民革命"为书名出版。瞿秋白撰写序言，给予了热情推荐。此后，湖南的工农运动便以锐不可当之势，汹涌澎湃于湘江两岸，为土地革命奠定了深厚的群众基础。

二　土地革命战争时期的湖南红色基因

由于国民党右派背叛革命，大革命失败。湖南工农群众在中国

---

① 《毛泽东文集》第1卷，人民出版社，1993，第37页。

共产党领导下，冲破"马日事变"的阴霾，组织湘潭、浏阳、醴陵等县约十万农军围攻长沙。为了挽救中国革命，1927 年在汉口召开八七会议。与会者 21 人，其中湖南人就有毛泽东、蔡和森、任弼时、李维汉、邓中夏、罗亦农、彭公达 7 人，占 1/3。会议决定举行湘鄂赣粤四省武装起义和开展土地革命，武装反抗国民党反动派，从而拉开了土地革命战争的序幕。彭公达、毛泽东会后与易礼容、夏明翰、罗章龙、谢觉哉等中共湖南省委成员在长沙沈家大屋开会，贯彻八七会议进行武装暴动的精神。会议决定在湘赣边界发动秋收起义，主要议题在四个方面：打什么样的旗帜？建什么样的政权？怎么处理土地和农民问题？怎么确定军事和策略？沈家大屋会议与此后不久召开的安源张家湾军事会议都讨论了以上四个大是大非问题，为秋收时节发动农民暴动作了准备。

在土地革命战争中，湖南这块热土上义旗高擎，最早揭起苏维埃运动的旗帜——建立政权方面有秋收起义期间成立的"中国革命委员会湖南醴陵分会"；武装暴动方面有十万农军围攻长沙的起义，比南昌起义早两个多月；"插牌分田"方面浏阳县和长沙郊区最早开展"分田分地真忙"的土地革命。湘赣边界秋收起义队伍打出了共产党的第一面军旗（由华容人何长工设计），正如毛泽东在诗词中所写，"军叫工农革命，旗号镰刀斧头"；毛泽东还在桂东县沙田镇颁布了红军的第一军规（"三大纪律六项注意"，后发展为"三大纪律八项注意"）。秋收起义部队在文家市转兵，向井冈山进军并建立中国第一个农村革命根据地，开辟了"农村包围城市"的中国革命新道路。

此后，三湘大地上的武装起义此起彼伏。主要有彭德怀、滕代远、黄公略领导的平江起义，贺龙、周逸群领导的桑植起义，二者分别开创了湘东、湘西各县的"红色割据"；朱德、陈毅、王尔琢领导南昌起义余部在胡少海的配合下在宜章县城拉开了湘南起义

（宜章暴动、湘南年关暴动）的序幕，起义席卷湘南 20 余县，历时三个多月，创造了"湘南这边红一片"的革命景象。此外，湖南境内还发生了长沙灰日暴动、宁乡沩山暴动、湘东醴陵暴动、石门南乡暴动、常德渐安暴动、平江二月扑城、安化二月扑城等。湖南各地先后开展了如火如荼的苏维埃运动，纷纷建党、建军和建立红色政权，红军及游击队留下的红色遗址遍及三湘四水。

土地革命战争初期，湖南先后爆发了秋收起义、平江起义、湘南起义、湘西起义（桑植起义）四大起义，创建了湘赣、湘鄂赣、湘鄂西、湘鄂川黔四块苏维埃战略区，建立了省级政权。1930 年 7 月成立湖南省苏维埃政府（全国最早的省级革命政权，机关设长沙黄兴路省商会），1930 年 10 月成立湘鄂西省苏维埃政府，1931 年 7 月成立湘鄂赣省苏维埃政府，1931 年 10 月成立湘赣省苏维埃政府，1934 年 11 月成立湘鄂川黔省革命委员会。在平江、浏阳、醴陵、岳阳、临湘、湘阴、长沙、鄙县、茶陵、攸县、郴县、宜章、永兴、耒阳、资兴、桂东、汝城、安仁、桑植、永顺、龙山、大庸、石门、慈利、华容 25 县成立了县苏维埃政府，还有 170 多个区苏维埃政府、910 多个乡苏维埃政府。其中醴陵、汝城、茶陵的县工农民主政府，是中国最早一批县级苏维埃政权。

除了 1927 年"十万农军扑城"和 1930 年"红军两次打长沙"，长沙及其周边各县还有其他的壮举。红三军团攻占长沙，这是土地革命战争时期红军唯一攻占的省会城市，中国第一个省级苏维埃政权——湖南省苏维埃政府在此宣告成立。省政府主席李立三在上海主持党中央工作未到职，由王首道代理。其后政府搬往浏阳县大围山，更名为湘鄂赣省苏维埃政府。与长沙首战时隔不到一个月，再次攻打长沙的客观需要促成了红一、红三军团在浏阳县永和镇的会师。二者组成了全国规模最大的主力红军——红一方面军（"中央红军"），极大地扩大了中国共产党和工农红军的影响。由此永和镇李家大屋成为红一方面军诞生地,今设立纪念馆。

这里应强调指出:毛泽东的"毛主席"称谓,始于其在浏阳组建红一方面军时兼任"中国工农革命委员会主席"。此前人们称他"毛委员"或"毛政委",而在浏阳虽然已有人称他"毛主席",但直到一年零三个月以后的 1931 年 11 月 7 日,毛泽东在红都瑞金当选中华苏维埃共和国临时中央政府主席时,"毛主席"的称谓才逐渐为中央苏区军民所熟悉。从此,这一称谓不胫而走,广为人知,成为毛泽东最具代表性的称谓。不但"毛主席"的称谓始于浏阳,朱德的"总司令"称谓也是如此——他担任了红一方面军的总司令。1931 年 8 月 28 日,在上海的中共中央通过电文任命朱德为中国工农红军总司令,仍兼红一方面军总司令,此后"朱总司令"就是人们最熟知的他的称呼。1931 年 11 月,朱德虽然在中华苏维埃第一次全国代表大会当选中央革命军事委员会(简称中革军委)主席,但仍然没有人称其"朱主席",人们还是习惯叫他"总司令"。

在湘鄂赣边境,还先后成立了红五军、红八军、红十六军、红十八军等多支红军部队(前二者在平江县城成立,后者在浏阳县小河乡成立)。在湘鄂西,贺龙参与领导南昌起义时所率部队 8000 人中有 3000 人是桑植籍。南昌起义失利后,贺龙仅带领 8 个人回到家乡。贺龙振臂一呼,不到一个月时间又有数千名桑植儿女加入了红军。湖南还是中央红军和红二、红六军团(后合编为红二方面军)长征转战之地,长征途中红军经历了惨烈的湘江战役,从广西进入湖南,在湘西南发生过具有历史意义的通道转兵,为遵义会议的召开作了准备。因为有了上述事件,现在建设了许多纪念馆,其中颇具特色的有浏阳县文家市镇的秋收起义纪念馆和永和镇的红一方面军成立旧址、平江县天岳书院的平江起义纪念馆和县城的湘鄂赣革命根据地纪念馆、炎陵县城的红军标语博物馆、汝城县沙洲村的"半条被子的温暖"专题陈列馆、通道县的通道转兵纪念馆、桑植县刘家坪的红二方面军长征出发地纪念馆等，可谓"十步之内，必有芳草"。

湖南儿女多奇志。湘籍杰出女性创造了多个"全国第一"。例如，缪伯英是中国共产党第一个女党员（土地革命战争时期殉职），向警予是中共中央第一个女部长（中央委员，土地革命战争前期就义），李贞是从红军战士成长起来的共和国第一个女将军（1955 年授军衔时唯一的女将军）。土地革命战争时期牺牲的平江人胡筠毕业于黄埔军校，是红军部队第一个女司令（师职）。共产党员邵振维 1926 年经民主选举而成为全国第一个女县长（浏阳县），于秋收起义失败以后留在家乡"打游击"牺牲。著名的女性革命烈士还有毛泽东的亲人杨开慧、毛泽建。烈士夫妇还有共青团湖南省委书记田波扬和陈昌甫夫妇，从莫斯科回湖南从事地下工作的陈觉和赵云霄夫妇，羿去病和王月贞（共产党的湘阴县女县长）夫妇。

为有牺牲多壮志，共产党人在湖南留下了许多可歌可泣的事迹。在井冈山组建第一支正规红军的参谋长王尔琢（石门人）牺牲时年仅 25 岁，红四方面军副总指挥蔡申熙（醴陵人）牺牲时不满 26 岁，红七军团军团长寻淮洲（浏阳人）牺牲时年仅 22 岁。除寻淮洲以外，红军北上抗日先遣队还有其他湘籍将领，如红十军团军团长刘畴西、红十军军长王如痴、闽浙赣军区参谋长粟裕。在南县南洲镇的德昌公园，入口沿中轴线走数十米处，一尊铜像高高耸立，铜像的主人就是共和国"一号烈士"（民政部证书编号）、彭德怀的入党介绍人段德昌。共和国第九号烈士证授予了陈毅安，他生前给爱人留下 54 封家书，最后一封家书只是两张不见片言的白纸。因为他们约定，如果牺牲了就托人捎回无字家书。纵观整个土地革命战争时期，可以说湖南的党组织和人民付出了巨大代价，十年间牺牲的共产党员和革命群众达数十万人。在革命低潮期，湖南境内农村根据地的创建及在武装斗争、土地革命、根据地建设等方面的成功实践，不仅为全国各地开展"工农武装割据"树立了榜样，并且在革命者心中燃起了新希望。

三 全面抗日战争时期的湖南红色基因

七七事变以后，抗日战争全面爆发，中国军民又进行了八年艰苦卓绝的斗争，取得了100多年来反抗外敌入侵的第一次完全胜利。这场全民族抗战以第二次国共合作为基础，各民族民众、各民主党派和抗日团体、社会各界和各阶层爱国人士、海外侨胞广泛参加。

日军为了攻占湖南，打通"大陆交通线"，将侵华部队的35％投入湖南战场。日军丧心病狂，在湖南制造了营田、厂窖等惨案，在常德发动细菌战和毒气战，犯下了滔天罪行。湖南军民在抗战中坚持的时间长，付出的牺牲重，作出的贡献大。三湘儿女浴血沙场，在中华民族反抗外来侵略史上建立了不可磨灭的功勋，最后迫使侵华日军在湘西芷江机场洽降（今芷江建有受降纪念坊和纪念馆）。

全面抗战初期，八路军在长沙设立了以徐特立为主任的办事处（初设于东长街今蔡锷中路徐家祠，后更名为通讯处，迁潮宗街56号今寿星街2号瞿鸿禨公馆，即五四时期毛泽东开办文化书社和湖南建党的旧址），发动民众支援第九战区抗战。坚持了三年南方游击战争的红军游击队，奉命改编为新四军第一支队，以湘鄂赣边红军游击队为第一团，湘赣边红军游击队为第二团，于1938年1月开赴南昌集结，走上抗日前线。对留下的伤病员和红军家属，新四军在平江县嘉义镇亿昌药号、浏阳县官渡镇兵马桥、桂东县沙田镇万寿宫等处设立了留守处（后均改通讯处）。八路军和新四军的驻湘机构，推进了湖南抗日民族统一战线的形成。

抗战后期，为了策应正面战场作战，杨震东率领新四军第五师江南挺进支队，于1943年12月进抵湘北，在华容县桃花山建立了石（首）公（安）华（容）抗日根据地。1945 年 3 月，八路军一二〇师三五九旅组成南下支队（后称"国民革命军湖南人民抗日救国军"），从延安南泥湾出发，挺进湖南，创建敌后抗日根据地。八路军南下支队有许多湘鄂赣苏区的老战士，由浏阳人王震、王首道领导，在湘东北、湘中、湘东南艰苦转战。此时恰逢豫湘桂战役爆发，日军急于打通从中国中原地区到越南的"大陆交通线"。南下支队与日伪军展开了数十次英勇战斗，极大地鼓舞了湖南人民的抗日斗志。各地民众乘机而起，在中共地下党组织的策动下，纷纷组建数十人乃至上千人规模不等的几十支抗日游击队、自卫队，分散在湖南各地，在不同程度上打击了日本法西斯侵略者。这些地方武装力量主要由中共党员、青壮年农民和国民党军政回湘人士组成，他们相互配合，逐渐由自发分散的斗争走向有组织有领导的斗争。其作战规模虽然不大，却有力配合了第九战区军队在正面战场对日作战。

据统计，抗战中中国军民伤亡人数为 2100 万，[①] 其中湖南死亡人数 92 万，还有重伤员人数 170 万。湖南在抗战中经济损失达 12 万亿元，长沙、常德、衡阳等城市几乎全毁。[②] 八路军阵亡的最高将领是副总参谋长左权（醴陵籍），新四军则有政治部主任袁国平（邵东籍），他们都是湖南的民族英雄，他们所展现的救国救民的担当精神，是湖南红色基因提炼和传承的重要内容。

四　解放战争时期的湖南红色基因

1946 年 6 月，国民党片面撕毁国共两党在重庆谈判中签订的

---

① 中共中央党史研究室著，胡绳主编《中国共产党的七十年》，中共党史出版社，1991，第 200 页。

② 中共湖南省委党史研究室：《中国共产党湖南历史（1920—1949）》，湖南人民出版社，2008，第 785 页。

"双十协定",悍然发动全面内战。湖南军政当局秉承蒋介石的旨意,大举"清乡""戡乱",肆意征兵、征粮、征税,使内战的硝烟再次弥漫湖南。中国共产党领导的解放战争,是一场事关中国前途命运的大决战。湖南人民在地下党组织——中共湖南省工委的领导下,积极开辟与国民党斗争的"第二条战线"(第一条战线即解放区军民开展的军事斗争),开展民主运动,配合人民解放军的前线作战。

解放战争爆发以后,八路军南下支队撤离湖南,留下刘亚球、谷子元、李林、方用、林煦春等人参加中共湖南省工委的工作。1945年10月,中共湖南省工委在长沙召开会议,研究恢复党组织和开展工作的有关问题。会议讨论了抗战胜利后的全国形势和湖南情况,确定了近期的工作重点:重新进入城市,领导城市民主运动,到工人、学生中去建立城市工作的基础;继续抓好农村工作,在全省范围内恢复和发展党的组织。新组成的中共湖南省工委的分工为:周礼任书记,刘亚球参加省工委并负责组织工作,张春林负责宣传工作。省工委机关设于省会长沙。长沙是省工委直接领导全省革命斗争的中心地区,省工委派刘国安打入《国民日报》,在新闻界开展活动,1946年2月成立新闻支部,书记为刘国安。6月联合湖南大学的党员发展为文教支部,书记为官健平。1946年,省工委派罗振坤和刘建安到长沙城区工人中开展工作,先后成立了泥木工人支部、搬运工人支部,还恢复了一批抗战期间隐蔽下来的老地下党员的组织关系。1946年初,沈立人等在长沙开设文化书店联络进步青年,秘密或半公开销售《新民主主义论》《论联合政府》等进步书刊。

湖南省工委尽管所辖的党员不多,只有1000多人(其中长沙及周边地区恢复和发展的党支部49个、党员800余人),却努力在学校师生中开展反蒋民主运动和在国民党上层开展统一战线工作。到1949年6月,先后成立了长沙市工委和5个地区工委以及28个县工委,还在7个县建立了区工委,所辖党员8000余名。青年学生多次开展"反饥饿、反内战、反迫害"运动，全省各地教职员工纷纷响应。1947 年南京发生"五二〇"惨案，湖南大学首先举行"五二二"反内战大游行，各校学生积极响应。学生罢课，工人罢工，商人罢市，农民开展"抗征、抗粮、抗税"斗争，为解放战争的胜利奠定了群众基础。

与此同时，人民解放军渡过长江，挥师南下。第四野战军发动衡（阳）宝（庆）战役，歼灭国民党白崇禧主力；第二野战军从常德转兵入川，发动西南战役，留下的部分主力部队后来参加湘西剿匪。湖南地下党在农村积蓄力量，前后共组建了 3 万余人的游击总队及各地游击纵队或游击支队，开展敌后斗争或策反工作，以实际行动支援解放军主力。1949 年 6 月，各支游击武装相继解放了桂东、汝城、安化等县，有力配合了解放军入湘作战，准备迎接新中国诞生。

为乘胜追击、解放南方，中共中央决定从北方老解放区抽调大批干部南下。在党中央的统一部署下，湖南地下党开展的活动主要有：以湖南大学等学校师生打头阵，联合长沙市民开展"反内战、反饥饿、反迫害"运动；策动国民党湖南省政府主席程潜和国民党第一兵团司令陈明仁率部起义。同时，党中央从老解放区派湖南籍将领黄克诚、王首道、萧劲光、袁任远等人组成新省委和军管会，相继接管了和平起义之后的省会长沙及周边各县市。今天，设在长沙市白果园程潜公馆的湖南和平解放史事陈列馆，就反映了当年那段史实。1949 年 8 月长沙和平解放，从此湖南进入了社会主义革命和建设时期。

第二节　新中国成立以来湖南红色基因的历史演进

在革命战争年代，"创业艰难百战多"。新中国来之不易，无数英雄儿女为之抛头颅、洒热血。新中国成立以后，守业也很艰难，这一阶段同样是英雄辈出的时代。新中国成立后形成的抗美援朝精神、改革开放精神、抗洪精神、抗击"非典"精神、载人航天精神、劳模精神、抗疫精神、脱贫攻坚精神等，无一不有湖南人的贡献，彰显了红色基因中的湖南元素。共和国英烈，如毛岸英、罗盛教、雷锋、欧阳海、郑培民、谭千秋、高建成、张超、张辉、黄诗燕，他们为国捐躯，为党的精神谱系打上了红色印迹。较之民主革命时期，新中国成立以来湖南的纪念地相对要少一些，可供参观的地方主要有辰溪县湘西剿匪史料陈列馆和吉首市湘西剿匪胜利陈列馆、雷锋纪念馆以及各地新建的党史馆。进入新时代，精准扶贫起源地花垣县十八洞村亦有陈列馆。通过传承红色基因的湖南元素、打下精神谱系的湖南印记，进一步使湖湘人士在精神上、思想上、灵魂上受到红色洗礼，为社会主义革命与建设再立新功。

一 社会主义革命和建设时期的湖南红色基因

1949 年 3 月，中共中央从各解放区抽调大批干部随军南下，接管湖南各地。8 月 20 日，南下的中共湖南省委与长期坚持地下斗争的省工委合并，组成新的中共湖南省委员会，由黄克诚任书记，王首道、金明、高文华任副书记。1950 年 5 月，省委决定成立土地改革委员会。到 1953 年春全省土改基本完成，1890 多万名无地或少地的农民分得 2610 万亩土地，欢庆自己翻身解放。鉴于湖南匪患严重，中央军委留下第四十七军和第三十八军一一四师、第四十六军一三六师，加上省军区及所辖 10 个军分区的部队，在湖南担负剿灭匪患的任务。至 1952 年夏，共清剿土匪 20 余万人，根绝了危害数百年的湘西匪患。经过土地改革和恢复国民经济，开展清匪反霸、"三反""五反"的斗争，新生的人民政权得到巩固。

新中国成立前夕，在解放军副总司令彭德怀的指挥下，浏阳人王震率第一野战军第一兵团进军新疆，宁乡人陶峙岳率国民党新疆警备司令部 10 万官兵举行起义。新中国成立初期，陶峙岳组建"新疆生产建设兵团"，王震动员"八千湘女上天山"，一起扎根边疆和戍边守疆。为了解放西南边陲广袤土地上的人民，湖南籍将领谭冠三、王其梅率第二野战军第十八军发动昌都战役，于 1951 年进驻拉萨，配合湘籍的中央代表李维汉、张经武完成了和平解放西藏的谈判。由于新疆和西藏两地得到和平解放，除港澳台以外，祖国大地实现了统一。

新中国成立不久，抗美援朝战争爆发。为了保卫新生的人民政权，在抗美援朝期间，中国人民志愿军出国作战。志愿军前后五任（代）司令员（彭德怀、陈赓、邓华、杨得志、杨勇）均为湖南籍将领，另有众多总部、兵团和军以上将领来自湖南。例如，政委李志民是浏阳人，副政委甘泗淇是宁乡人，副司令宋时轮是醴陵人，还涌现了罗盛教（新化人）等志愿军特等功臣。6.7 万名湖湘子弟奔赴朝鲜战场，与以美帝国主义为首的 16 国"联合国军"拼死战斗，迫使武装到牙齿的美军在三八线（北纬 38 度线）停战。其中湖南籍 11541 名官兵血洒异国他乡，英烈们用生命与热血锻造了伟大的抗美援朝精神。

前方保家卫国，后方发展经济。新中国成立初期湖南有老字号企业 1.6 万家，原本都属于私人家族企业，分布在餐饮、酿造、医药、居民服务等众多行业，如九芝堂中药、九如斋糕点、火宫殿小吃、杨裕兴面粉、玉楼东湘菜、巴陵全鱼席、龙牌酱油、义丰祥麻油、永丰辣酱、白沙溪黑茶、武陵酒、裕顺和异蛇酒、金彩霞湘绣、金生花炮、红官窑瓷、金杯电缆（原衡阳电缆厂）、老杨明远眼镜、凯旋门摄影等。湖南的私营工商业并不发达，其中小型企业和个体手工业多，资本主义工业少。这些企业资金单薄，技术落后，且分布不均衡。湖南在长沙、衡阳等城市试点，通过加工订货、统购包销、代购代销、经销、批购零销等方式，对私营工商业进行社会主义改造。1954 年 4 月，湖南省政府批准民众、复华、湘津、长湘 4 个轮船公司合并组成公私合营湖南省湘江轮船运输股份有限公司，全省 76％的轮船运力纳入国家运输计划轨道。1955 年 9 月，剩下的 6 家轮船公司和两家修船厂全部加入公私合营湖南省湘江轮船运输股份有限公司，从而使轮船业成为湖南最早实现全行业公私合营的行业。1956 年公私合营的企业有长沙内燃机总厂、长沙电机厂、长沙橡胶厂、长沙水泵厂、建湘瓷厂、衡阳化工总厂、建湘柴油机厂、醴陵瓷业公司等，后来均发展为省内知名工业企业。

湖南的自然条件比较优越，是重要的粮食产区。省政府提出以互助合作为中心，逐步改造小农经济，大力建立和发展农业生产合作社。广大翻身农民响应党和政府的号召，组织起来走农业互助合作的道路。根据 1956 年底的统计，经过互助组参加农业生产合作社的入社农户占农户总数的 97％强。[①] 在此基础上，湖南开始对全省农业进行技术改良，以提高单位面积产量和粮食总产量。全省组建国营农场 162 个，使其发挥农业生产示范作用。发动农民大力兴修水利，以保证农业生产夺取丰收。到 1956 年底，全省基本完成了对个体农业、手工业和私营工商业的社会主义改造，湖南与全国其他地区一道跨入社会主义初级阶段。

三大改造基本完成以后，湖南跟上国家的发展步伐，进入全面建设社会主义时期，其重要任务就是发展经济。对此，毛泽东指出："必须实现国家的社会主义工业化，坚持经济战线上的社会主义革命，还必须在政治战线和思想战线上，进行经常的、艰苦的社会主义革命斗争和社会主义教育。"[②] 开展各项工作，必须服务于

---

① 《湖南省统计局关于 1956 年度国民经济计划执行结果的简报》，《湖南政报》1957 年第 2 期。

② 《毛泽东文集》第 7 卷，人民出版社，1999，第 268 页。

经济建设大局，政治建设、文化建设均取得了丰硕成果。例如，1957年9月成立湘西土家族苗族自治州，还相继成立了城步苗族自治县、江华瑶族自治县、麻阳苗族自治县、新晃侗族自治县、芷江侗族自治县、靖州苗族侗族自治县、通道侗族自治县7个自治县以及83个民族乡，促进了各民族共同繁荣。1958年9月，毛泽东题写了"湘潭大学"校名，使之逐步建成综合性大学；毛泽东题写校名的还有韶山学校、东山学校、湖南一师、湖南大学、湖南农学院。1960年，长沙铁道学院成立，成立于1952年的中南矿冶学院此时成为湖南第一所全国重点大学。继彭德怀在平江调研"浮夸等四风问题"之后，1961年4月至5月，刘少奇在宁乡县和长沙县进行调研达44天之久。

这一时期出现了许多新的红色精神，它们都是在为经济建设、社会主义建设做贡献的过程中形成的，同时也为之后的经济建设与发展夯实了精神动力。1963年3月，毛泽东号召"向雷锋同志学习"。出生在望城县（今长沙市望城区）的雷锋参军以后，把有限的生命投入到无限的为人民服务之中去，从而树起了雷锋精神这座永恒的道德丰碑。望城孕育出的雷锋精神，深入几代中国人尤其是青少年心中，无论岁月如何变迁，时光如何流逝，雷锋精神永放光芒、历久弥新。1963年11月，在解放军队伍里又涌现了雷锋式的好战士欧阳海（湖南桂阳人，在衡东县新塘镇舍身救列车牺牲）。经过20世纪60年代的社会主义教育运动，做好人好事蔚然成风。

从红色基因传承来看，这一时期突出强调热爱祖国和为党奉献。爱国主义精神的传承，为稳定政权和恢复并发展经济提供了精神保障，并且带来了良好的示范作用。例如，铸造大国重器的23位"两弹一星"元勋中，就有湖南人周光召、陈能宽。他们舍小家为大家，干惊天动地事，做隐姓埋名人，缔造了伟大的"两弹一星"精神。这一时期，湖南在工农业生产和科学文化领域都有建树。1964年安江农校教师袁隆平提出培育水稻"三系"杂交优势增产粮食的设想,1972年10月杂交水稻被列为国家重点科研项目。1973年,袁隆平等在湖南省农科院育成二九南1号不育系,以后产量逐渐提高,每亩突破1吨粮,"把饭碗牢牢端在中国人手里"。

这一时期由于开展雷锋等英雄模范事迹学习和进行思想政治教育,增强了人民群众对新生的人民共和国的归属感,培育了广大民众对共产党和人民政府的亲近情感,凝聚起湖南人民建设自己家乡的热情和力量,成为传承红色基因的重要时期。人民就是江山,江山就是人民。湖南人民传承红色基因紧紧围绕"为人民建江山"的独特思想而展开,推动了社会主义基本制度在湖南的确立,实现了中华民族有史以来最广泛而深刻的社会变革。湖南人民意气风发地投身社会主义建设,工农业生产率稳步上升,商业和交通运输两旺;洞庭湖得到全面治理,根治血吸虫病。湖南人民改天换地,大兴农田基本建设,大修水库塘坝,大办乡镇企业,"五小工业"(小水电、小化肥、小农机或小机械、小煤矿或小水泥、小钢铁)遍布城乡。尤其是"三线建设"取得了较大成效,今天誉满全球的"中联重科"就是从山沟里迁出的军工企业。可见,这一时期红色基因的传承目标,仍然指向经济建设,并成为中国现代化事业的基础和前提。

二 改革开放和中国特色社会主义现代化建设新时期的湖南红色基因

党的十一届三中全会以后,湖南致力于解放和发展生产力。党中央为历次政治运动中产生的冤假错案平反,涉及湘籍领导人刘少奇、陶铸、彭德怀、贺龙、黄克诚、周小舟等。中共湖南省委进行全面清理,拨乱反正的工作至1989年2月基本结束,为60万人落实政策，从而调动了干部和群众的积极性。

1981 年 10 月，湖南开始推行农村改革，实行家庭联产承包责任制，开展农村税费改革、农村土地"三权"改革。乡镇企业如雨后春笋，异军突起。湖南在全国率先启动注册资本登记制度，全面推行"先照后证""证照分离""多证合一"改革，省市行政审批事项大幅精简，充分激发了非公经济活力。从东北迁来的哈尔滨军事工程学院在长沙开办"长沙工学院"，后更名为国防科技大学，于1983 年 11 月研制出"银河"亿次巨型计算机并通过国家鉴定，标志着中国巨型机研制实现了"零"的突破。1989 年 8 月 29 日，湖南启用首个大型民用一级机场——长沙黄花国际机场（从军民合用的大托铺机场其民用部分整体搬迁）。在郴州市一个由楠竹搭建的训练棚里，中国女排姑娘在湘南大地上不忘初心、拼搏训练，由此"女排精神"也有了另一个响亮的名字——"竹棚精神"。一个个催人奋进的故事，一次次璀璨光芒的实践，湖南的先进模范、时代功勋，在这片热土上展现对党的忠诚，矢志践行初心，共同凝聚红色元素，绘就了一幅幅气壮山河的湖南画卷，再现了"遍地英雄下夕烟"的壮丽景象。

1992 年 1 月，邓小平到南方视察，途经长沙，鼓励湖南加快改革开放步伐，促进经济建设。湖南各行各业各条战线据此深化改革、扩大开放，创造了一批具有世界先进水平的重大科技成果。开放环境不断优化。先后设立了衡阳、湘潭、岳阳、长沙、郴州 5 个综保区，开通了直达 21 个国家和地区的 59 条国际航线。五强溪水库、江垭水库、涔天河水库、洞庭湖治理等一批重大水利工程相继实施，防灾减灾和水资源保障能力稳步提高。1998 年夏，洞庭湖区、湘江两岸发生特大洪水灾害，三湘儿女守望相助、团结奋战、力挽狂澜，谱写了一曲曲生动的抗洪壮歌。红色基因代代相传，激励三湘儿女，湖南在此期间先后战胜了 1998 年特大洪水、2002 年

"非典"、2008年冰冻等重大灾害，成功应对了20世纪80年代后期的物价异常波动、1997年亚洲金融危机、2008年世界金融危机等严峻考验，并充分把握了加入WTO、西部大开发、中部崛起、"一带一部"、"一带一路"等重大机遇，步入发展的快车道。

湖南人民在省委、省政府的领导下全面深化改革，以敢闯敢干的湖湘精神翻开了三湘大地天翻地覆的新篇章。尤其是"湖南文化现象"享誉全国，"文艺湘军""体育湘军""电视湘军""出版湘军"频繁出现在国内外舞台上。同时，分级诊疗、现代医院管理、全民医保、药品供应保障、综合监管5项基本医疗卫生制度改革取得了较大突破，80％以上的居民15分钟内能到达身边医疗点，老百姓的幸福指数日益提高。

进入21世纪，湖南人民更加意气风发，投身中国特色社会主义现代化建设，各条战线捷报频传。在科技、教育战线，2000年4月，湖南高等教育的"航空母舰"中南大学（由中南矿冶学院、湖南医科大学、长沙铁道学院合并）在岳麓山下组建。中南矿冶学院和长沙铁道学院皆源于1903年开办的"湖南高等实业学堂"之"矿科"和"路科"，湖南医科大学的前身是1914年成立的中国第一所中外合作创办的高等医学教育机构湘雅医学专门学校。2002年11月，中南大学湘雅医学院培育出人类生殖工程试管婴儿。

湖南的经济建设每年都能跃上新台阶，自2012年突破2万亿以后，连续跨越三个万亿级大关，省会长沙的经济总量也于2017年进入"万亿元俱乐部"。2007年初，"三一重工"集团研制的全球最长臂架泵车下线。当年底，长株潭城市群获批全国资源节约型、环境友好型社会（简称"两型社会"）建设综合配套改革试验区。2005年6月，武广高铁开工，至2009年12月客运专线投入运营，湖南迈入高铁时代。2007年10月湘西矮寨大桥开工，2012年3月建成通车，"矮寨不矮，时代标高"，创造了四个世界第一

（主跨 1176 米、采用塔梁分离方案、采用轨索滑移法、采用岩锚吊索结构）。2011 年 5 月，"中联重科"自主研发制造的全球最大吨位履带式起重机下线，为"制造之都"长沙再添光彩。

文化战线亦捷报频传，彰显湖南新气象。我们党积累了一条重要经验：以红色经典为载体，依托群众喜闻乐见的艺术形式来传承红色基因。湖南在这一时期传承红色基因的重要手段是塑造英模人物，例如 2006 年 8 月《湖湘文库》开始编辑，2013 年 7 月全套丛书出版，共 702 册近 4 亿字。伟人故乡韶山推出大型实景演出《中国出了个毛泽东》，利用夜幕与 4D 声光电技术，实景演出 1500 多场，生动演绎毛泽东走出韶山、秋收起义、长征、抗日战争、渡江战役等众多历史事件，观众达 200 万人。通过对革命英雄群像的勾勒，这些作品承载着新中国共产党人的红色基因，具有价值引领功能。人民群众对英雄人物的拥护则体现了红色文化的广泛传播，从而达到了传承红色基因的目的。

三 中国特色社会主义新时代的湖南红色基因

红色潇湘，胜景无边。然而，湖南的"红"不只是景象上的红，更是精神上的红。从党史来看，湖南的革命先辈灿若星辰，革命大潮风起云涌，革命胜迹星罗棋布。星移斗转，日月如梭，党的十八大以来，中国特色社会主义进入新时代，湖南又在奋力谱写新篇章。2013 年 11 月，习近平总书记到湘西土家族苗族自治州花垣县十八洞村考察，首次提出"精准扶贫"。十八洞村是新时代脱贫攻坚精神的起源地。脱贫攻坚战在这里打响，续写了湖南红色基因里的人民情怀。

习近平总书记多次到湖南考察调研，先后视察了中南大学的冶金工程学院和粉末冶金研究院、湖南大学的岳麓书院，对湖南的科技、文化、教育事业给予了亲切关怀。他亲自宣讲"半床被子"

"断肠明志"等红色故事，称赞湖湘文化底蕴深厚、革命遗址随处可见。他鼓励湖南人民弘扬红色基因，擘画发展蓝图，继续走好新时代的长征路。

新时代湖南最耀眼的是经济建设上了台阶——湖南的经济总量每隔四年即迈上一个万亿的新台阶，2023 年已经超过 5 万亿元人民币；由于实施"强省会"战略，长沙经济总量突破万亿大关；长沙的社会建设同步跟上，已连续 16 年被评为中国最具幸福感的城市；长沙市所辖的长沙县和浏阳、宁乡两个县级市，也连续多年跻身中国百强县前列。尤其是长沙拥有湖南钢铁、中联重科、铁建重工、三一重工、山河智能、蓝思科技等一批国际知名企业，打造了长沙作为世界"制造之都"的闪亮名片。株洲、衡阳、湘潭继续发挥老工业基地的作用，尤其是中车集团的电力机车蜚声海内外。当然，经济建设上台阶离不开科技支撑，袁隆平、黄培云、黄伯云、何继善、卢光琇、万步炎、汤红波、杨孟飞等一大批湘籍科技工作者不仅长期从事科学实践，缔造了科学家精神，还作为主要参与者诠释着载人航天精神、探月精神、新时代北斗精神的核心要义。

2014 年 4 月，长沙地铁 2 号线载客运营，标志着湖南进入了地铁时代。同年 10 月，湖南开通首条直达欧洲的国际铁路货运班列——湘欧快线。2015 年 4 月，国务院批复设立湖南湘江新区（包括长沙市岳麓区、望城区和宁乡市东部，覆盖长沙高新技术产业开发区、宁乡经济开发区和望城经济开发区 3 个国家级园区），这是国家在中部地区设立的第一个国家级先导实验区，成为带动长江中游经济社会发展的重要引擎。2017 年 12 月，位于长沙市开福区浏阳河第八湾的马栏山视频文创产业园开园，这是一个以数字视频创意为龙头，以数字视频金融服务、版权服务、软件研发为支撑的视频产业集聚区。2018 年 11 月，湘南湘西承接产业转移示范区又获国家批复。2019 年 6 月，第一届中非经贸博览会在长沙举行，

53 个非洲国家赴会，万余嘉宾云集。该博览会长期落户湖南，每两年举办一届，至 2022 年已经连续举办三届，蜚声海内外。

2020 年春新冠疫情突然暴发，湖南作为抗疫斗争的重要战场，在全国第一批启动重大突发公共卫生事件一级响应。湖南除了支援湖北的武汉、黄冈等地抗疫以外，省内仅用 39 天实现本土确诊病例零新增，用 54 天实现确诊病例清零，成为全国首个累计确诊病例在 1000 例以上清零的省份。全省确诊病例治愈率达 99.6％，为全国抗疫大局赢得了战略主动。从 2020 年到 2022 年，成千上万的白衣天使逆行湖北、吉林、上海等地区，为伟大抗疫精神的形成贡献了湖南力量。中南大学湘雅医院还派出数支医疗队，远赴非洲等国帮助抗击埃博拉疫情。

这一时期，红色基因的传承贯穿社会主义经济建设始终，服务于经济社会发展的大局和任务，激励三湘儿女"敢为天下先"，勇做时代的弄潮儿。湖南是东南沿海和中西部地区过渡带、长江开放经济带和沿海开放经济带的结合部，立足"一带一部"的区位优势，对接"一带一路"推进"三高四新"战略（"三高"指打造国家重要先进制造业高地，具有核心竞争力的科技创新高地，内陆地区改革开放高地；"四新"指在推动高质量发展上闯出新路子，在构建新发展格局中展现新作为，在推动中部地区崛起和长江经济带发展中彰显新担当，谱写新时代坚持和发展中国特色社会主义的湖南新篇章），成为湖南经济和社会建设的引擎，而且发展势头强劲。2020 年 8 月，湖南被国务院批准为自由贸易试验区，一批具有国内外先进水平的标志性重大成果彰显了湖南企业在科技创新领域的硬核实力。湖南革命文化的红色资源与湖湘文化的人文资源、三湘四水的自然资源协调发展，红色、古色、绿色并举，渐成旅游强省。

2024 年 3 月习近平总书记考察湖南，第一站到湖南第一师范学院并发表重要讲话。他指出，国家要强大，必须办好教育。一师是开展爱国主义教育、传承红色基因的好地方，要把这一红色资源保护运用好。学校要立德树人，教师要当好大先生，不仅要注重提高学生知识文化素养，更要上好思政课，教育引导学生明德知耻，树牢社会主义核心价值观，立报国强国大志向，努力成为堪当强国建设、民族复兴大任的栋梁之材。随后，在巴斯夫杉杉电池材料有限公司考察时，习近平总书记强调，科技创新、高质量发展是企业不断成长壮大、立于不败之地的关键所在，欢迎更多外国企业来华投资发展。习近平总书记还到常德市考察调研，他指出，多姿多彩的地方特色传统文化，共同构成璀璨的中华文明，也助推经济社会发展。常德是有文化传承的地方，这里的丝弦、高腔、号子等要以适当载体传承好利用好，与时俱进发展好。①

风至势起，扬帆远航；开放发展，未来可期。站在新时代的历史交汇点，身后是坚实有力的来路，身前是有无限风光的远方。湖南人为党的精神谱系注入了重要养料，湖南作为伟人故里、将帅之乡、革命老区、红色热土，在党史上留下了浓墨重彩的篇章。秉承昔日荣光，今日以"三高四新"战略为引领、建设现代化新湖南，是新时代湖南发展的出路所在、希望所在、潜力所在。历史因铭记而永恒，精神因传承而不灭。正是有了对革命先辈红色基因的传承，我们才有前赴后继的勇气、开天辟地的志气、制胜未来的底气。湖南要开创新时代改革发展的新局面，就要把红色资源利用好、把红色传统发扬好，从红色基因中吸收更多的政治营养，为奋力谱写中国式现代化湖南篇章提供正确的思想航标，系牢坚固的情感纽带。

---

① 新华社：《习近平在湖南考察时强调：坚持改革创新求真务实 奋力谱写中国式现代化湖南篇章》，中国政府网，2024 年 3 月 21 日，https：//www.gov.cn/yaowen/liebiao/202403/content_6940751.htm？menuid=197。

第三节　构成湖南红色基因不可或缺的
内在条件

"红色基因"这一概念，首次出现在习近平总书记 2013 年 2 月视察兰州军区的讲话中，他勉励"把红色基因一代代传下去"。在中国共产党成立 100 周年庆祝大会上，在党的二十大报告中，他又反复提到"伟大建党精神""党的精神谱系"和红色文化、红色资源、红色基因。湖南传承红色基因的条件得天独厚，因为在推动近代社会变革、传承湖湘历史文化、发挥红色资源优势的过程中形成了人才优势，这里红色文化厚重。从中国共产党创建伊始，这里就成为一片红色热土。湖南的红色基因形成于党领导下湖南人民的革命斗争和建设实践，这一过程使马克思主义不断中国化、时代化并与湖湘优秀文化融合，使湖南成为中国革命策源地和毛泽东思想发源地。特定的社会历史背景和革命、建设、改革历程，使湖南红色文化具有独特的内涵和特征，激发出红色基因的巨大能量，为实现中华民族伟大复兴提供源源不断的前行动力。

一　近代社会变革催生湖南红色文化

湖南地处洞庭湖以南，境内有"三湘四水"，三湘即漓湘、潇湘、蒸湘；四水即湘江、资江、沅江、澧水。省会长沙别称星城，历经 3000 年城址未变。在近代中国社会，湖南省的社会经济状况比较落后，使其存在一系列无法化解的矛盾。甲午中日战争之前，湖南仍处于传统农业社会，几乎没有近代工商业。士大夫阶层顽固地维持着地方的封建秩序，土地资源高度集中，政治体制僵化，农民处于社会底层，遭受盘剥。甲午中日战争之后，湖南的政治体制由于特殊原因开始嬗变——湘军衰微，不少湘军将领多为中小地主及附属文人，在镇压太平天国的战争中获取功名，夺得财富，回乡广置田产，营造华宅。大富者成为称霸一方的豪强，并逐渐获得政治地位。以士大夫阶层为主的传统封建政治伴随封建割据，导致社会撕裂。

除乡绅巧取豪夺以外，外国传教士也进入湖湘内地。传教士勾结各级官府、霸占民田、垄断财富，由此还获得了一定的政治地位，开始拥有政治话语权。1899 年以后，湖南境内的岳阳、长沙、湘潭等城市相继开埠，西方文化、经济、政治势力逐渐入湘。相当一部分的生产原料和商品市场被西方列强占有，民族企业发展步履维艰。1916 年，在湘各国领事联合向湖南当局施压，相继在湘潭、益阳、常德等地设立华洋诉讼处，攫取司法权。伴随外国资本输入机器生产方式，位于内陆地区的湖南开启了近代化进程。

近代湖南土地兼并愈演愈烈，农民破产状况十分严重，加上持续不断的军阀混战，使农业生产遭到严重破坏，农村经济凋敝。辛亥革命以后，虽然清政府倒台，但军阀林立，连年战争。湖南地处南北要冲，乃兵家必争之地。军阀连年混战，各自攫取利益，从根本上影响社会稳定。从晚清到民国前期军阀割据时期，历届省政府的治理均遭湖南民众的质疑与不信任，政权频繁更迭，加上吏治腐败，致使矛盾丛生，民变四起。

"民不畏死，奈何以死惧之。"（《老子·大道下》）湖南民风强悍，爱好习武，富于反抗精神。近代以降，兵患不断，许多农民和手工业者寻求自保，成立地方武装，加上天地会、哥老会及青帮、洪帮等秘密社会组织渐次入湘，并以较快的速度发展壮大，湖南遂成秘密社会成员众多、分布甚广的省份之一。同时，地主侵吞土地，北洋政府频繁征收各项苛捐杂税，物价飞涨，使民众不堪重负，社会阶级矛盾迅速激化。湖南的政治体制几乎处于崩溃状态，无法维持生产生活秩序。毛泽东在《民众的大联合》开篇就强调：

"国家坏到了极处，人类苦到了极处，社会黑暗到了极处"，"于是乎起了改革，起了反抗。"① 清末民初，湖南虽经历了书院改学堂的变革，但所办学校不多。新学中久负盛名的要算 1903 年创办的湖南师范馆（湖南省立第一师范学校的前身）。青年毛泽东在湖南一师学习和工作了八个春秋，受益良多。湖南一师以其独特的教育理念、优良的教师素质和实事求是的校风浸润学生心田，培养了毛泽东、蔡和森、何叔衡、任弼时、李维汉等栋梁之材。恰同学少年，风华正茂。湖南一师无论学生还是教员，都注重提高自身能力，为弘扬湖湘文化增添新质。一批有志青年集合起来成立新民学会，立志"改造中国与世界"，湖南遂成中国革命的重要策源地和毛泽东思想发源地之一。

湖南成为中国共产党早期组织创建地之一，离不开马克思主义的阳光雨露和工人阶级的成长壮大。1895 年，巡抚陈宝箴拨银 1 万两，委托长沙士绅张祖同、刘国泰、杨巩筹办火柴厂。次年，以上三人又筹银 1.2 万两，另招商股 8000 两，成立"善记和丰火柴股份有限公司"，年产火柴 1 万箱。此为湖南私营轻工业之首，也是长沙乃至湖南最早的近代工业。湖南最早使用机器生产的公司是 1896 年成立的"宝善成机器制造公司"，这家私营公司是湖南近代资本主义工业兴起的标志。湖南矿产资源丰富，盛产锑、钨和铅锌矿，是世界著名的"有色金属之乡"，锡矿山更有"锑都"之美誉。从 19 世纪 60 年代开始，在向西方学习思潮的带动下，尤其是经过戊戌维新运动，湖南改变了过去保守、闭塞的面目，转变为当时最富有朝气的一个省份。湖南近代工业开始起步，其中创办得最有成效并且占有重要地位的当数矿冶业。1895 年陈宝箴上任湖南巡抚，

---

① 中共中央文献研究室、新华通讯社编《毛泽东新闻作品集》，新华出版社，2014，第 35—36 页。

大力推行新政，1896 年创办了湖南矿务总局及炼锑厂，从而拉开了湖南矿冶业近代化的序幕。全省的采矿业，截至 1916 年统计达 8000 家，矿工约 10 万人。

从辛亥革命到五四运动，湖南出现工人自发罢工约 20 次。比较著名的有以下几次。1913 年 5 月，长沙和丰火柴公司 700 余人要求增加工资进行罢工，受到湖南督军谭延闿镇压，罢工工人被开除。1916 年 10 月至 1917 年 6 月，平江黄金洞 800 名工人因延长工时两次罢工，第一次被镇压，第二次坚持了四天终获加薪。1917 年 4 月，常宁水口山铅锌矿一名矿工坠死，死者家属要求抚恤、发给工人红奖。劳资双方协商未果，5000 名矿工暴动，矿务局表面答应，暗中却勾结衡阳驻军镇压，斗争失败。安源路矿（包括安源煤矿和株萍铁路）因地处湘赣边境而属于湘区工人运动一部分。1913 年 5 月，安源矿工为反对工头克扣工资而罢工，被军警镇压；同年 10 月，安源矿工反对德国监工毒打工人，再次罢工，迫使洋监工赔礼道歉；1915 年，因德国工程师袒护工头毒打矿工而罢工，领头工人被杀害；1919 年 5 月，安源煤矿响应五四运动而罢工，迫使汉冶萍公司将德国监工辞退。直至中共湘区委员会成立之后派李立三、刘少奇领导安源路矿俱乐部大罢工，工人运动才结束自发状态，工人阶级登上了政治舞台。

马克思主义在中国传播，需要吸收本土文化的精华。湖湘文化是中国传统文化中的一种地域文化，也是一种具有鲜明特征、相对稳定并不断传承的文化形态。近代湖湘文化异军突起，便受到社会环境变化的影响。很少争斗内耗的湖湘文化又善于兼容开放，不断吸纳新生事物，必然具有生长优势。当然，这与湖湘有识之士的努力分不开。近代以来，王夫之、胡林翼、谭嗣同、唐才常、黄兴、蔡锷、宋教仁等人才辈出，尤其是毛泽东、蔡和森等共产党人推动着历史前进，并在推动近代社会变革中缔造湖南红色文化。

纵览 20 世纪的整个历史进程，世界格局几多变化，强国林立，矛盾和冲突此起彼伏。中国处于新旧交替之际，列强入侵使中国大量赔款割地，"内忧外患"成为整个局势的代名词。九州无力起秋风，人物萧条市井空。中国面临大变局，迫使有识之士起来寻求民主与独立的路径。湖南作为中国社会一部分不可避免要遇到一系列问题，亦在茫茫黑夜中挣扎、苦斗，寻求出路。压迫愈深，反抗愈烈，蓄之既久，其发必速。湖湘精神具有鲜明的探索求真特征，更有坚忍不拔的务实作风，深刻锤炼着湖南人的与时俱进品格。20 世纪初湖南社会关系发生了急剧而深刻的变革，在变革的土壤上兴起了革命运动，催生了红色文化，孕育了红色基因。由此可见，湖南红色文化生成有以下原因。

首先，马克思主义传播为湖南红色文化奠定了理论基础。"十月革命一声炮响，给我们送来了马克思列宁主义"，[①] 这一论述揭示了湖南红色文化生成的政治前提和思想基础。俄国十月革命引发人们对马克思主义的浓厚兴趣，社会主义思潮在湖南迅速传播。五四时期，湖南涌现出许多进步报刊。如《大公报》刊登介绍陈独秀、李大钊等人鼓动思想解放、文化更新的文章；《新湖南》提倡"共和时代的新道德"；明德中学的《明德周刊》以"提倡国货，唤起爱国精神"为宗旨。《湘江评论》远销广东、北京、上海等地，李大钊称其是全国最有分量、见解最深的读物。以上报刊使马克思主义、社会主义等新思想在湖南大地广为传播，开阔了湖湘人士的眼界。此后，毛泽东等创办的文化书社成为马克思主义传播的平台。毛泽东在《发起文化书社》的广告中直言："没有新文化由于没有新思想，没有新思想由于没有新研究，没有新研究由于没有新材料，湖南人现在脑子饥荒实在过于肚子的饥荒，青年人尤其嗷嗷

---

① 《毛泽东选集》第 4 卷，人民出版社，1991，第 1471 页。

待哺。"为解决脑子饥荒的问题,"文化书社愿以最迅速、最简便的方法,介绍中外各种最新书报杂志,以充青年及全体湖南人新研究的材料。"① 接着,毛泽东等又在文化书社组织俄罗斯研究会,采取读书会、讲演会等形式,研读和讨论马克思主义经典著作。文化书社及其平江、浏阳等7个分社和散布在许多学校的贩卖部,出售《共产党宣言》《马克思资本论入门》《社会主义史》《新俄国之研究》等书籍,《新青年》销量激增,促进了人们思想的解放。尤其是新中国成立以后,湖南人民的思想境界发生了巨大转变,各种错误的、腐朽的、愚昧的、封建的思想观点和观念被陆续剔除出去,逐渐形成了良好的社会风气,为当代中国一切发展进步提供了根本指引。

其次,湘籍革命家的活动为湖南红色文化提供了实践平台。五四运动使湖南知识分子进一步感觉到,要推动政治变革,必须成立革命团体。随着新文化运动深入开展,健学会等湖南进步团体相继成立。尤其是新民学会以"改造中国与世界"为宗旨,组织湖南青年学生赴法勤工俭学,使蔡和森、李立三、李维汉、李富春等大批头脑清醒、志向远大的青年走出国门,向警予、蔡畅等湖南赴法女青年走在全国前列。留在国内的新民学会会员毛泽东、何叔衡等创办了湖南自修大学和工人夜校,为启迪工人觉悟、培育党的干部以及使社会各阶层了解马克思主义提供了场所。1920年11月21日,湖南第一个有纲领、有宗旨的工人团体"湖南劳工会"成立(与共产党领导的第一个工人团体"上海机器工会"同一天成立),会员近8000人,涉及22个工种,标志着湖南工人运动的新开端。在中共湘区委员会的领导下,安源路矿第一个产业工人党支部、第一所

---

① 中共中央文献研究室、中共湖南省委《毛泽东早期文稿》编辑组编《毛泽东早期文稿》,湖南人民出版社,2013,第353页。

党校、第一支工人武装、第一个消费合作社应运而生，为此后组织秋收起义输送了骨干。中国劳动组合书记部湖南分部在长沙、安源、水口山以及粤汉铁路发动的罢工斗争，是毛泽东等从事工人运动的最初实践。大革命时期他主要致力于开办农民运动讲习所，培训农民运动骨干。他强调："农民问题乃国民革命的中心问题，农民不起来参加并拥护国民革命，国民革命不会成功。"[①] 他在韶山开办 20 多所农民夜校，建立 20 多个秘密农协组织。1925 年成立的中共韶山支部是最早的农村党支部之一。他在《湖南农民运动考察报告》中提及，"目前我们对农民应该领导他们极力做政治斗争"，而"农村里地主势力一倒，农民的文化运动便开始了"。[②] 这就意味着通过文化宣传号召广大农民群众参加革命，为开创农村包围城市、武装夺取政权走中国革命新道路奠定了基础。现阶段传承红色基因，则要学习湘籍革命家的实践经验，在新时代传承红色基因的过程中不断丰富和完善中国共产党人的精神谱系。

最后，众多革命遗址为湖南红色文化打下了育人铸魂的基础。湖南境内的红色纪念地或名人故居以及馆藏革命文献，无一不蕴含着中国共产党人精神谱系中的湖南元素或湖南印记，是以史育人、以史铸魂的基地。例如，湖南一师、新民学会、文化书社和自修大学莘莘学子的革命活动揭示了伟大建党精神，湘鄂赣、湘赣、湘鄂西和湘鄂川黔根据地的军民奋斗史体现了苏区精神，红一方面军、红二方面军（红二、红六军团）和通道转兵都反映了长征精神，三次长沙会战、衡阳保卫战、常德保卫战、湘西会战和芷江洽降均是抗战精神的有机组成部分，家喻户晓的雷锋精神在湖南孕育，脱贫攻坚精神起源于十八洞村。其他如井冈山精神、老区精神、抗美援

---

① 中共中央文献研究室编《毛泽东年谱》（1893—1949）上卷，人民出版社、中央文献出版社，1993，第 163 页。

② 《毛泽东选集》第 1 卷，人民出版社，1991，第 33、39 页。

朝精神、改革开放精神、抗洪精神、抗击"非典"精神、抗疫精神、劳模精神、科学家精神、企业家精神，都能看到湖南人的身影。在新时代，我们传承红色基因、歌颂伟大精神，其主要目的是为中国特色社会主义现代化建设事业培魂筑基、凝聚思想合力。

二 湖湘文化造就湖南人才群体

湖湘文化源远流长，是中华文化中独具特色的重要一脉，为湖南红色文化的形成造就了人才背景。汨罗江畔，屈原行吟"长太息以掩涕兮，哀民生之多艰"；岳阳楼上，范仲淹属文"先天下之忧而忧"。柳宗元写下了脍炙人口的《永州八记》，贾谊、张仲景、杜甫、辛弃疾、朱熹等人则在长沙留下了足迹。近代以来，湘人高擎爱国主义大旗，奋发图强，反对西方列强和帝国主义的侵略。例如，1903年黄兴、陈天华等成立华兴会，以"国民革命""驱除鞑虏"为宗旨，不再寄希望于以革新来维持清朝统治，主张以革命手段反帝反封建；1904年黄兴、李燮和等创设黄汉会，主张建立资产阶级民主共和国，在思想上有了质的飞跃；1905年禹之谟、陈家鼎组建同盟会湖南分会；1911年熊希龄、张学济等成立共和协会，反对君主立宪，出兵促使清帝退位。在民族危亡的时刻，湘人总是立于潮头，踔厉奋发。正如杨度《湖南少年歌》吟道："中国如今是希腊，湖南当作斯巴达，中国将为德意志，湖南当作普鲁士。诸君诸君慎如此，莫言事急空流涕。若道中华国果亡，除是湖南人尽死。"[1] 在传承湖湘历史文化中造就的湖南人才群体，为爱国救亡而奔走呐喊，前赴后继地不懈奋斗，甚至以满腔热血浇灌了一部中国近现代史。

一群湖南人，半部近代史。近现代湖南人才辈出，从湖湘学派

---

① 刘晴波主编《杨度集》，湖南人民出版社，1986，第95页。

的"实事求是"到王船山的"实学",再到魏源开启晚清务实之风,中国近代工业起步,湖南出现了近代第一个人才群。戊戌变法和辛亥革命造就了湖南另外两个人才群:一是谭嗣同、唐才常、熊希龄等创学会、开学堂、办报纸,形成了戊戌维新人才群,力图推动中国实行君主立宪体制;二是黄兴、蔡锷、宋教仁等建政党、组军队、制宪法、发展工商业,形成了辛亥革命人才群。终于,中国迎来了民主共和新政。在半殖民地半封建社会,起来改变中国历史进程的湖南人,以毛泽东、刘少奇、任弼时等无产阶级革命家为代表,超越前人,集合众多共产党人,形成了新民主主义人才群。尤其是共产党人,担负起"改造中国与世界"的责任。其中"实事求是"是他们的思想路线,他们忧国忧民,救亡图存,由此形成了党的优良传统和作风,即理论联系实际、密切联系群众、批评和自我批评。

毛泽东在何处受实事求是的启发? 1917 年,湖南公立工业高等专科学校搬迁岳麓书院办学,校长宾步程写下"实事求是"的匾额作校训,引导学生崇尚科学、追求真理、实业报国。湖湘文化蕴含的"实事求是"传统,对众多湖南学子产生了深刻影响。毛泽东早年在东山学堂读书,就从《东山书院记》中看到了"实事求是"。他到长沙求学,湖南省立第一师范学校制定学校章程,要求学生做到"实事求是"。不久,他又在岳麓书院牌匾上看到"实事求是",从而受到了"引入实际去研究实事和真理"的启迪。正是凭借"实事求是"的精神,毛泽东结合建立农村根据地的实践,走出了农村包围城市的革命道路。正如 1938 年他在《中国共产党在民族战争中的地位》报告中指出:"共产党员应是实事求是的模范,又是具有远见卓识的模范。因为只有实事求是,才能完成确定的任务。"[①]

---

① 《毛泽东选集》第 2 卷,人民出版社,1991,第 522 页。

1942 年他发表《改造我们的学习》，诠释"实事求是"。中共七大将"实事求是"确立为党的思想路线，使"实事求是"成为毛泽东思想和中国特色社会主义理论体系的精髓。

群众路线的来源也与湖南息息相关。"一切为了群众，一切依靠群众，从群众中来，到群众中去"的群众路线，是党的生命线。它作为中国共产党始终坚持的根本领导方法和工作方法，是在群众工作实践中形成和发展起来的。战争年代，湖南党组织就将党和群众的关系比为鱼水、喻为血肉、视为种子与土地。毛泽东 7 次到安源，进矿井窿洞，体验工人劳苦，与一丝不挂、浑身煤灰的工人谈心，向工人宣讲"不靠天，不靠地，全靠自己救自己"的道理，派李立三、刘少奇发动安源路矿 17000 名工人大罢工。毛泽东开办农民运动讲习所培育农会干部，深入长沙、湘潭、湘乡、醴陵、衡山五县调查研究，写出《湖南农民运动考察报告》，批驳对农民运动的污蔑，阐述了组织、发动、依靠农民群众的思想。他从中国国情和农民实际出发，深知"农民问题乃国民革命的中心问题"，[①]"土地问题是根本问题"，[②] 从而在湘赣边界举行秋收起义，开辟井冈山农村革命根据地。历史是由人民群众创造的，湖南人民在新中国成立以后进一步以主人翁姿态，意气风发地投入了社会主义物质文明和精神文明建设。例如雷锋精神、脱贫攻坚精神的主角就是普通劳动者，他们真正体现了劳动人民当家作主的主体地位。

开展批评与自我批评是跳出历史周期率的法宝。所谓"历史周期率"，指任何国家政权都会经历兴衰治乱、往复循环呈现的周期性现象。一部人类文明史，记载了无数王朝覆灭、政权更迭的史

---

① 《毛泽东文集》第 1 卷，人民出版社，1993，第 37 页。
② 《中共中央文件选集（1949 年 10 月—1966 年 5 月）》第 21 册，人民出版社，2013，第 362 页。

实。对此，毛泽东给出的"第一个答案"始于 1945 年 7 月"窑洞对"。黄炎培记述自己的提问："我生 60 多年，耳闻的不说，所亲眼看到的，真所谓'其兴也勃焉''其亡也忽焉'……都没能跳出这周期率的支配……中共诸君如何找出一条新路？"毛泽东慨然答道："我们已经找到新路，这条新路就是民主。只有让人民来监督政府，政府才不敢松懈。只有人人起来负责，才不会人亡政息。"①毛泽东自信而简短的回答，让我们看到了中国共产党对跳出历史周期率的探索之路。新时代，习近平总书记给出了"第二个答案"。2021 年 11 月，他在党的十九届六中全会上重提"窑洞对"。他说："我们党历史这么长、规模这么大、执政这么久，如何跳出治乱兴衰的历史周期率？毛泽东同志在延安的窑洞里给出了第一个答案，这就是'只有让人民起来监督政府，政府才不敢松懈'。经过百年奋斗特别是党的十八大以来新的实践，我们党又给出了第二个答案，这就是自我革命。"②党的十九届六中全会通过的《中共中央关于党的百年奋斗重大成就和历史经验的决议》，把"坚持自我革命"概括为我们党百年奋斗的十条经验之一。总之，中国共产党找到了跳出历史周期率的新路：一靠民主监督，二靠自我革命。二者归一，就要贯彻落实党的"批评与自我批评"的优良传统和作风。

从上可知，湖湘文化培育了湖湘人士的优良品质。近代湖湘人才辈出。毛泽东、刘少奇、任弼时、蔡和森、何叔衡、彭德怀、贺龙、罗荣桓、胡耀邦等共产党人，既是践行实事求是的模范，又是践行群众路线的楷模；既是廉政勤政的模范，又是无私奉献的楷模。他们身上充分体现了我们党理论联系实际、密切联系群众、批评和自我批评的优良传统和作风，使我们党历经无数

① 黄炎培：《八十年来》，文史资料出版社，1982，第 148—149 页。
② 《习近平谈治国理政》第 4 卷，外文出版社，2022，第 541 页。

沧桑更加充满活力。我们党始终坚持真理、自我革新，立党为公、以民为本，踔厉奋发、与时俱进，不断清除一切侵蚀党的健康肌体的病毒，保持党的先进性和纯洁性，就一定能永葆我们党不变质、不变色、不变味，确保党在新时代坚持和发展中国特色社会主义的历史进程中始终成为坚强领导核心。

三湘四水激荡英雄壮歌，锦绣潇湘厚植红色基因。传承红色基因是为了以党的自我革命推动党领导人民进行的伟大社会革命，将精神力量转化为实践成效。习近平总书记参观辽沈战役纪念馆时说："红色江山来之不易，守好红色江山责任重大。要讲好党的故事、革命的故事、英雄的故事，把红色基因传承下去，确保红色江山后继有人、代代相传。"① 构成湖南红色基因不可或缺的一个内在条件是：湖南人才众多，湖湘文化造就了庞大的湖南人才群，使红色基因呈现湖湘文化特色。

首先，湖南人具有忧国忧民、敢于担当、变革现实的品质。红色基因的内涵提示其文化底蕴是中国人的红色情结，与生俱来，它流动在民族的血脉里，烙印在人民的心中。文化凝练精神，精神引领行动。红色基因的行动号召力是其为实践服务的最生动表现，红色基因对社会、群体或个人具有唤醒、引导、统领的现实效用。湖南先进知识分子密切关注民族危亡局势，国家兴亡、匹夫有责，他们探索救国救民的真理，矢志投身争取民族独立和人民解放的斗争。湖南是中国共产党创建的策源地之一和初心萌发地，在全国和海外 8 个早期党组织中，20 名湘籍先进分子参加了其中 6 个早期党组织（长沙、上海、北京、广州、巴黎、东京）的创建，4 人（毛泽东、何叔衡、李达、周佛海）出席了中共一大。湖南产生了

---

① 《习近平：把红色基因传承下去，确保红色江山后继有人、代代相传》，海外网百家号，2022 年 8 月 24 日，https：//baijiahao. baidu. com/s？id＝17420195063 01036006＆wfr＝spider＆for＝pc。

第一个省级党组织——中共湖南支部，拥有中共最早的干部学校——湖南自修大学，第一次打出共产党军队的旗帜——秋收起义的工农革命军军旗。湘籍革命家是湖南红色文化的缔造者，正因为他们践行"敢为人先"的创新精神，敢于变革现实，尤其是在探索新民主主义革命道路的过程中，他们在农村开展革命并取得成功，无疑是将马克思主义与中国革命具体实践相结合的结果。湘籍革命家勇闯新路，在湖南这片红色热土上走农村包围城市道路，开展武装割据，建立工农政权，迎接新中国诞生，体现了湖南人敢于变革的创新精神。进入新时代，湖南人民更加意气风发，在脱贫攻坚和乡村振兴以及抗疫中涌现出许多英雄模范，他们传承发扬了革命年代的优良品质，并走上了新时代中国式现代化的新长征之路。

其次，湖南人具有吃苦耐劳、敢于斗争、不怕牺牲的精神。在民主革命时期，革命是实现国家独立与人民解放的唯一途径。红色基因是一个关系到红色政权永存、党和国家永不变色的重大问题，正因为中国共产党是具有红色基因的领导者，才彰显不怕困难、愈挫愈勇的品格。进入新时期，随着我国对外开放程度的逐步深化以及国际局势的进一步复杂化，中国共产党更加重视红色基因的传承。湖南人敢于斗争、不怕牺牲的品质和"霸蛮精神"，体现在历代湘籍共产党人身上。中国共产党自诞生之日起，就展现出自强不息的顽强生命力。艰难困苦，玉汝于成。毛泽东强调"与天奋斗，其乐无穷；与地奋斗，其乐无穷；与人奋斗，其乐无穷"，[①] 提倡"一不怕苦，二不怕死"，[②] 敢于面对一切敌人，战胜任何艰难困苦。从革命年代产生在湖南边境的井冈山精神、苏区精神、长征精

---

① 中共中央文献研究室编《毛泽东年谱》（1893—1949）上卷，中央文献出版社，2013，第 24 页。

② 中共中央文献研究室编《毛泽东年谱》（1949—1976）第 6 卷，中央文献出版社，2013，第 248 页。

神，到建设时期具有湖南元素的雷锋精神、抗洪精神、脱贫攻坚精神，共产党人以自己的模范行动，在湖南一再展现中华民族自强不息的伟力。中国共产党敢于斗争、善于斗争，却不拘泥于斗争本身，而是通过斗争寻求对立面转化——排除万难，去争取胜利。"为有牺牲多壮志"，锤炼了湘籍共产党人敢于斗争的牺牲精神。历史记载着他们为革命献出生命的誓言。何叔衡"为苏维埃流尽最后一滴血"，郭亮、蔡和森、向警予、左权战斗到生命最后一刻，使敌人感慨"撼山易、撼湖南人难"。① 湖南人有血性，最有名的豪言壮语就是夏明翰的就义诗：砍头不要紧，只要主义真；杀了夏明翰，还有后来人。这种牺牲精神，就是湘籍革命家斗争精神的生动写照。

最后，湖南人敢于胜利、善于胜利，勇于开创新局面、勇于走向新时代。红色文化也是一种破旧立新的文化，正如毛泽东所说："我们不但善于破坏一个旧世界，我们还将善于建设一个新世界。"② 湘籍革命家在大是大非面前敢于亮剑，在矛盾冲突面前敢于迎难而上，在危机困难面前敢于挺身而出，在歪风邪气面前敢于坚持真理，从而孕育了湖湘红色文化。他们创办新民学会，会员们立志"改造中国与世界"，萌发了革命初心，与今天"为人民谋幸福，为民族谋复兴，为世界谋大同"的初心使命一脉相通；他们开办文化书社，组建俄罗斯研究会，成立社会主义青年团和共产党早期组织，积蓄了革命人才；他们创建的湖南自修大学和湘江中学，成为培养党员干部的重要场所；毛泽东等在驱张运动中提出改造湖南的自治方案，勇于反抗军阀统治。湘籍革命家勇于探索，排除万难，有一股不达目的誓不罢休的精神。毛泽东最具典型性，他从湖

---

① 周敏之、许顺富、梁小进：《近代湖湘文化与近代湘籍人才群体》，岳麓书社，2017，第 402 页。
② 《毛泽东选集》第 4 卷，人民出版社，1991，第 1439 页。

南一师求学起直至晚年，从未放弃过追求和奋斗。正如美国学者罗斯·特里尔所言，毛泽东"极其痛恨一成不变，他认为一切都在不停地变动，将来也永远如此"。① 今天，改革开放和现代化建设又成为湖南红色文化的内涵，体现了湖南人深深的爱党爱国情怀。传承红色基因，正为我们提供精神伟力、创造活力和实践定力，去书写新征程的湖南篇章。

三 红色资源承载湖南红色基因

红色文化的载体为红色资源，其内核是红色基因。湖南是一片有着光荣革命历史的红色热土，在 21 万平方公里的土地上，有极为丰富的红色资源。众所周知，新文化运动在湖南风起云涌，五四时期湖南率先建立党的早期组织；大革命中湖南农民运动独占鳌头，秋收起义燃起工农武装割据熊熊烈火；长沙和平起义迎来新中国曙光。习近平总书记用这样两句话形容湖南的党史资源：第一句是"十步之内，必有芳草"；第二句是"寸土千滴红军血，一步一尊英雄躯"。② 因此，党史资源丰富是湖南传承红色基因的有利条件，而且其资源在全国亦具有举足轻重的影响力。我们要在发挥湖南的红色资源优势中培根铸魂，传承湖南红色基因。

任何国家和民族如果没有精神支柱，就意味着失去了"根"与"魂"。中国共产党屹立于世百余年，之所以生命力充沛，是因为它历来强调要生成与培育能彰显国家特色、民族气派、人格风骨的精神支柱。2021 年 7 月 1 日，习近平总书记在庆祝中国共产党成立100 周年大会上指出："中国共产党的先驱们创建了中国共产党，形成了坚持真理、坚守理想，践行初心、担当使命，不怕牺牲、英

---

① 〔美〕罗斯·特里尔：《毛泽东的后半生》，曾胡等译，李维国、孟光校，世界知识出版社，1992，第 255 页。
② 《红色基因代代传》，《湖南日报》2022 年 8 月 8 日，第 3 版。

勇斗争，对党忠诚、不负人民的伟大建党精神。"① 伟大建党精神这 32 个字，字字珠玑，解读了党"从哪里来"的精神密码，立起了党"走向何方"的精神路标。具体而言，"坚持真理、坚守理想"是筑牢理想信念的"压舱石"，"践行初心、担当使命"是举起人民至上的"先锋旗"，"不怕牺牲、英勇斗争"是握紧实干奋斗的"接力棒"，"对党忠诚、不负人民"是把准忠心为党的"航向标"。对于湖南来说，红色土地蕴藏着精神富矿，红色故事永远是我们的精神养料。我们必须充分认识红色基因在举旗帜、聚民心、育新人、兴文化、展形象中的重要地位和作用。一部党史，既是共产党人的奋斗史，也是中国共产党建党精神及其精神谱系的传承史。中国共产党精神谱系的"源头活水"，来源于马克思主义的基本原理以及中国革命、建设和改革的实践。党在百余年间建立丰功伟绩的历程，就是培育伟大精神的过程。同样，一百多年来，湖南以其砥柱之坚、牺牲之众、贡献之大，奠定了在党史上红色资源大省的地位，值得我们努力发掘。

在党史上，伟大建党精神孕育了红色文化，传承了红色基因。它在四个历史时期有不同的衍生逻辑：一是伟大建党精神支撑新民主主义革命，促成"救国"大业（1921—1949 年）。以伟大建党精神为源头，形成了井冈山精神、苏区精神、长征精神、延安精神、抗战精神、红岩精神、西柏坡精神等具体精神；二是伟大建党精神激发社会主义革命和建设热情，促成"立国"大业（1949—1978年）。伟大建党精神在社会主义革命和建设中孕育自力更生、艰苦奋斗、勤俭节约、舍生忘死等品格，如抗美援朝精神、大庆精神、焦裕禄精神、红旗渠精神、雷锋精神、"两弹一星"精神等具体精

---

① 习近平：《在庆祝中国共产党成立 100 周年大会上的讲话》（2021 年 7 月 1 日），人民出版社，2021，第 8 页。

神；三是伟大建党精神推动改革开放和社会主义现代化建设，促成"富国"大业（1978—2012 年）。伟大建党精神在改革开放和社会主义现代化建设的伟大实践中生发新的伟大精神，如特区精神、抗洪精神、载人航天精神、抗震救灾精神、奥运精神等具体精神；四是伟大建党精神引领中国特色社会主义进入新时代，促成"强国"大业（2012 年至今）。始于精神，成于实干。十八大以来党中央提出了一系列新思想新战略，出台了一系列重大方针政策，实施了一系列重大举措，使中国取得全方位、开创性的成就，涌现出新的时代精神，如企业家精神、科学家精神、抗疫精神、脱贫攻坚精神等具体精神。

以上精神皆依托于成就伟大事业的实践主体，组成一个反映时代风貌、体现创新本质的精神谱系。伟大建党精神是中国共产党的精神之源，而共产党人则是铸造一系列具体精神即精神谱系的实践主体。伟大精神之源是相对于精神谱系和一系列具体精神而言的，共产党人一百多年来弘扬伟大建党精神，在长期奋斗中构建起党的精神谱系。这个积淀中华民族精神追求、展现共产党人特征、彰显红色基因的精神谱系，成为立党、兴党、强党的不竭源泉和推进力量，在强党、强国、富民的奋斗征程中起到了不可替代的作用。

红色基因的传承，不是守成，而是在践行中继承和发展。红色基因深植于中国共产党人的精神谱系里，烙印在中华民族的精神图谱中。湖南红色资源丰富。到韶山感受伟人精神，到岳麓山领略"层林尽染"，到花明楼锤炼党性修养，到桂东感受红军纪律文化，到通道追思伟大"转兵"……每一处革命旧址、遗迹、故居，都是一部历史教科书、一个信仰熔铸点、一座"红色基因库"，都承载着共产党人的政治本色和信念追求。在革命旧址、遗迹、故居附近建设纪念馆、党史馆，开辟党性教育基地，开设"红色课堂"，能让党员干部更好地感受红色文化历久弥新的生命力和感召力，更好地传承红色基因。

红色基因和红色文化承载着共产党人的初心使命，彰显着共产党人的精神气质。把红色文化继续弘扬好、发展好是新时代赋予我们的职责和使命。弘扬革命文化，传承红色基因，坚守红色文化，有利于增强文化自信，增强民族自信心、自尊心和自豪感，用红色文化坚定文化自信和民族信仰。弘扬红色文化，传承红色基因，必定能不断净化腐朽文化、落后文化滋生的土壤。弘扬红色文化，传承红色基因，最关键、最核心的是要始终坚持正确政治方向。弘扬红色文化，传承红色基因，不能是虚对虚，而要找准问题症结所在，抓住关键内容、关键人群、关键事件，立足问题办活动，抓住关键谋突破，才会有针对性和实效性。

湖湘文化源远流长，湖南境内的文化资源异常丰富。近代以来，湖南发生了许多重要的历史事件，在全国占有举足轻重的地位，与赣南、陕北一道成为全国三个著名红色旅游"打卡地"。湖南红色文化之所以在全国具有重要地位，是因为中国从近代到现代的许多"人"和"事"都与湖南息息相关。尤其是新民主主义革命时期，湖南是中国革命的重要策源地和毛泽东思想的发源地，是人民军队的摇篮，素有"革命摇篮、伟人故里"的声誉，是红色文化的显著地标、享誉全球的"红色名片"。

湖南是最早传播马克思主义的地方，也是最早创建中国共产党早期组织的地方之一。湖南建党始于新民学会，五四时期湖南青年运动的先锋首先出现在湖南省立第一师范学校。湖南一师学子毛泽东、蔡和森、何叔衡等组织了新民学会，成为湖南最早的马克思主义者。新民学会 1918 年 4 月 14 日成立，地点在长沙岳麓山下溁湾镇的"沩痴寄庐"。首批会员 21 人，萧子升为总干事，毛泽东和陈书农为干事。新民学会存在三年，会员 78 人（含女会员 20人，主要来自周南女校；男会员 58 人，来自湖南一师的 47 人中，学生 41 人、教师 6 人）。后来加入共产党者 41 人，其中来自湖南一师的有 37 人，含一大代表 2 人；新民学会会员中革命烈士 17 人，包括蔡和森、何叔衡、向警予、郭亮、陈昌、夏曦、方维夏等。新民学会组织赴法勤工俭学，五四时期创办《湘江评论》，开展驱张（敬尧）运动和湖南自治运动，通过开办文化书社和成立俄罗斯研究会，终于在湖南完成了建团建党的任务。

毛泽东对俄国革命给予了特殊关注，于 1920 年 9 月在潮宗街文化书社成立俄罗斯研究会，陆续输送刘少奇、任弼时、任作民、罗亦农、萧劲光等到上海外国语学社学习俄语，然后让其转赴莫斯科东方大学作为党务干部培训。上海外国语学社的学员最多时约 50 人，湖南占 22 人。为了培养工农运动骨干，湖南党组织利用长沙船山学社的社址和经费，于 1921 年 8 月创办了湖南自修大学，由毛泽东、李达、贺民范主持。至 1923 年 11 月自修大学被湖南军阀赵恒惕关闭，两年时间培养了毛泽民、郭亮、夏明翰、陈佑魁、姜梦周、陈昌、罗学瓒等一批党员干部。自修大学被军阀封闭以后，何叔衡接手创办了湘江学校，继续培育工农骨干。青山埋忠骨，翠柏勉英魂。岳麓山有一座黄爱、庞人铨合墓，安葬着党史上最早的革命烈士。他们是 1920 年 11 月成立的湖南第一个劳工团体——湖南劳工会的领导人，由于组织罢工，于 1922 年 1 月被军阀杀害。

湖南的杰出人物数量为各省之冠，从 1921 年建党算起，出席中共一大的 13 人中湘籍有 4 人。50 多名早期党员中湘籍有 20 余名。胡耀邦在庆祝中国共产党成立 60 周年大会上的讲话列举了 62 位杰出人物，其中湘籍人物有 16 位。1955 年授予军衔的 10 位共和国元帅中，湖南人有 3 位（彭德怀、贺龙、罗荣桓）；10 位解放军大将中，湖南人有 6 位（粟裕、黄克诚、陈赓、谭政、萧劲光、许光达）；57 位上将中，湖南人有 19 位。20 世纪 80 年代后期，中央军委编纂出版了《中国大百科全书·军事卷》，在时任中央军委主席邓小平的主持下，对建军以来众多高级将领进行全面、客观、公正的评价，确认了中国现代军事家 33 位（不久增补为 36 位）。其中湖南籍军事家有 15 位，包括湘潭 2 人（毛泽东、彭德怀），醴陵 2 人（左权、蔡申熙），长沙 2 人（萧劲光、许光达），湘乡 3 人（陈赓、谭政、黄公略），桑植（贺龙）、衡东（罗荣桓）、会同（粟裕）、永兴（黄克诚）、资兴（曾中生）、南县（段德昌）各 1 人，占全国的 2/5。牺牲于洪湖苏区的段德昌，其家属在民政部领到了共和国第一号烈士证。1949 年，解放军总司令朱德向入湘部队发出命令，所有官兵必须绕道醴陵，排队站在田垄里、山坡上向左权烈士的母亲敬礼。毛泽东在《蝶恋花·从汀州向长沙》中高度赞扬"赣水那边红一角，偏师借重黄公略"；朱德为左权写下了"名将以身殉国家，愿拼热血卫吾华。太行浩气传千古，留得清漳吐血花"。

湖南在党史上的地位重要，很多早期党员、革命家、政治家、军事家都是湘籍人士，如毛泽东、刘少奇、胡耀邦、任弼时、蔡和森、李维汉、罗亦农、李富春、陶铸、李立三、林伯渠、罗章龙、谢觉哉、蔡畅、谭震林、滕代远、王震、王首道、宋任穷、何长工、欧阳钦、江华、耿飙、廖汉生、邓力群、徐特立、李铁映、毛致用、张震、彭珮云、周光召。湖南籍的著名英烈还有何叔衡、邓中夏、何孟雄、罗亦农、向警予、蒋先云、左权、郭亮、毛泽民、毛泽覃、杨开慧、缪伯英、罗学瓒、夏曦、夏明翰、柳直荀、段德昌、曾中生、蔡升熙、黄公略、李灿、王尔琢、伍中豪、蔡会文、潘心元、彭公达、周以栗、刘畴西、寻淮洲、方维夏、曾日三、袁国平、朱克靖。真是灿若群星，辉映神州。

在革命、建设、改革各个历史时期，湖南人舍身殉国，前仆后继，付出了巨大牺牲，用血肉之躯筑起了人民战争的坚固城墙，三湘大地浸润着以鲜血和生命写就的光荣历史。自 1927 年到 1949

年，全国有名可查的革命烈士有 370 多万人，其中湖南占 20 万人。抗美援朝战争牺牲的志愿军有 197653 人，其中湖南儿女有 11541 人。大批仁人志士舍家纾难，前赴后继，献身革命。例如，毛泽东家族有 6 人为革命献出生命，何长工家族包括妻儿在内有 30 多名亲属惨遭杀害，贺龙的贺氏宗亲有名有姓的烈士达 2050 位。最为悲壮的是，平江一个当时人口不足 50 万人的县，从 1921 年至 1949 年，先后有 23 万人为革命牺牲，其中登记在册的烈士有 21000 多名；炎陵县策源乡梨树洲村，当年为了保护红军标语，全村老百姓都成了烈士。2018 年，中央主流媒体集中报道了 793 位（组）英烈人物，湖南占 1/8。2019 年，中央有关部门推出了《见证初心和使命的"十一书"》，其中 5 封是"湖南家书"。①

从地域上说，湖南境内的红色资源遍布湘东、湘南、湘西和省会长沙。湖南与江西、陕西并称全国党史资源最丰富的三个省份。在赣南和陕北，红色资源以革命活动遗址为主，而湖南红色资源的最大特色是伟人故里众多，无愧于"惟楚有才，于斯为盛"的称誉。湖南拥有 57 处国家 A 级旅游景区（其中 5A 级旅游景区 11处），包括韶山、岳麓山－橘子洲、花明楼等红色景区，此外还有张家界（含索溪峪－天子山－天门山－黄龙洞－宝峰湖景区）、崀山、南岳衡山、岳阳楼－君山、桃花源、东江湖、矮寨－德夯、凤凰古城、梅山龙宫、紫鹊界梯田、岳麓书院、炎帝陵、舜帝陵、柳子庙等国内外知名景区。省政府相继出台了《湖南省红色旅游发展规划（2016—2020）》和《湖南省红色文化资源保护和利用条例》，形成一核（以韶山为核心，涵盖刘少奇故里、彭德怀故里的"红三角"）、八景（"秋收风云"等"红潇湘"新八景）、三走廊（大湘西民族文化走廊、大湘东红色文化旅游走廊、长征文化旅游走廊）

---

① 《湖南为什么这样红》，《湖南日报》2021 年 3 月 22 日，第 1 版。

以及"12 条红色旅游精品线路"的总体布局，使之成为湖南经济发展的重要支撑。2021 年 6 月 18 日开通的两山旅游铁路，串联了韶山至井冈山沿途 20 多处红色景点，辐射湘赣两省。

湖南这片土地上拥有如此众多的红色旅游资源，成为传承红色基因的有利条件，我们要对其开发好、利用好和保护好。各级党组织和政府对此极为重视。在中共中央办公厅和国务院办公厅共同印发的《2004—2010 年全国红色旅游发展规划纲要》中，就规划了应重点打造的百个"红色旅游经典景区"，其中湖南有 8 个上榜，包括位于韶山市境内的毛泽东同志故居及纪念馆、由刘少奇同志故居及纪念馆、秋收起义旧址纪念馆、杨开慧故居及纪念馆、岳麓山景区共同构成的长沙市红色旅游系列景区（点），位于湘潭县境内的彭德怀同志故居及纪念馆，由平江起义旧址、任弼时同志故居等共同构成的岳阳市红色旅游系列景区（点），位于宜章县境内的湘南年关暴动指挥部旧址，位于衡东县境内的罗荣桓故居，位于桑植县境内的贺龙故居及纪念馆，位于永顺县境内的湘鄂川黔革命根据地旧址。湖南现有革命类不可移动文物点 2400 余处，其中全国重点革命文物保护单位 59 处，革命博物馆纪念馆 70 家，全国红色旅游经典景区 28 处，全国爱国主义教育示范基地 29 处。因此，湖南传承红色基因大有可为。

第三章

湖南红色基因的文化源泉

　　"红色血脉是中国共产党政治本色的集中体现，是新时代中国共产党人的精神力量源泉。"[1] 2020 年 9 月习近平总书记到湖南考察，第一站就到地处湘南汝城县的沙洲瑶族村参观了"半条被子的温暖"专题陈列馆。他强调"要用好这样的红色资源，讲好红色故事，搞好红色教育，让红色基因代代相传"。[2] 在听取了湖南省委、省政府的汇报之后，他叮嘱湖南要"发扬革命传统，传承红色基因，牢记初心使命，走好新时代长征路"。[3] 在湖南这片红色热土上，奔流不息的湘江水滋养了伟人故里、将帅之乡、革命摇篮。百余年来，三湘儿女在党的领导下，经历了"为有牺牲多壮志，敢教日月换新天"的革命岁月，涌动过"喜看稻菽千重浪，遍地英雄下夕烟"的建设热情，开拓出"洞庭波涌连天雪，长岛人歌动地诗"的改革之路，翻开了"装点此关山，今朝更好看"的崭新篇章。伴随这一波澜壮阔的历史进程，一代代共产党人在这片热土上留下了

---

[1] 中共中央党史和文献研究院编《习近平关于社会主义精神文明建设论述摘编》，中央文献出版社，2022，第 166 页。

[2] 《如何用好红色资源，习近平这样说》，党建网百家号，2021 年 3 月 12 日，https：//baijiahao. baidu. com/s? id＝1694033093670782447&wfr＝spider&for＝pc。

[3] 许达哲：《牢记殷殷嘱托　发扬革命精神　走好新时代长征路》，《人民日报》2021 年 5 月 24 日，第 9 版。

不懈奋斗的足迹。所以，我们既要充分认识湖南传承红色基因的重要价值，也要进一步回答其形成力量是什么，即湖南红色基因缘何而来。基于此，本章以湖南红色基因的土壤为研究的出发点，再从传道济民的湖湘文化、马克思主义的先进文化、奋斗不息的革命文化三个方面予以分析。

第一节　湖南红色基因的历史土壤

一个国家、一个民族正是因为其独特的精神基因，才能够形成与他国、其他民族不同的人文传统和文化习惯，走出自己的发展道路。"我们党的红色基因就是不能抛弃的传统、不能丢掉的根本。"[①] 中华优秀传统文化中所蕴含的坚定信念、忧国忧民、奋勇斗争精神，被众多革命家继承，并在革命、建设、改革实践中被发扬光大。毛泽东说过："一定的文化是一定社会的政治和经济在观念形态上的反映。"[②] 红色基因是政治理想、政治性质、政治使命的鲜明体现，它是由无数革命先烈、英雄模范用鲜血、汗水浇灌出来的精神文明硕果，也是我们党和国家从胜利走向新的胜利的制胜之道和政治优势，是党的传家宝。湖南红色基因的产生有一定的时代背景与条件，其中包含了近代的社会变革、早期马克思主义思想的传播、湖南人民在革命实践中所表现的抗争精神等。湖南是一方红色热土、一座革命高地，一代代革命人在这方热土上留下了不懈奋斗的足迹，成就了"十步之内，必有芳草"的盛景。他们坚定的理想信念、救国救民的担当、不屈的斗争精神，深深地融入湖南红色基因，也体现在无数湘籍革命家的光辉事迹和湖南的光荣历史中。

---

① 姚亚平：《传承红色基因　滋养精神家园》，《人民日报》2015 年 2 月 15 日，第 5 版。

② 《毛泽东选集》第 2 卷，人民出版社，1991，第 694 页。

一 近代社会变革孕育湖南红色基因

20 世纪初期，湖南社会结构发生剧烈而又深刻的变化，中国共产党领导的革命运动在这块变革的沃土上萌芽，并融入湖湘优秀文化，孕育出湖南自身的红色基因。湖南红色基因产生的土壤，是与湖南近现代社会、经济发展变化密不可分的。1899 年后，湖南岳阳、长沙和湘潭等地开始通商，西方的文化、经济和政治势力也开始向湖南渗透。湖南大量的铅锌矿、粤汉铁路湖南段的修筑权等都被其他国家霸占，民族企业发展举步维艰。西方势力与官府勾结，天灾人祸下长沙出现了大规模的"抢米风潮"。1916 年，各国驻湘领事馆联合向湖南政府施压，成立华洋诉讼处，对湖南司法权造成了极大的侵犯。湖南的先进知识分子十分关心民族的危急存亡，他们深切地感受到了"国家兴亡，匹夫有责"，并在此基础上，积极地寻求着救国的真理。

湖南是南北交通要道，是军阀之间争斗的主要战场。天灾人祸下，地主对农民的掠夺，以及由北洋军阀控制的政府频繁征收的各种苛捐杂税，使物价不断上涨。湖南广大民众不堪重负，阶级矛盾加剧。有压迫的地方就有反抗。压迫愈深，反抗愈烈。毛泽东在其《民众的大联合》中强调："国家坏到了极处，人类苦到了极处，社会黑暗到了极处"，"于是乎起了改革，起了反抗"。[①] 决心投身于反抗帝国主义侵略和北洋军阀统治的运动中，为国家的独立与人民的自由而奋斗，是湖南早期马克思主义者的鲜明特征，也使以马克思主义、社会主义为代表的先进文化在此期间逐步扎根于湖湘大地。

实际上，通过研究这一时期湖南党史和湘籍无产阶级革命家的革命事迹，可见，湖南地区的红色革命历史孕育了湖南红色基因中

---

① 中共中央文献研究室、中共湖南省委《毛泽东早期文稿》编辑组编《毛泽东早期文稿》，湖南出版社，1990，第 338—339 页。

救国救民的担当精神，这些湖南革命者以抵御侵略、振兴中华、建立人民当家作主的国家为己任。毛泽东曾说：其他的中国人不得不小心应对湖南人火辣与固执的性格。但他们不否认，辛辣伴随着勇敢无畏。[①]"若道中华国果亡，除是湖南人尽死。"这句话鲜明地体现出湖南人救国救民的担当精神，这也是湖南红色基因提炼和传承的重要内容。在反抗外来侵略方面，抗日战争时期，八路军为国捐躯的最高将领，是湖南人左权；抗美援朝时期，中国人民志愿军五任（代）司令员全是湖南人，即彭德怀元帅、邓华上将、陈赓大将、杨得志上将、杨勇上将。这些湖南人为中国近现代史添上了浓墨重彩的一笔，也生动诠释了湖南人民救国救民的担当精神，并在历史的长河中熔铸为鲜明的红色基因。

湖南之所以能够孕育这样的红色基因，是因为有多重历史合力共同作用。近代以降，西方列强发起一次次侵略战争，在中国获得特殊的政治、经济利益。尽管中国人民一次次奋起抗击，但无奈均以失败而告终。同时，历史表明，鸦片战争之后，外国列强利用军事的方式在中国边疆制造危机，通过资本输出和强占租借地等控制中国的经济，并且在政治、文化上不断地进行侵略，先后发动侵略中国的中法战争、甲午中日战争、八国联军侵华战争，企图使中国变为其殖民地。《辛丑条约》标志着中国半殖民地半封建社会的形成，而清政府则彻底沦为列强征服中国的工具。辛亥革命以后，虽然建立了中华民国，但西方列强联合国内既得利益者依然把持着政治、经济，中国半殖民地半封建社会的社会状况并没有从根本上得到改变，中国人民也依然生活在水深火热之中。

鸦片战争以后，中国逐渐沦为半殖民地半封建社会，一批先进

---

① 〔美〕罗斯·特里尔：《毛泽东传》，何宇光、刘加英译，中国人民大学出版社，2010，第5页。

的湖南人开始思考如何救国救民，思考中国的前途。蔡和森是湖南湘乡县（今双峰县）人，是领导早期共产主义运动的杰出代表。蔡和森从小就受到湖湘文化熏陶，养成了"天下兴亡，匹夫有责"的爱国情怀和敢为天下先的英雄气概。1920年初，他去往法国勤工俭学，阅读了大量关于马克思主义和俄国革命的书籍，他希望用马克思主义来改造中国社会，其拯救民族于水深火热之中的信念愈来愈烈。在他看来，要拯救国家和民族，就必须遵循俄国十月革命的道路，而这条路就是要创建一个革命政党。他多次致函毛泽东和陈独秀，其中，他首次建议"明目张胆正式成立一个中国共产党"，毛泽东在回信中夸赞他"见地极当，我没有一个字不赞成"。① 蔡和森的建党思想，在很大程度上指导和促进了我国共产党的初期建设。蔡和森在留法时期，向勤工俭学的学生大力宣传马克思主义，引导了一大批优秀青年走上信仰马克思主义之路。历史证明，马克思主义是救国救民的科学真理，中国共产党则是救国救民的核心领导力量。

湖南是中国共产党重要策源地，20多名湘籍先进分子在全国参与创建了党的8个早期组织中的6个早期组织，并有4人出席了中共一大；湖南是工农运动的集中爆发地，在一群湘籍共产党员的带领下，以湖南为核心的全国工农运动迅速发展前进，尤其是农民运动风起云涌；湖南是人民军队的摇篮地，党领导人民在此先后发动秋收起义、湘南起义、桑植起义和平江起义，建立和发展了红一、红二、红三、红六军团等红军主要武装力量；湖南是人民政权建设开创地，在此建立了中国共产党领导下的第一个县级苏维埃政权、第一个省级苏维埃政权；湖南无论在全面抗日战争时期还是解放战争时期，都是我国兵源、物资等方面的主要供给地。从蔡和森提出走俄国十月革命的道路、提议定名中国共产党起，一大批湘籍

① 《毛泽东文集》第1卷，人民出版社，1993，第4页。

无产阶级革命家义无反顾地担当起救国救民的历史重任，这些都深刻体现了湖南所蕴含的救国救民红色基因。

近代革命和变革推动无数爱国人士不断探寻适合自己的道路，从鸦片战争至中国共产党诞生以前，中国一直处在黑暗中摸索的状态，尽管尝试了包括君主立宪制、民主共和制在内的多种方案，但结局无一不是以失败而告终。那么，中国的前途究竟在何方？此时，一批先进的湖南人对这个问题进行了深度思考，并提出了学习俄国、走俄国的路、建立中国共产党等理念。这些理念一经提出就得到广泛认可，引起了全社会的激烈讨论。经过激烈讨论，逐渐明晰了前进的方向，找到了一条适合中国实际的革命道路。前文述及，鸦片战争以后中国饱受侵略，中国人民处于水深火热之中，人们都在期待中国能够奋发作为，彻底摆脱被侵略被压迫的境地。湖南红色基因有利于在当时的社会形成一种敢于担当、争做救国救民先锋的思想文化氛围，号召更多的有识之士参与到中国革命斗争的伟大事业中来，为国家富强、民族独立贡献一份力量。救国救民的红色基因实质上是一种以国家利益为根本，为捍卫国家和民族利益不惜牺牲一切的基因，有利于唤起中华民族的精神自觉，即将国家利益、民族利益置于个人利益之上，将有限的个人力量汇聚成无穷的整体之力。

如今的时代条件和旧中国相比已经发生了翻天覆地的变化，中国不再是饱受侵略和压迫的国家，但在新的历史条件下，我们又面临着新的社会矛盾。现在，我们要在党的领导之下根据社会主要矛盾的新变化，勇担为中国人民谋幸福、为中华民族谋复兴的历史使命，旨在推动中国社会的不断发展进步。

二 马克思主义传播塑造湖南红色基因

"十月革命一声炮响，给中国送来了马克思列宁主义。"[①] 这是

---

① 《习近平谈治国理政》第 3 卷，外文出版社，2020，第 10 页。

湖南红色基因形成的政治前提和思想基础。随着俄国十月革命的成功，人民对马克思主义予以强烈关注，社会主义思想也在湖南传播开来。五四时期，湖南《大公报》刊登了介绍陈独秀、李大钊等人鼓动思想解放、文化更新的文章；湘雅医学专门学校学生会的《新湖南》提倡"共和时代的新道德"；明德中学的《明德周刊》以"提倡国货，唤起爱国精神"为宗旨等，其呼声振聋发聩。毛泽东等创办的《湘江评论》更是成为当时最具影响力的报刊，被李大钊称为中国最具分量和最深刻的读物。通过这些报刊的出版和发行，马克思主义和社会主义等新思潮在三湘大地得到了广泛传播。

一部近代史，半部湖南书。近代以来，面对国内外的纷争局面，一大批湖南人挺身而出，如梁启超所言"其可以强天下而保中国者，莫湘人若也"。[①] 20世纪初，湖南早期"睁眼看世界"的传播者高举马克思主义旗帜。1897—1898年，维新派在湖南创办了《湘学新报》《湘报》《博文报》等刊物，出版了一批以"自由民主"为主要内容的翻译著作，其中涉及"自由民主"、"资产阶级自由主义"与"功利主义"，"时事政治"与"其他社会科学"，"自然科学"与"方法论"。20世纪初，湖南社会出现了近代化的转变，在此过程中，官学兴盛，近代湖南人"天下为公"的精神得到了进一步的发展，湖湘士大夫较早被唤醒，连续的人才群体结构逐渐形成。这些都为马克思主义在湖南的早期传播提供了有利的条件。当时中国社会面临内忧外患，危机四伏，"救国图存"成了当务之急，大批有识之士向海外寻找救亡图存的出路，马克思主义就在这样的历史背景下传入。

马克思主义在湖南的传播，始于1902年罗大维翻译的《社会主义》。1902年4月，一个名叫罗大维的湖南武陵人，译出一本

---

① 梁启超：《英雄与时势》，中国工人出版社，2013，第29页。

《社会主义》，这本书是日本社会学家村井知至的著作，其中对马克思的一生和他的理论作了较为详尽的描述。1902 年 8 月，武陵人赵必振译出日本著名社会主义思想家幸德秋水的批判帝国主义的著作《二十世纪之怪物帝国主义》。同年 12 月，赵必振翻译的《社会主义广长舌》一书由商务出版社出版发行，该书就是用来宣传包括历史唯物主义在内的马克思主义基本原理的。1903 年 8 月，赵必振翻译了日本福田准造的《近世社会主义》，该书被誉为"近代中国系统介绍马克思主义的第一部译著"，而赵必振也被视为"译介社会主义学说的第一人"，为这一阶段的马克思主义思想传播起到了重要的思想启蒙作用。随着湖南教育现代化进程的加快，一大批具有近代化倾向的知识分子涌现出来，湘学会、南学会、华兴会、共和协会等成立，先进的湖南人对帝国主义的侵略、中外反动势力相互勾结的关系有了新的认识，纷纷走上了民主革命的道路。同时，随着湖湘经济发展的重心向南转移，湖湘士大夫也率先与西方民主主义思潮有了接触，从而促成湖南"革命群体"的产生。一些与马克思主义有过接触的先进人士开始翻译马克思主义学说，而初步具有共产主义思想的知识分子是最初的译介传播主力军。在此期间，湖南出现了一大批民族企业，促进了地方商品经济的发展并推动了中国工人阶级的发展壮大。五四运动后，无产阶级登上了历史舞台，展现了强大力量，奠定了马克思主义广泛传播的基础。

从 1917 年 11 月俄国十月革命胜利，到 1921 年 7 月中国共产党成立，这个时期的传播者已经有了自觉传播马克思主义的意识，李季、李达、蔡和森、杨昌济、毛泽东等人对马克思主义的译介及其在湖南的传播起到了重要作用。中国资产阶级的改革家和革命家，在五四运动以前 20 多年的时间里，对马克思的学说也有过一些论述，虽然这些思想也传入湖南，但并未形成广泛传播的态势，更谈不上在刚刚起步的工人运动中发挥实际作用。而五四运动促使马克思主义在中国的传播进入了一个新的阶段，湖南地区的马克思主义译介和传播队伍不断扩大，共产党人也开始了对共产主义思想的大范围宣传，学习马克思主义真正成为一场大型群众运动。1920 年 8 月，毛泽东和何叔衡先后在长沙建立了长沙文化书社和俄罗斯研究会，进行了对新文化的推广和对马克思主义的普及，并在此基础上建立了长沙共产党早期组织。

毛泽东、蔡和森等人对中国共产党的建立，在思想、理论和实践等方面都作出了巨大的贡献，从而使马克思主义在湖南地区的传播呈现出一个全新的局面。在这个时期，马克思、恩格斯、列宁等人的作品陆续传入中国，其中以俄文、法文作品为主，在报纸期刊上传播马克思主义的文章篇幅不断增长。蔡和森在法国勤工俭学期间，通过"猛看猛译"，先后翻译了《社会主义从空想到科学的发展》《国家与革命》《无产阶级革命和叛徒考茨基》《共产主义运动中的"左派"幼稚病》《共产党宣言》等马克思主义原著，在留法学生中广泛宣传马克思主义，并以书信形式直接向湖南输入《共产党宣言》的基本思想。他以《共产党宣言》中的主要内容为基础，根据中国的具体情况，对中国革命的各种问题进行了研究和分析，并在此基础上，提出组建中国共产党、开展无产阶级革命、建立无产阶级专政的建议。李季翻译《社会主义思潮及运动》《通俗资本论》《法国革命史》《社会经济发展史》《工团主义》《社会主义史》等著作，介绍马克思的经济理论和社会主义理论。李达翻译《唯物史观解说》《社会问题总览》《马克思经济学说》等，系统介绍了马克思主义的三个组成部分。马克思主义史学家吕振羽曾评价李达是"我国有系统地传播唯物史观的第一人"，他的《现代社会学》（就是他的课程讲义）一书是中国人自己写的最早的一部联系中国革命实际系统论述唯物史观的专著。[①]

　　五四运动爆发以后，湖南新文化运动以反帝反封建为主要内容，将矛头对准了旧思想旧文化，大力宣传新思想新文化。毛泽东和何叔衡等人通过建立文化书社等途径，积极宣传马克思主义。文化书社的创办，极大地促进了湖南地区的马克思主义译介和传播。毛泽东撰文分析文化书社创办缘由时指出："全世界……尚没有新文化。一枝新文化小花，发现在北冰洋岸的俄罗斯。"[②] 文化书社的主要任务就是宣传新文化，凡是关于社会主义、无政府主义的书籍、杂志都进行宣传。文化书社特别重视对《共产党宣言》《马克思的经济学说》《科学的社会主义》等马克思主义书籍的促销，并倡导广大读者成立"小读书会"，以供大家交流读书经验，探讨如何"改造中国和世界"。

　　从1921年7月中国共产党的建立，到1927年7月首次国共合作的破裂，马克思主义的中国化进程已经进入了一个新的时期。在此期间，湖南的先进人物经过反复实践和多次对比，才最终发现了马克思主义的真理。李达回忆说，中国共产党的成立，"思想准备非常之快……因为中国人民已经经过了多年的教训，完全懂得别的路不行"。[③] 这一时期国内传播马克思主义的队伍得以壮大，李达、任弼时、李立三、罗亦农等人成为传播马克思主义的先锋。李汉俊于1920年译《马格斯资本论入门》，这是马克思经济学基础著作；李达于1923年译出《德国劳动党纲领栏外批评》和《马克思经济学基础理论》，并撰写《马克思学说与中国》，对《共产党宣言》作

①　转引自丁晓强《李达与马克思主义哲学的中国化》，杨凤城主编，王海军执行主编《中共历史与理论研究》2017年第2辑，社会科学文献出版社，2018，第84页。

②　中共中央文献研究室、中共湖南省委《毛泽东早期文稿》编辑组编《毛泽东早期文稿》，湖南出版社，1990，第498页。

③　金冲及：《五四运动八十年祭》，《人民日报》1999年4月20日，第9版。

了详尽的引证；吴亮平完成了《反杜林论》的翻译；任弼时曾参与列宁《中国战争》和《马克思主义浅说》两部著作的翻译工作。另外还有列宁《马克思主义与民族问题》（李立三）、《世界革命中之农民问题》（罗亦农）等译作。

中国共产党 1921 年创建后，毛泽东和何叔衡等人就开始在湖南活动，并于 10 月 10 日成立了中共湖南支部，迅速通过多种途径宣传马克思主义。同年，湖南自修大学在船山学社旧址上建立起来，这一时期，它成为马克思主义在全国范围内传播的一个主要阵地。马克思主义在湖南的早期传播取得了很大的成效，并为以后的马克思主义中国化打下了很好的基础。马克思主义在湖南的早期传播经历，清晰地展现了中国革命中的主导者。以毛泽东为代表的中国共产党人，在不断的研究和调查中，根据中国的具体情况，遵循马克思列宁主义，寻找中国问题的解决方案，从而形成了一套新的、科学而具有指导意义的、能够指导中国革命获得成功的理论体系。湖南先贤对马克思主义的早期传播，为革命事业的发展提供了科学的思想指引，并在很大程度上塑造了红色基因。

三　革命斗争实践熔铸湖南红色基因

五四运动的开展，更加深了湖南知识分子的自觉程度，他们认为要实现政治上的转变，就一定要建立起一个革命性的组织。在新文化运动中，湖南进步社团纷纷建立，特别是新民学会，以"革新学术，砥砺品行，改良人心风俗"为目标（后期，其宗旨改为"改造中国与世界"），组织湖南年轻学子赴法勤工俭学，锻造了一大批有理想有抱负的年轻人，其中很多人从海外走上了革命道路。在国民革命的洪流中，毛泽东发动工农支援北伐战争，相继在广州和武汉开办农民运动讲习所，培训工农骨干。他对学员们说："农民问题乃国民革命的中心问题，农民不起来参加拥护国民革命，国民

革命不会成功。"① 他在韶山创办了夜校，并在此基础上创建了 20
余个农会。他于 1925 年创建的中国共产党韶山特别支部成为全国
第一个农村党组织。他针对污蔑农村大革命的叫嚣，在《湖南农民
运动考察报告》中写道，"目前我们对农民应该领导他们极力做政
治斗争，期于彻底推翻地主权力"。通过斗争，"农村里地主势力一
倒，农民的文化运动便开始了"。② 农民运动为中国革命开辟了一
条"农村包围城市"和"武装夺取政权"的新路。工农红军的 12
个革命根据地中，以"湘"字命名的，是湘赣、湘鄂赣、湘鄂西、
湘鄂川黔。这一时期形成的井冈山精神、苏区精神、长征精神等，
凝聚了以毛泽东为代表的老一辈湘籍革命家和共产党人的牺牲与奉
献。从八路军三五九旅南下到长沙和平解放，无不彰显"为有牺牲
多壮志，敢教日月换新天"的湖南精神。

自古以来，勇于斗争、不屈不挠的斗争精神就是中华民族的优
良传统，这些精神在湖南人身上表现得尤为突出。在中国共产党人
中，湘籍人才众多。毛泽东、刘少奇、任弼时、李富春、李维汉、
李立三，都是从湖南走出来的。1955 年中国人民解放军授衔时，
在十大元帅、十位大将和 57 位上将中，湖南籍的元帅有 3 人、大
将有 6 人、上将有 19 人。用"灿若星辰，辉耀神州"来描述这一
优秀人才云集的场面并不过分，它展现了湖南人民的红色基因，这
一红色基因是在艰苦的革命斗争实践中逐渐形成的。

众所周知，新民主主义革命时期，中国的革命对象是包括封建
主义、官僚资本主义、帝国主义在内的敌对的、旧的势力，革命斗
争的任务异常艰巨。面对此般情况，一批湖南人志愿投身于革命斗
争事业。在新民主主义革命时期，许多湘籍无产阶级革命家加入了

---

① 《毛泽东文集》第 1 卷，人民出版社，1993，第 37 页。
② 《毛泽东选集》，人民出版社，1991，第 33、39 页。

党组织，坚决拥护党的决定，坚定不移贯彻党的决策部署。其中，许多人为了完成任务而英勇牺牲。具体而言，许多湘籍无产阶级革命家在党组织的创立、发展中作出了重大贡献。"四一二"反革命政变以后，国民党反动派疯狂屠杀共产党人和革命群众，整个中国笼罩在一片白色恐怖之中。当时，党的活动范围和能力都遭到严重的限制，不少共产党员被捕入狱。尽管形势险恶，许多湘籍无产阶级革命家依然坚定理想信念，与国民党反动派展开了不屈不挠的斗争，及时巩固党的政治基础。比如，向警予 1925 年 1 月至 8 月担任中国共产党上海市南洋卷烟厂支部主要负责人。此外，向警予为妇女运动付出了极大精力，她不辞辛劳，每日起早贪黑，不但组织协调罢工、街边宣传演讲，努力完成日常工作，同时还完成《妇女周报》的撰稿、编写、校审和出版发行等工作。她主持出版发行《妇女周报》期间，曾撰写评论、消息和致读者信 30 余封。大革命失败后，向警予坚持在当时的恐怖气氛中参与地下抗争。1927 年夏，向警予身处武汉，遭遇动荡时局，在恐怖气氛中仍四处奔走，费尽心思保护组织，动员群众持续斗争。1927 年 9 月至 1928 年 3 月，她任中共湖北省委党刊《大江报》总编。1927 年 11 月 11 日，湖北省委改组，向警予成为省委主要负责人之一，直至 1928 年 5 月，她因叛徒出卖而壮烈牺牲。当然，像向警予这样的湘籍无产阶级革命家还有很多，他们的一个共同特点是忠诚于党，能够同敌对势力作最坚决、最彻底的斗争。所以，我们可以看到，湖南不屈斗争的红色基因形成于革命斗争时期，是中国共产党人用鲜血凝聚而成，彰显了中国共产党人的可歌可泣的精神品质。

自古湖南出人才，每当国家、民族到了最危难的时候，总有湖南人挺身而出，救国救民于水火之中。到了近现代，在抗日战争和解放战争中，湖南又涌现出一大批叱咤风云的优秀将领。在 1600 多名开国将帅中，湖南籍人士的数量位列第三。所以，透视湖南不屈斗争的红色基因形成机理，有必要从战争的维度予以考察。军中"三杨"之一杨得志几乎参加了我军从成立、发展到壮大各个时期的战斗，他是长征路上的开路先锋红一团团长、八路军六八五团团长、冀鲁豫军区第一纵队司令员、第十九兵团司令员、中国人民志愿军司令员、对越自卫反击战西线总指挥。另一位战将杨勇与杨得志一样，是鼎鼎大名的军中"三杨"之一。长征途中，杨勇血战湘江、激战土城，英勇负伤；抗战时期，他在平型关战役中率部抢占老爷庙，再次负伤，而后率六八六团进军山东，创建鲁西根据地，成为八路军的抗战名将；解放战争时期，杨勇指挥高山铺大捷，率第五兵团解放贵州，指挥成都战役，活捉宋希濂；抗美援朝时期，他指挥金城战役，歼敌 5.3 万人，收复土地 169 平方公里。以杨得志、杨勇为代表的湘籍革命将领深刻诠释了不屈不挠斗争的红色基因，表明不屈斗争的精神绝不是人们天然具备的，而是要付出血的代价才能铸就的，这一特质在湖南的红色基因中体现得淋漓尽致。

今天，我国进入了新时代，国内外环境和社会主要矛盾都发生了显著变化。习近平总书记指出："广大干部特别是年轻干部要经受严格的思想淬炼、政治历练、实践锻炼，发扬斗争精神，增强斗争本领，为实现'两个一百年'奋斗目标、实现中华民族伟大复兴的中国梦而顽强奋斗。"① 所以，我们必须要赓续蕴含斗争精神的红色基因，结合新时代的新任务，继续发扬伟大斗争精神，增强斗争本领。为此，要在思想层面保持高度的清醒，深刻认识到进行伟大斗争的必要性。从改革开放至今，我国经过 40 多年的发展，已经经历了从富起来到强起来的转变，经济、政治、文化、社会、生态各方面建设皆取得了重大进步。可是，世界正处于百年未有之大

---

① 《习近平谈治国理政》第 3 卷，外文出版社，2020，第 225 页。

变局，致使我们面临的风险考验愈加复杂，这就要求我们党团结带领人民有效应对重大挑战、抵御重大风险、克服重大阻力、解决重大矛盾，进行具有许多新的历史特点的伟大斗争。

概言之，红色基因形成于革命时期，体现了革命时期中国共产党人坚定不移的精神品质。现如今时空场域与革命斗争年代相比已经发生了翻天覆地的变化，在新的历史条件下湖南仍要传承这种蕴含斗争精神的红色基因，投入发扬伟大斗争精神和推进伟大斗争的实践中去，为新时代作出新的更大的贡献，创造出无愧于党和国家、无愧于人民的新业绩。

第二节　传道济民的湖湘文化

"湖湘文化孕育出来的湖湘精神是湖湘文化的精髓和灵魂。"[①]湖湘文化源远流长，独具特色。湖南是以综合儒佛道为特色的理学思潮的重镇，出现了以理学开山鼻祖周敦颐为代表的理学家群体，"出现以'湖湘'为名的理学学派，从而推动了中国古代思想文化的建设与发展，以至于南宋学者真德秀曾发出'方今学术源流之盛，未有出湖湘之右'的感叹"。[②]湖湘文化不仅塑造了湖湘大地，也塑造了湖南另一个特色——湘军。朱汉民教授认为："湘军和清代其他军队如八旗、绿营、淮军乃至新军相比较的最大特色不在于军制，而在于文化。"[③]

湖湘文化渊远流长，经历了不断发展和传承的历史过程。先秦两汉时期，湖湘文化更准确地讲，应当归纳于楚文化的体系之中。

---

① 袁双龙：《弘扬湖湘文化，培育湖湘精神》，《湘潮》（下半月）2015 年第 5 期。

② 《1030 岁的岳麓书院为湖湘文化贡献了什么》，《湖南日报》2006 年 6 月 16 日，第 C01 版。

③ 《湘军与湖湘文化》，《湖南日报》2005 年 6 月 17 日，第 C01 版。

屈原的楚辞、贾谊的策论、两汉的独尊儒术，基本奠定了湖湘文化的基础。随着历史变迁，年轮更新，宋、元、明几次大规模移民，湖湘士民在风土人情、民间习俗、思想观念上均发生了重要变化，先后产生了理学大家周敦颐、湖湘学派集大成者张栻、经世致用而反对程朱理学的王船山，以及近代中国"睁眼看世界"并提出"师夷之长技以制夷"的魏源等众多思想家，从而组合、建构出一种新的区域文化形态——"湖湘文化"。从古至今，特别是近代以来，湖南名人辈出，涌现了谭嗣同、黄兴、蔡锷、毛泽东、刘少奇、任弼时、蔡和森、彭德怀、贺龙、罗荣桓、粟裕等杰出人才，他们深受传道济民的湖湘文化熏陶，并将湖湘文化精髓中"心忧天下"的担当精神、"实事求是"的思想路线、"为民求索"的民本情怀融入不懈奋斗中，为形成湖南红色基因提供了文化源泉。"湖湘文化在近代的历史进程，表明它始终同反帝反封建的斗争紧密相连。"①

一 "心忧天下"的担当精神

张栻认为，"教育所培养的人才必须能'传道''济民'"。②这就是湖湘文化的精髓之一——"心忧天下"。无论在辛亥革命时期，还是在五四运动和新民主主义革命时期，湖湘爱国青年们不仅有崇高的理想，而且有务实的实际行动。尤其是在新民主主义革命期间，湖南出现了大量的无产阶级革命家，他们将"心忧天下"作为自己为国家和人民服务的最高目标。

湖南自称屈贾之乡，屈原虽身遭贬谪仍"哀民生之多艰"，"心忧天下"是其思想中最重要的部分。历史上，"心忧天下"的担当精神在湖湘文化发展的不同时期都得到鲜明体现。从《史记》中的

---

① 曾长秋：《湖湘文化与近现代中国革命》，《湖湘论坛》2000 年第 5 期。

② 李永华：《张栻的"传道"与"济民"》，《文史杂志》2023 年第 3 期。

"楚虽三户，亡秦必楚"到杨度的"若道中华国果亡，除是湖南人尽死"，从屈原的"吾将上下而求索"到王船山的"六经责我开生面"，担当精神尤为耀眼且绵延不衰。

众所周知，自宋明以降，湖湘文化孕育了许多可贵的精神特质，堪称湖湘文化的血脉灵魂。特别是近代以来，湖南几个重要人才群体相继崛起，充分显示了湘人的责任和担当，缔造了"半部中国近代史，竟由湖南血写就"的传奇。魏源倡导"师夷长技以制夷"，编写了《海国图志》，引进了西方的先进科学技术，以期借此实现强国的目标。以曾国藩和左宗棠为代表的洋务派，通过引进西方机器设备，先后建立安庆内军械所、福州船政局等军工企业，又推动建立继昌隆缫丝厂等一批民用企业，这是中国近代工业化的开端。陈宝箴、谭嗣同等维新派在湖南推行变法，把湖南打造成中国"最有生气的省份"。新民主主义革命时期，毛泽东、蔡和森等湘籍无产阶级革命家，为实现民族解放与国家富强，抛头颅、洒热血，英勇奋斗，书写了无数感天动地的英雄篇章，也将湖湘儿女为国家、为民族、为理想、为信念而不畏牺牲的精神推向了新的高度。

由此可知，湖南所具备的"心忧天下"的担当精神是一代代湖湘儿女经过长期的历史实践，在自身的实际行动中形成的。也就是说，"心忧天下"的担当精神是历史演变的必然结果。那么，我们该如何认识"心忧天下"的担当精神呢？这就需要我们准确建构"心忧天下"的担当精神的认知维度。"忧"为何意？《说文解字》解释"忧"是心动。开心也是心动，但不能叫"忧"，"忧"其实是心里的一种悲伤，是一种负面的心理体验。《诗经》里写到爱情时讲："未见君子，忧心忡忡。既见君子，我心则降。"《论语》里讲："发愤忘食，乐以忘忧。"在中国的传统文化中，"忧"字可以搭配不同的对象来加以具体阐释。观之，"心忧天下"的对象是"天下"，"天下"的第一层含义就是国家。因此，"心忧天下"的担当精神，其第一层含义便是为国分忧，心系国家，将国家利益视为最高追求。

众所周知，一个人在一生中会面临诸多选择，而不同的选择则会使人走上不同的人生道路。其中，如何正确看待个人与国家的关系则是人生选择的重要方面，体现了一个人的价值观、人生观、世界观等。在湖南人看来，个人与国家的关系是紧密的，个人不可能脱离国家，只有充分贡献个人力量，为国分忧，才能真正实现人生的价值，从屈原到王阳明皆是如此。虽然他们处于不同的历史时期，个人的经历也不尽相同，但是，他们都有一个共同的价值追求，这就是为国分忧。何为为国分忧？指的是利用个人所学，为国家的发展进步作出应有的贡献，最终实现自己的政治理想。论述至此，我们可以发现，这种为国分忧的精神尽管具有一定的历史局限性，但与我们今天倡导的热爱国家、维护国家利益有一致性。另外，古代并没有明确的"国家"和"人民"概念，所以"心忧天下"的"天下"也具有第二层含义，就是为民请命。《史记·淮阴侯列传》载："因民之欲，西乡为百姓请命，则天下风走而响应矣，孰敢不听！"《汉书·蒯通传》载："西乡为百姓请命。"所谓为民请命指的是向统治者反映底层民众的诉求，使统治者意识到"民为邦本，本固邦宁"。比如，谭嗣同、宋教仁等湖南人在不同历史时期都曾为民请命。为民请命的精神强调了要重视人民群众的力量，要把为人民谋利益摆在首要位置。综上而言，"心忧天下"的担当精神由为国分忧和为民请命两个方面组成，前者强调要忠于国家，后者强调要服务人民，这两大思想文化精髓都是湖南红色基因的重要内涵。

思想文化的形成源自实践，同时又反作用于实践。"心忧天下"的担当精神亦是如此，对现实具有很强的实践指引功能。一是"心忧天下"的担当精神有利于塑造正确的国家观。从字面意义而言，"心忧天下"是个体对国家的一种忧患意识，这表明个体要胸怀国家，为人处世不能局限于从自我的立场出发，而是要树立大局观，多为国家出谋划策。同时，国家作出的决策个人也应当坚决执行，要切实维护好国家的根本利益。二是"心忧天下"的担当精神有利于塑造正确的人生观。每个人在一生中都面临很多选择，不同的选择会导致不同的结果。"心忧天下"就是选择将国家利益放在首位，任何时候、做任何事情首先考虑的都是国家利益。特别是当个人利益和国家利益发生冲突时，能够义无反顾地以国家利益为先。同时，当遇到国家利益受损的情况，能够果断开展斗争，坚决维护国家利益。三是"心忧天下"的担当精神有利于塑造正确的价值观。"心忧天下"包含一条重要的辩证信息，就是准确把握个人和国家之间的关系。中国自古以来有国才有家的观念，诠释了个人和国家之间的关系。"心忧天下"正是如此，"心忧天下"的担当精神有利于引导个人正确认识到国家是个人赖以存在的根本所在，个人应当尽己所能维护好国家利益，在维护国家利益的过程中实现个人的人生价值。

总而言之，"心忧天下"的担当精神是湖南红色基因的重要内涵。"心忧天下"的担当精神是湖南人自古以来就具备的独特精神品质，在不同历史时期有不同的语境和内涵。近代以来，大批湖南人怀揣着"心忧天下"的志向，对国家和民族的前途命运进行了深度思考，确立了救国的理想信念。此后，这一大批湖南人甘愿为国家、民族和人民的利益牺牲一切，尽己所能，为探求和解决"天下大事"作出了自己的贡献。

二 "实事求是"的思想路线

"实事求是"一词，最早出自东汉班固编撰的《汉书·河间献王传》"修学好古，实事求是"。唐代颜师古为"实事求是"作注："务得事实，每求真是也。"坐落在湘江西岸、岳麓山脚的岳麓书院，创办于唐末五代，经宋、元、明、清至今，号称千年学府和中国四大书院之一。当我们走进岳麓书院，抬头就能看见二进门上方匾额上四个苍劲有力、古朴大方的大字——"实事求是"。2020 年 9 月 17 日，到湖南考察的习近平总书记亲临湖南大学岳麓书院，听完讲解之后，肯定了岳麓书院是毛泽东提倡"实事求是"思想路线的重要策源地。"实事求是"既是中国共产党人认识和改造世界的基本原则，也是我党的基本思想方法、工作方法和领导方法。

其实，毛泽东了解"实事求是"思想的时间更早。岳麓书院的"实事求是"匾额，是 1917 年由湖南工专的校长宾步程所书写。毛泽东1910 年秋入湘乡东山学堂读书，正厅左廊壁上嵌刻着《东山书院记》石碑，文中"用能实事求是，以称雄于五大洲"一句赫然显目，映入毛泽东的眼帘。半年后，毛泽东由老师介绍进湘乡驻省中学读书，第一次来到省城长沙。他于 1913 年春考入湖南省立第四师范学校，1914 年春，他随着湖南省立第四师范学校并入湖南省立第一师范学校，之后他的学问日益精进。湖南一师章程中的"实事求是"校训，深深印入毛泽东的脑海。校长孔昭绶制定的学校章程第一章"教养学生之要旨"第五条要求"国民教育趋重实际，宜使学生明现今之大势，察社会之情状，实事求是"，即要求学生重实际、明时势、开展社会调查，做到实事求是。此后，毛泽东经常从湖南一师附近的灵官渡过湘江、穿橘子洲头，去岳麓书院、爱晚亭等处访友聚会，并从岳麓书院的"实事求是"匾额中加深了对"实事求是"真谛的了解。

实事求是是马克思主义的精髓，我们过去取得的一切成就都离不开实事求是，在今天，我们要在新的历史时期不断推进中国特色社会主义的发展，仍然要坚持实事求是。习近平总书记强调，年轻干部要"注重实际、实事求是"，"坚持一切从实际出发，是我们想问题、作决策、办事情的出发点和落脚点"。[①] 所谓"实事"指的是客观事物。马克思主义认为，世界是由物质组成的，一切都是物质的实践的。所以，我们分析事物一定要从"实事"的角度出发，尊重事物的本原面貌，不能随意主观臆想，而是要立足客观实际来审视客观存在的事物。"是"指的是本质或者规律。虽然世界具有多样性，每一种事物都具备独特的样态，但是任何事物都有本质的规律。我们在认识事物的时候不仅要知其然还要知其所以然，这个过程就是探寻事物的本质和规律的过程，也就是达到"是"的过程。需要认识到，"实事"和"是"之间是以"求"来链接的。就是说，事物虽然客观存在，然而，要想准确地认识事物的本质和规律，达到"是"，需要经过"求"的过程。所谓"求"指的是认识事物的过程，这意味着从"实事"中探寻"是"并非朝夕之功，而是一个不断探索的过程，也就是实践、认识，再实践、再认识的过程，这就是"求"的思想真谛。

古往今来，能做到实事求是的学者大有人在，求真求实也成为许多志士仁人的不懈追求。湘籍人士、中国杰出的革命教育家徐特立是"延安五老"之一，他在革命生涯中一贯注重实际，讲求实效，反对任何形式主义和官僚主义，特别强调实事求是、不自以为是。毛泽东称赞他是"坚强的老战士"，"革命第一、工作第一、他人第一"；周恩来称他是"人民之光，我党之荣"。[②] 由此可见，湖湘文化和实事求是密不可分。回溯历史可见，湖湘文化是中华优秀传统文化的重要组成部分，也为中国共产党治理国家提供了信心，

---

① 《习近平谈治国理政》第4卷，外文出版社，2022，第526页。
② 转引自叶介甫《"每一个共产党员必须坚持实事求是"》，《中国纪检监察报》2019年2月19日，第8版。

奠定了基础。中华优秀传统文化与中国共产党的执政实践有着密切的内在逻辑关系，它为中国共产党百余年的辉煌提供了丰富的营养和精神源泉，并对共产党人的思想和行动模式产生了深远的影响，使中国共产党有领导中国人民进行革命、建设、改革的骨气、底气与自信。中国共产党带领人民开辟的中国特色社会主义道路，是植根于中国悠久历史和深厚文化土壤所进行的理性科学抉择的结果。在新的历史时期，要遵循实事求是的原则，以中国式现代化全面推进强国建设民族复兴伟业，就应从中华优秀传统文化中寻找治国理政的源泉。

而且，中国共产党的历史雄辩地证明，我们过去取得的一切成就都建立在实事求是的基础上。党的历史启示我们，坚持实事求是就能取得成功，背离实事求是就会遭受挫折。在新民主主义革命时期，以毛泽东为代表的中国共产党人，遵循实事求是的思想路线，大力弘扬调查研究之风，撰写发表了一批名篇巨作，对中国的政治、经济和社会情况有准确的把握。而后，党中央再据此制定政策和策略，开创了"农村包围城市""武装夺取政权""统一战线"等实事求是的革命斗争思想和方法，使中国革命取得了最终的胜利。然而，在社会主义建设时期，由于国内外环境的改变，尤其是外部环境的压力，党内一部分同志背离了实事求是的思想路线，作出了一些不符合中国实际的决定，使社会主义建设的探索出现曲折。

以邓小平为代表的共产党人重新确立了实事求是的思想路线，要求准确掌握毛泽东思想，要求准确判断中国社会主要矛盾，要求准确认识中国国情。基于此，党中央准确研判社会主要矛盾，作出了改革开放的决策部署，将党和国家的重心工作转移到经济建设方面来，以此来满足人民群众日益增长的物质文化需求。改革开放的实践证明，党中央作出的改革开放决策是实事求是的，是符合中国国情的，也是得到人民群众衷心拥护和支持的，使中国人民从站起来向富起来和强起来迈进。我们党所经历的艰辛和辉煌的历史表明，只要我们坚持实事求是，我们就能制定出正确的路线、方针、政策；如果不遵循实事求是，就会使党和人民的事业蒙受损失，甚至遭遇严重的挫折。新时代，面对更加复杂多变的国内外形势和层出不穷的新情况新问题，我们一定要实事求是，从实际出发，找到解决问题的办法。党的十八大以来，习近平总书记指出，"当今世界正处于百年未有之大变局"，① 这说明新时代既充满挑战又有很多新机遇。所以，我们必须传承好"实事求是"的红色基因，想问题、办事情都要遵从实事求是的思想路线，这样才能认识事物并抓住事物的本质。

三 "为民求索"的民本情怀

"路漫漫其修远兮，吾将上下而求索。"古代诗人屈原忧国忧民，崇高的爱国主义精神、清正高洁的人格以及求真务实的追求，在一代又一代国人心中树立起了一座精神丰碑。习近平总书记指出："中国人民在长期奋斗中培育、继承、发展起来的伟大民族精神，为中国发展和人类文明进步提供了强大精神动力。"② 新时代我们纪念屈原，不是发思古之幽情，而是要进一步追溯"为民求索"的民本情怀，准确地把握"为民求索"的时代内涵，为湖南红色基因的形成和发展提供精神动力。

湖南人自古以来就具有"求索"精神，求的是为国家谋利益、为人民谋福祉之道，深刻彰显了民本情怀。梳理有关历史文献可见，湖南人"求索"的内容包括以下两个方面。一是以左宗棠为代表的"求索"军事、经济改革之道。1812 年，左宗棠出生于湖南

---

① 《习近平谈治国理政》第 3 卷，外文出版社，2020，第 225 页。
② 《习近平谈治国理政》第 3 卷，外文出版社，2020，第 140 页。

湘阴县，是晚清洋务运动的代表人物之一，为中国的近代化作出了重要贡献。左宗棠派人成立了福州船政局。福州船政局主要从事海军人才培养，学习生产近代军舰。清朝后来建立的福建水师中很多海军人员都是从这里毕业的，其大多数军舰也是这里生产的。二是以谭嗣同为代表的"求索"政治改革之道。谭嗣同出身于官宦之家，他的父亲谭继洵进士出身，纵横官场数十年，曾做过湖北巡抚，甚至一度担任湖广总督，是晚清名臣。谭嗣同读书力求广博，既汲取我国的国学精华和唯物色彩的思想，同时又阅读了当时介绍西方科学、史地、政治的书籍，以此丰富自己的知识，为今后参与变法与作文章打下了良好的基础。他兴办《湘报》，宣传变法，抨击旧政，成为领导维新运动的代表性人物。他又倡导开矿山、修铁路，向当时的民众宣传变法维新，推行新政，使湖南成为富有朝气的一个省份。谭嗣同在光绪帝的大力支持下，与康有为、梁启超等维新派领袖们，共同开展了轰轰烈烈的戊戌变法运动。诸如此类的案例还有很多，就不再一一赘述。

我们可以看到，从不同维度理解"求索"的内涵，则会对"求索"有不同的理解。但是，湖南人的"求索"精神最终指向都是民为邦本的价值旨归。左宗棠参与的洋务运动，直接目的是改变中国的落后生产面貌，虽然洋务运动的根本目的是维护清政府的统治，但在一定程度上促进了中国近代的经济、军事发展，对民众的生产生活产生了积极作用。谭嗣同虽然是从政治维度提出求索变革之道，不过推动谭嗣同形成求索变革思想的却是深刻的社会基础。谭嗣同所处的年代正是频繁遭受侵略的年代，每一次对外抗击侵略战争失败以后，西方列强都会强迫清政府签订不平等条约，这些条约成为剥削中国人民的沉重枷锁。谭嗣同正是目睹了这一切，才提出要变革政治制度，希冀通过政治制度的变革来维护清政府的统治，从而达到国富民强的目的。换言之，谭嗣同写的《仁学》呼吁政治求索变革。这是一种间接作用于民众的变革之道，体现了他的民本情怀。因此，湖南人的精神中蕴藏着"求索"的基因，这种基因对后世产生了深远影响。

论述至此，我们发现"求索"精神既是湖南人历史实践的必然结果，又对后世湖南人的思想认知、实践行为产生了深远的影响，也是促使湖南红色基因生成的重要力量，具体体现为以下几点。第一，"求索"精神具有改革求变的因子。求索，字面意思是寻求探索，可以衍生为对既有事物的一种改革探索。所以，湖南人将"求索"精神运用于革命斗争的实践和改革开放的实践。从革命斗争的实践来看，湖南的革命者目睹了旧中国的黑暗，深刻体会到了半殖民地半封建社会下的民众生活艰难，立志要来一次大范围的、全面的、根本的社会变革，就是将"求索"精神运用至社会变革领域。在中国共产党的领导下，经过不懈奋斗，中华人民共和国成立了，建立起了社会主义制度，实现了广泛而深刻的社会革命。党的十一届三中全会后，党中央准确研判国内外形势和社会主要矛盾的变化，将党和国家的工作中心转移至经济建设方面，开启了改革开放新时期，进行了新的社会革命。由此看来，"求索"精神内在具有改革求变的因子，催生了湖南敢为人先、经世致用的红色基因。第二，"求索"精神具有为人民谋福祉的因子。从话语释义的维度看，"求索"是一个动词，表明了事物的演变或发展过程。所以，我们不禁要思考："求索"的价值旨归是什么？历史证明，"求索"精神的价值旨归是为人民谋福祉。自近代以来，一批批湖南人以高度的历史担当，积极投身于革命、建设和改革事业，在不同历史时期和不同领域都取得了显著的成果。他们的出发点并非为个人谋利益，而是具有深切的民本情怀，生动诠释了打江山、守江山为的是人民的心，展现了湖南人为人民谋福祉的精神。

总而言之，"求索"精神就是不断探索、追求，从而达到理想境界的奋斗精神。其中，追求、探索、真诚、奉献则是求索精神的关键词。"求索"不仅是一个过程，而且是一种价值旨归，它体现了湖南人胸怀天下、一心为民的情怀，表明湖南人的"求索"是为民求索，致力于维护人民群众的根本利益。这种"求索"精神对后世的影响十分深刻，教育湖南共产党员要增强协同推进"两个伟大革命"（即社会革命和自我革命）的本领，敢于啃最硬的骨头，通过求索变革来解决矛盾，从而推动经济社会的发展，不断增强人民群众的获得感和幸福感。

第三节　马克思主义的先进文化

"在当今世界多极化、经济全球化、文化多元化的历史条件下，要坚持社会主义先进文化的前进方向，就必须坚持马克思主义在社会主义先进文化中的指导地位。"[①] 马克思主义的先进文化不仅包括革命文化，而且包括社会主义先进文化，二者都属于红色文化的范畴。红色文化之所以先进，不仅在于它继承了中国优秀的传统文化基因，更在于它以马克思主义这一先进理论为指导，经培育而形成具有中国特色的社会主义先进文化。马克思主义的文化理论站在历史唯物主义的高度，科学地揭示文化与人类社会实践活动之间的内在联系，成为湖湘先进人士创造历史的精神武器。湖南红色基因的理论底色，源于马克思主义先进文化。这是因为，促使红色基因形成的主体是中国共产党，而中国共产党是坚持以马克思主义为指导的政党。因此，分析湖南红色基因的力量来源，应从马克思主义的先进文化中寻找。"要实现文化创新，还必须在吸取以往的具体

---

① 何立新：《坚持马克思主义在社会主义先进文化中的指导地位》，《首都师范大学学报》（社会科学版）2009 年第 S2 期。

文化思想的基础上赋予符合时代精神和有利于社会主义现代化建设的新意，并采取适当的形式将其传播到群众中去。"①

一 "为绝大多数人谋利益"：人民至上的文化

湖南红色基因的力量来源，应当追本溯源至马克思、恩格斯所著《共产党宣言》。《共产党宣言》揭示了人类社会发展的一般规律，论证了社会主义代替资本主义的历史必然性，阐明了无产阶级乃至全人类解放的条件和现实道路，既是各国共产党的纲领性文献，也是马克思主义思想精髓的文本载体。众所周知，湖南红色基因具有深厚的人民性，这种深厚的人民性，一方面来源于湘籍无产阶级革命家的历史实践，另一方面则是来源于《共产党宣言》中的"为绝大多数人谋利益"② 理念，从而形成中国共产党全心全意为人民服务的根本宗旨。

中国共产党是以马克思主义为指导的无产阶级政党，具有鲜明的意识形态色彩，所以中国共产党向来重视对马克思主义经典著作的学习。《共产党宣言》则是经典著作中的经典，被誉为共产党人的"圣经"。中国共产党的应然形象应当从《共产党宣言》中探寻，即中国共产党秉持"为绝大多数人谋利益"的信念。《共产党宣言》是无产阶级政党的纲领性文件，也是作为无产阶级政党的中国共产党的纲领性文件。《共产党宣言》阐明了无产阶级政党的性质、立场与历史使命。马克思、恩格斯在《共产党宣言》中宣告了无产阶级政党的政治立场："无产阶级的运动是绝大多数人的，为绝大多数人谋利益的独立的运动。"③ 无产阶级政党不是像过去的政党一

① 张同生：《先进文化、文化创新与马克思主义哲学》，《贵州师范大学学报》（社会科学版）2002 年第 2 期。
② 马克思、恩格斯：《共产党宣言》，人民出版社，2018，第 39 页。
③ 马克思、恩格斯：《共产党宣言》，人民出版社，2018，第 39 页。

样，代表某一个特定阶级的利益，并为这个特定阶级而服务。与之相反，无产阶级政党代表绝大多数人的利益，为绝大多数人而奋斗。百余年来，中国共产党一直秉持着"为绝大多数人谋利益"的信念，并以实实在在的举措生动践行着这一理念。比如中国共产党的"两个先锋队"性质、全心全意为人民服务的理念、永远站稳人民立场的规定、为人民谋幸福的担当等，都是"为绝大多数人谋利益"在中国共产党话语体系中的具象彰显，表明中国共产党牢记马克思主义的根本要求，致力于"为绝大多数人谋利益"，致力于实现人类的解放、促进人的自由全面发展。诚如习近平总书记所言："我们党干革命、搞建设、抓改革，都是为了让人民过上幸福生活。"① 尽管不同历史时期人民的诉求有所不同，但中国共产党一以贯之地追求"为绝大多数人谋利益"。

"为绝大多数人谋利益"作为一种文化价值取向而存在。从本质上看，"为绝大多数人谋利益"回答了共产党为什么人的问题。虽然依据不同的政党类型划分标准，可以把众多的政党进行归类。但是，几乎每一个政党都有自己的政党纲领和政党文化，也就是对该政党为什么人问题的回答。共产党亦是如此，需要回答为什么人的问题。《共产党宣言》明确规定了共产党为谁而服务，即"为绝大多数人谋利益"。所以，这就使共产党天然地为绝大多数人服务，而不是为某一个特定的阶级、特定的团体服务。进一步而言，"为绝大多数人谋利益"的共产党文化与中国实际相结合，就产生了全心全意为人民服务的政党文化。习近平总书记强调："全心全意为人民服务，是我们党一切行动的根本出发点和落脚点，是我们党区别于其他一切政党的根本标志。"② 民心是最大的政治。我们党是

---

① 中共中央文献研究室编《习近平关于社会主义社会建设论述摘编》，中央文献出版社，2017，第19页。
② 《习近平谈治国理政》，外文出版社，2014，第28页。

一个全心全意为人民服务的党，它始终坚持立党为公、执政为民，始终把人民对美好生活的向往作为自己的奋斗目标。党始终将人民的利益放在首位。人民是历史的创造者，人民是真正的英雄，我们党强调要相信和依靠人民，我们永远是劳动人民的普通一员，必须始终保持党同人民群众的血肉联系。我们党始终有着对人民的深厚情感，想群众之所想，急群众之所急，解群众之所难，密切联系群众，紧紧依靠群众，全心全意为百姓造福。文化是最为持久、最为深厚的力量，对后世影响十分深远。今天，我们审视湖南红色基因的力量源泉，一个不可或缺的方面就是从文化的维度予以探究，也就是从全心全意为人民服务的文化基因中寻找力量。

"为绝大多数人谋利益"作为一种文化实践指向而存在。思想认识和实践指引是辩证统一的，正确的思想认知指引着正确的实践。"为绝大多数人谋利益"既是一种文化价值取向，又是一种文化实践指向。这是因为，回答为什么人的问题不但要摆正思想认知，从观念上给予回答，还要从实践层面给予回应，即回答怎么实现"为绝大多数人谋利益"的问题。共产党不同于其他政党，它有广泛的群众基础，也承载着艰巨的历史使命，旨在切实维护好绝大多数人的利益。中国共产党赓续了这一思想内核，将"为绝大多数人谋利益"作为实践指向。

从历史上看，在新民主主义革命时期，中国社会主要矛盾是帝国主义和中华民族的矛盾、封建主义和人民大众的矛盾。那时中国共产党"为绝大多数人谋利益"的实践体现在坚决领导各族人民和团结一切进步力量进行彻底的反帝反封建斗争。经过 28 年艰苦不懈的奋斗，中国人民终于摆脱了被侵略被压迫的历史，真正站起来了。在社会主义革命和建设时期，面对一穷二白的国情，中国共产党"为绝大多数人谋利益"的实践体现在建立了社会主义根本制度、基本制度和重要制度，通过制定和实施"五年计划"稳步恢复和发展国民经济。在中国共产党的领导下，中国实现了伟大的社会革命，建立了完整的国民经济体系，并在原子弹、氢弹、人造卫星等关键科学技术方面取得了重要突破，有力巩固了我国的国防。改革开放以后，中国共产党"为绝大多数人谋利益"的实践体现在基于人民日益增长的物质文化需要同落后的社会生产之间的矛盾，毫不动摇地坚持以经济建设为中心，不断解放和发展生产力，使我国的经济获得了极大的发展，人民的生产生活水平不断得到改善，人民群众的幸福感、获得感也显著提升。由此可见，"为绝大多数人谋利益"具有鲜明的实践属性。百余年来，中国共产党坚定不移地践行"为绝大多数人谋利益"的文化理念，使之通过反复的历史实践，逐渐形成了为民的红色基因。

百年大党，初心不改；红色基因，薪火相传。2021年10月，习近平总书记到山东省东营市垦利区董集镇杨庙社区看望慰问干部群众，在社区广场上，总书记动情地说道："共产党是干什么的？是为人民服务的，为中华民族谋复兴的，所以我们要不断看有哪些事要办好、哪些事必须加快步伐办好。"① 事业的发展没有尽头，共产党人的初心永不会变。中国共产党始终把人民放在第一位，赓续了"为绝大多数人谋利益"的人民至上文化，始终对人民保持一颗赤子之心，将人民利益放在至高无上的位置，始终与人民想在一起、干在一起，因此我们党一定能团结带领人民创造更美好、更幸福的生活。

二 唯物史观之"历史合力论"：团结奋斗的文化

"历史合力论"是马克思主义唯物史观的重要组成部分。在"历

---

① 《习近平的黄河情怀》，中国政府网，2023年11月26日，https://www.gov.cn/yaowen/liebiao/202311/content_6917186.htm。

史合力论"中，合力的主体是人。合力是一群人的力量，或多个"单个人"的力量。这里所说的"一群人"，当然是由众多的个体组成的，他们或以个体的面目出现，或以一定组织结构的形式出现。这一重要观点改变了历史哲学领域单一的、孤立的力量来源论。历史发展是一种历史合力作用的结果，必然要求各阶级共同团结奋斗。中国共产党汲取了"历史合力论"的文化精髓，形成了齐心协力、团结合作、共同奋斗的红色基因。

恩格斯晚年提出了"历史合力论"，论述人们在经济、政治、文化、法律等因素存在和发展的现实条件下创造着历史，阐释同一运动规律之中许多个人意志相互冲突、相互作用，融合为社会发展"总的合力"。"历史合力论"视人民为主体。马克思主义认为，人民是推动历史前进的动力。毛泽东对此进行阐述："人民，只有人民，才是创造世界历史的动力。"[1] 人民既是历史的"剧中人"，也是历史的"剧作者"。中华上下五千年历史深刻揭示了"江山就是人民，人民就是江山"的朴素道理。中国力量之所以是中国人民的时代合力，离不开社会主义制度集中各方面力量的功能。

分析"历史合力论"中的团结文化如何作为湖南红色基因力量来源，需要明晰"历史合力论"的范畴。恩格斯的"历史合力论"是唯物史观的重要内容，也是发展党的创新理论的一个哲学依据。"历史合力论"要求我们坚持以人民为中心的核心主旨、以新发展理念为基本要求、以统筹兼顾为根本方法。在此基础上形成的科学发展观，是对"历史合力论"发展主旨、发展机理、发展过程、发展方法的继承与发展。对恩格斯"历史合力论"及其现实价值进行深入剖析和透彻理解，对全面认识马克思主义理论、推动马克思主义中国化、推进中国式现代化，都是十分重要的。同时，需要掌握

---

① 《毛泽东选集》第 3 卷，人民出版社，1991，第 1031 页。

"历史合力论"的实践指向。纵览人类历史的发展进程，我们可以发现，历史发展从来不是某一个人或某一方面的因素促成的，往往需要一种历史合力的作用。在革命斗争的实践中，共产党人特别是湘籍无产阶级革命家能够自觉坚持"历史合力论"的指导，善于团结、联合各阶级，善于发动群众，尽最大可能团结一切可以团结的力量，朝着共同的目标奋勇前进。

从团结、联合各阶级而言，湘籍无产阶级革命家践行着统一战线的原则，绘就中国革命斗争力量的最大同心圆。鸦片战争以后，中国革命斗争始终缺乏强大的支撑力量，仅仅是农民阶级或资产阶级等某一个阶级的抗争。以毛泽东为代表的湘籍无产阶级革命家深深意识到，要想赢得中国革命斗争的胜利，就必须摸清楚中国各阶级的状况，再据此制定正确的革命斗争纲领。所以，1925 年 12 月 1 日，毛泽东在国民革命军第二军司令部编印出版的《革命》半月刊第四期上，发表了著名的《中国社会各阶级的分析》。1927 年 1 月 4 日至 2 月 5 日，毛泽东考察了湖南湘潭、湘乡、衡山、醴陵、长沙等五个县的农民运动，写成了《湖南农民运动考察报告》。通过这样的阶级分析，毛泽东初步阐明了中国新民主主义革命的基本思想：无产阶级团结占全国人口绝大多数的一切半无产阶级（主要是贫苦农民）、小资产阶级（主要是中农），争取中产阶级（主要是民族资产阶级）的左翼，以打倒帝国主义、军阀、官僚、地主、买办阶级，建立各革命阶级的联合统治，反对在中国建立民族资产阶级的一阶级统治的国家，争取超越资本主义的前途。由此观之，"历史合力论"蕴含的团结奋斗文化催生了湖南红色基因中团结、联合各阶级完成中国革命斗争的基因，这一马克思主义先进文化极大地拓展了中国革命斗争的阶级基础，也孕育了湖南的红色基因。

"历史合力论"对社会历史发展中人的因素的重视，与中国特色社会主义对以人民为中心的重视有内在的一致性。在"以人为本"

的发展观中，人不仅是一种价值主体，更是一种实践主体。所以，要坚持并落实"以人民为中心"的发展理念，就要从实践角度来看，人民群众是社会主义经济、政治、文化、社会、生态建设的承担者和创造者，在价值上，要把人民群众根本利益的实现看成党和政府的奋斗目标，要尊重人民群众的主体地位，充分发挥人民群众的主体作用，维护人民群众的主体利益，提升人民群众的主体素质。只有树立并坚持以人民为中心的价值观，才可以最大限度地发挥出历史发展的合力作用。而且，坚持以人民为中心，丰富和发展了"历史合力论"所坚持的历史发展主体选择性与客观规律性相互作用的思想，在实际工作中，对"技术经济史观"和社会宿命论的质疑和挑战进行了回答和反驳，从而更加清晰地凸显出了人民群众在历史发展中的主体地位。

"历史合力论"从广义上阐明了中国革命依靠谁的问题，即依靠人民群众。"历史合力论"虽然强调的是"合力"，但"合力"中必然有一种主导力量，这就是人民群众的力量。换言之，在推动人类历史发展的进程中，虽然有许多力量可以依靠，但最主要的依靠力量是人民群众。历史告诉我们，每逢大考必有考官，每次大考的"主考官"都是人民。湘籍革命家们正是把人民作为"主考官"，不仅能够从群众中来，还能够到群众中去，做到一切为了人民、一切依靠人民，才形成了相信人民、依靠人民、团结奋斗、攻坚克难的优良品质。"历史合力论"还回答了共产党与人民群众的关系。中国共产党善于发动群众，把群众路线作为自己根本的组织路线和工作路线；中国共产党积极践行群众路线，也形成了开展革命斗争必须依靠群众的优良工作作风。正因为人民群众是创造历史的主体，只有依靠人民群众方能取得成功，所以湘籍革命家非常重视践行党的群众路线，在实践中绝不脱离人民群众，而是紧紧依靠人民群众，广泛发动人民群众，以此做好各项工作，取得革命、建设、改革事业的顺利发展。

由上可知，"历史合力论"是马克思主义哲学体系中的重要内容，也是中国共产党的核心文化理念以及湖南红色基因形成的重要力量来源。在当代，"历史合力论"并没有过时，对我国社会的建设和发展仍然具有积极的指导作用。尤其是其中所蕴含的将人民群众视为团结奋斗中坚力量的文化理念，催生了依靠人民、团结奋斗、攻坚克难的新时代红色基因。

三 "发扬艰苦奋斗精神"：开拓进取的文化

2018年4月，习近平总书记在纪念马克思诞辰200周年大会上指出："马克思的一生，是为推翻旧世界、建立新世界而不息战斗的一生。马克思毕生的使命就是为人民解放而奋斗。为了改变人民受剥削、受压迫的命运，马克思义无反顾投身轰轰烈烈的工人运动，始终站在革命斗争最前沿。"[1] 探寻马克思主义先进文化，不仅要从马克思主义经典著作中挖掘，还应当全面考察马克思、恩格斯的一生，从马克思、恩格斯的人生实践中总结。既有的研究材料表明，马克思的一生是为理想信念而不懈奋斗的一生，是愈挫愈勇、不断开拓进取的一生，其中蕴含了开拓进取、不懈奋斗的红色基因。

马克思是有史以来最伟大的思想家，他是全世界无产阶级和工人阶级的革命导师，是马克思主义的主要奠基人，是马克思主义政党的创始人和国际共产主义的开创者。1830年10月，马克思就读于弗里德里希·威廉中学，该中学以自由派传统闻名。1835年9月，好学深思的马克思结束了五年的中学生涯。他在毕业作文《青年在选择职业时的考虑》中，抒发了自己的见解和非凡抱负："如果我们

---

① 习近平：《在纪念马克思诞辰200周年大会上的讲话》（2018年5月4日），人民出版社，2018，第5页。

选择了最能为人类而工作的职业，那么，重担就不能把我们压倒，因为这是为大家作出的牺牲；那时我们所享受的就不是可怜的、有限的、自私的乐趣，我们的幸福将属于千百万人。"① 1848 年 2 月，马克思、恩格斯受共产主义者同盟委托，发表了国际共产主义运动的第一个纲领性文献——《共产党宣言》。《共产党宣言》发表后不久，法国的二月革命迅速点燃了欧洲大陆革命之火。其规模之大，影响之广，参与人数之多，史无前例。列宁说："马克思和恩格斯参加 1848—1849 年的群众革命斗争的时期，是他们生平事业的突出的中心点。"②

从 1849 年 8 月到 1883 年去世，这是马克思生命中最为艰难的一段时间。在这 34 年中，他们一家没有固定收入来源，仅凭着微薄的稿费维持生计，时常遭受贫困、饥饿和病痛的折磨，到实在走投无路时，只能靠典当来维持生计。马克思的一生，是不畏艰难险阻、为追求真理而勇攀思想高峰的一生；是为推翻旧世界、建立新世界而不惜战斗的一生；是胸怀崇高理想、为人类解放不懈奋斗的一生；是传奇的一生。如今，斯人已去，但马克思留给我们的宝贵精神财富就是毕生为理想信念而不懈奋斗。马克思出生于一个中产家庭，本可以过优渥的生活。可是，马克思选择为劳苦大众而奋斗。此后，他为了理想信念，奉献了自己所能奉献的一切。其间，几经颠沛流离，但马克思依然没有改变自己的初衷，直至为共产主义战斗到最后一刻。所以，从马克思生平事迹中，湘籍无产阶级革命家汲取了宝贵的前进力量。

传承中华文化，主流是开拓进取。文化的发展，离不开兼收并蓄、博采众长、开拓进取。中华民族一路走来，打下了坚实的文化

---

① 《马克思恩格斯全集》第 1 卷，人民出版社，1995，第 459 页。
② 《列宁全集》，第 13 卷，人民出版社，1959，第 20 页。

基础，铸牢了深厚的文化底蕴。文化自信是"更基础、更广泛、更深厚的自信"，[①]也是更基本、更深沉、更持久的力量。我们党在从小到大、从弱到强、不断从胜利走向胜利的历史进程中，就展示了这样的力量和自信。同时，弘扬党的精神，应不忘艰苦奋斗，艰苦奋斗是革命的"传家宝"，是共产党人的优良传统。我们要继续发扬老一辈革命家谦虚谨慎、不骄不躁、艰苦奋斗的优良作风，始终保持奋发有为的进取精神，以"赶考"的清醒坚定地答好新时代的答卷。

我们深知，奋斗是艰难的，所谓"艰难困苦，玉汝于成"，不经过艰苦的努力，就谈不上奋斗。奋斗是一个漫长的过程，前人栽树，后人乘凉，伟大事业需要几代人、十几代人、几十代人接续奋斗。回顾党史，经过全国各族人民奋发图强、艰苦奋斗，我国从一穷二白到经济总量跃居世界第二，从温饱不足到全面建成小康社会，综合国力实现历史性跨越，社会保持长期稳定，创造了人间奇迹。事业是干出来的，而不是敲锣打鼓送来的，只有实干才能带来今天翻天覆地的大变化。今后，夺取具有许多新的历史特点的伟大斗争和新胜利，还要跨过"雪山""草地"，要攻克"娄山关""腊子口"。所以，不能因为一时的安逸而放弃努力。

湖南是一片红色热土，是中国共产党和中国革命的重要策源地，走出了以毛泽东为主要代表的一大批无产阶级革命家，为伟大建党精神的生发、升华和共产党人精神谱系的锻造延展烙下了鲜明的湖南元素。大批湘籍先驱高举马克思主义火炬，胸怀共产主义远大理想，投身中国共产党的创建，参与伟大建党精神的锻造，使自己永远地熔铸到党的精神丰碑上。第一，先进文化推动湖南形成忠于理想的红色基因。马克思无论在顺境中还是在逆境中都没有改变自己

---

① 《习近平谈治国理政》第2卷，外文出版社，2017，第36页。

的理想，毕生都在为实现共产主义而奋斗。这一点对湘籍无产阶级革命家们有很大的影响，使他们始终忠于在中国实现共产主义的理想，任何时候都强调坚定理想信念的重要意义。第二，先进文化推动湖南形成直面挑战的红色基因。纵观马克思的一生，坎坷与磨难是不间断存在的。这些坎坷和磨难既有革命斗争中所遇到的，也有确立思想体系中所遇到的。但是，马克思不惧困难，迎难而上。这种精神也被湘籍无产阶级革命家传承。湘籍无产阶级革命家也遭受过挫折，不仅是生活上的艰难，有些人还被严刑逼供，但这些没有动摇他们为革命献身的意志。久而久之，他们逐渐推动湖南形成了直面挑战的红色基因。第三，先进文化推动湖南形成愈战愈勇的红色基因。马克思作为一名共产主义战士，为共产主义毕生奋斗，其经受的苦难不计其数。湘籍无产阶级革命家们传承了这种愈战愈勇的文化，并将其发展成为愈战愈勇的红色基因，还将其创造性转化为革命乐观主义和大无畏精神。

第四节　奋斗不息的革命文化

革命文化是在马克思主义理论的指引下，以革命为核心，以中华优良传统为依托，吸收世界优秀文明成果，在中国共产党的带领下，在伟大斗争中形成的一种文化。党的十八大以来，习近平总书记先后到许多革命老区考察，看望老区人民，对传承红色基因、弘扬老区精神作出重要指示。2021 年 2 月 20 日，他在党史学习教育动员大会上的讲话中指出："中国革命历史是最好的营养剂，重温这部伟大历史能够受到党的初心使命、性质宗旨、理想信念的生动教育。"[①] 他还指出："弘扬革命文化，传承红色基因，是全党全社

①　习近平：《在党史学习教育动员大会上的讲话》（2021 年 2 月 20 日），人民出版社，2021，第 3 页。

会的共同责任。"①习近平总书记的以上论断，对革命文化在社会发展中的重要意义进行了深刻阐释。其实，革命文化既是一种激励人们不断向前的精神动力，又是湖南红色基因形成的重要力量源泉。

一　新民主主义时期的革命文化：争取民族独立与人民解放

"长夜难眠赤县天"，自鸦片战争以后，外来的侵略接踵而至。腐朽的清政府既没有对外抗击的勇气，也没有对外抗击的能力。这就导致中国任人宰割，列强纷纷在中国的土地上划分势力范围，经济上剥削中国，政治上讹诈中国，文化上霸凌中国，军事上侵略中国。旧中国长期处于被西方帝国主义国家侵略的悲惨境地，劳动人民的贫困和不自由程度世所罕见。所以，在鸦片战争失败后很长的一段时间内，中国人民虽然不断争取独立和解放，但结果大多是以失败告终。中国人民的苦难日益加重，反帝反封建的民主革命迅速兴起，使争取民族独立和人民解放成为时代的中心议题。但中国革命的面貌得到改变，中国的半殖民地半封建社会命运扭转，则发生在中国共产党成立以后。

首先，中国共产党的成立是争取民族独立与人民解放的根本组织力量前提。要想推进中国革命斗争，一个前提性的问题就是革命的力量来源于何处。对于当时的中国而言，难的不是人口缺乏，而是如何将中国人民组织起来。于是，中国共产党诞生以后，通过组织的触角延伸至基层，特别是通过支部、小组的形式，不仅能够将革命的骨干力量汇聚到一起，还能够广泛发动人民群众参与到革命

---

① 《保护好中华民族精神生生不息的根脉——习近平总书记关于加强历史文化遗产保护重要论述综述》，《人民日报》2022年3月20日，第1版。

斗争中，改变了一盘散沙的格局。所以说，自从有了中国共产党的领导，中国革命的面貌焕然一新。

其次，中国共产党通过制定党章、革命斗争策略，为争取民族独立与人民解放指明了方向。实事求是地看，中国革命斗争曾出现过很多种方案，但都未能很好地结合中国的实际需求。中国共产党诞生以后，明确了中国革命斗争的策略，以推进工人阶级领导的无产阶级革命斗争为主线，准确抓住了中国革命斗争的本质所在。因为资产阶级领导的革命是以资产阶级为核心的，可是在中国，资产阶级的力量和基础太过薄弱，根本无法承担起领导中国革命斗争的任务。反观现实的中国，则有大量的工人和农民，他们是中国革命的主力军，所以明确工人阶级为革命斗争的领导阶级是实事求是的，是符合实际的。从此以后，中国革命在争取独立与解放的道路上有了正确的领导阶级和可靠的依靠力量。

再次，中国共产党善于发动群众参与到争取独立与解放的历史进程中来。以往的革命斗争中，不敢发动人民群众成为一个突出的现象。中国共产党则认为人民群众是革命斗争的依靠力量，必须善于发动人民群众参与争取独立与解放的事业。中国工人阶级在中国共产党的领导、组织和推动下，从 1922 年 1 月香港海员罢工到 1923年 2 月京汉铁路工人罢工，掀起了罢工斗争的第一个高潮。仅 13 个月，就有安源路矿、开滦五矿等大小罢工 100 多次，参加罢工的人数超过 30 万人。中国共产党一方面把主要精力放在领导工人运动上，另一方面又积极地开展了对农民的动员。1921 年 9 月，经过共产党的努力，浙江萧山县的衙前村建立起中国第一个农民协会，开始向地主的压迫进行抗争。1922 年 6 月，彭湃来到家乡广东海丰县的赤山约，经过艰苦的工作，成立了农会。第二年的元旦，海丰县召开了全体农民会议，正式成立了海丰总农会，在全县掀起了一股农民运动的高潮。这种新式的农民运动，在中国共产党成立之前未曾有过。实践证明，人民群众是推动历史进步的决定性力量，也是中国革命赢得胜利的决定性力量。中国共产党在革命斗争实践中，始终坚持走群众路线，为中国革命积蓄了磅礴而绵远的革命力量。

最后，中国共产党进行的革命斗争，与封建时代的农民起义有根本上的不同。由于有马克思主义理论武装，中国共产党领导的革命代表着绝大多数人的利益，代表着先进的生产力和文化。毋庸置疑，革命文化的形成源自革命实践。新民主主义革命的斗争是异常艰苦的，中国共产党勇于担当历史使命，确立了争取独立与解放的历史目标。在这一历史目标的指引下，中国共产党坚持统一战线、坚持武装斗争、坚持农村包围城市，将党的领导、革命斗争和人民群众的支持有机统一起来。虽然"创业艰难百战多"，但共产党人"万水千山只等闲"。中国共产党将马克思主义理论与中国具体实际相结合，成功探寻了一条中国革命的新路子，团结带领人民群众赢得了中国革命斗争的胜利，迎来了新中国的诞生。由此观之，党在新民主主义革命时期不仅开创了争取独立与解放的革命实践样态，还涵养了争取独立与解放的革命文化。这种革命文化深深影响着湖南红色基因的生成，引导了一批湘籍仁人志士参与到争取独立与解放的革命实践中来，为中国革命斗争贡献湖南力量。

二　社会主义革命和建设时期的革命文化：艰苦奋斗、勤俭建国

打破旧世界倘若被认为是中国革命的起点，那么建设一个繁荣富强的新世界则是其最终目标。所以，新中国建立以后，其经济和社会的发展也就自然而然地成为一种新的革命文化内容。虽然之前在苏区、在抗日根据地、在解放区也有建设，但是，新中国成立后的建设是一个全局性的大工程。要想彻底扭转"一穷二白"的局面，就必须有务实的作风和奉献精神。在中国共产党的领导下，全

国各地的人民都积极投身于社会主义建设事业，形成了北大荒精神、铁人精神、"两弹一星"精神、红旗渠精神等，其中典范人物的共同特点是在物资极度匮乏的情况下，他们以建设社会主义的巨大热情努力奋斗，把普通人看来不可能的事情变成了现实，展现出了改造自然和社会的伟大力量。在此过程中所产生的种种精神，与革命战争年代的艰苦奋斗和浴血奋战的精神是一脉相承的，并构成了新中国革命文化的主流。

艰苦奋斗，是社会主义革命和建设时期革命文化的核心要义。从 1840 年至 1949 年这 100 多年，中国几乎是在战火中度过的，国家发展停滞，经济基础十分薄弱，特别是国民党遗留下的经济问题产生了极为恶劣的影响。因此，1949 年新中国成立以后，需要面对如何建设国家的问题。摆在中国面前的没有直接的经验，只能借鉴苏联建设社会主义的经验。然而，要想把一个一穷二白的落后的农业国建设成工业强国谈何容易。但是，中国共产党却坚定意志，为把我国建设成为工业强国而努力。基于此，我国相继实施多个"五年计划"，到 1966 年，建成并投产的限额以上大中型项目 1198 项，初步形成门类比较齐全的工业体系。这一时期，在钢铁工业方面，陆续建成鞍山钢铁厂、武汉钢铁厂、包头钢铁厂、攀枝花钢铁厂、酒泉钢铁厂、成都无缝钢管厂。机械工业方面，形成了冶金、采矿、电站、石化等工业设备制造以及飞机、汽车、工程机械制造等十几个基础行业，并且能够独立设计和制造一部分现代化大型设备。1964 年，我国主要机器设备的自给率超过 90％。总的来看，1956 年社会主义改造基本完成后到 1966 年，是我们党领导全国人民开始大规模地进行社会主义建设的时期，十年期间取得了丰硕成果。初步建成了相对完备的独立的工业和经济体系；在经济、文化等领域，一大批专门人才得到培养；科技队伍得到快速发展，科技工作成绩较为显著；在领导社会主义建设方面，已经取得了一定经验，初步改变了旧社会"一穷二白"的落后局面，巩固了社会主义制度。纵观这些历史性成就，无不是艰苦奋斗所取得的。正因如此，艰苦奋斗成为社会主义革命和建设时期的文化，并深深熔铸到每一位中国人的心中，内化为湖南的红色基因。

以勤俭建国的精神来开创各项事业，是社会主义革命和建设时期革命文化的核心要义。社会主义革命和建设时期特指新中国初期的 7 年和开始全面建设的 10 年，这 17 年开启了新中国各项建设事业新局面，在中国历史上具有划时代的意义。从根本上来说，社会主义改造基本完成，建立了社会主义制度，形成和巩固了社会主义制度的经济基础。新中国成立以后，"我们党进而团结带领人民进行社会主义改造，确立了社会主义基本制度，成功实现了中国历史上最深刻最伟大的社会变革，为当代中国一切发展进步奠定了根本政治前提和制度基础。"①

此时，我国还形成了巩固社会主义制度的经济基础。1958—1965 年，全国新增铁路营业里程 9000 多公里。鹰厦、包兰、兰青、兰新、川黔、黔桂等线建成通车。农田水利建设取得重大成就，农业生产条件显著改善。广大人民群众坚持长期不懈地大规模兴修水利，发展农田灌溉，对农业的恢复与发展起到了积极的作用。1964 年 10 月 16 日，我国首次成功爆炸原子弹，有力地打破了大国对核武器的垄断，我国在国际上的地位大大提升。此外，我国在导弹、人造卫星等方面也有了突破。民族地区在经济和文化方面取得了长足进步。很多地方已经建立起一些大型的现代化工业基地，从而结束了民族地区没有现代化工业的历史。十年间，党和国家培养了大量的专业技术人员，他们中的大多数是改革开放、现代化建设等各个领域的中坚力量。质言之，这一时期，各条战线上都

---

① 《习近平著作选读》第 2 卷，人民出版社，2023，第 279 页。

取得了显著的成就，在极大程度上夯实了社会主义制度赖以存在的经济基础，实现了社会革命的经济基础变革和上层建筑变革，确保社会主义制度得到巩固。

诚然，这一时期留给我们的不仅是比较充裕的物质财富，还有以艰苦奋斗与开创事业为核心内容的革命文化。这启示我们，无论任何时候都要牢记使命，要继续发扬艰苦奋斗的精神和开创事业的担当，不断巩固和完善社会主义制度，充分彰显社会主义制度的优越性。因此，以艰苦奋斗与开创事业为核心内容的革命文化，对湖南红色基因的生成产生了重要的影响，使湖南红色基因蕴含着艰苦奋斗、开创事业的文化特质。

三 改革开放新时期和新时代的革命文化：以敢闯敢试实现民族复兴

党的十一届三中全会以来，中国步入改革开放新时期。党的十八大以后，中国特色社会主义进入新时代。习近平总书记在广东考察时强调："广东要弘扬敢闯敢试、敢为人先的改革精神，立足自身优势，创造更多经验，把改革开放的旗帜举得更高更稳。"[1] 从广东到海南，从农村到城市，从试点到推广，从经济体制改革到全方位改革。实践证明，在改革开放新时期，铸就了以敢闯敢试为核心内容的革命文化，改革就是敢闯敢试、敢为人先。

"改革是中国的第二次革命"，[2] 这是邓小平作出的重要论断。因为改革从一定意义上来说就是一场革命，所以我们必须考察改革开放新时期所形成的革命文化。以大历史观的视野来审视中国的改革开放，它的一个显著特质就是铸就了以敢闯敢试为核心内容的革

---

① 《弘扬敢闯敢试、敢为人先的改革精神——论学习贯彻习近平总书记广东考察重要讲话精神》，《人民日报》2018 年 11 月 1 日，第 4 版。

② 《邓小平文选》第 3 卷，人民出版社，1993，第 113 页。

命文化。我们回顾改革开放之前的两三年，也就是 1976—1978 年
这段时期。虽然计划经济在生产力尚不发达的年代作出了重大贡
献，但随着生产力发展的需求，计划经济的弊端也渐渐呈现。可
是，在当时的中国，很多人将计划经济和市场经济视为区分资本主
义社会和社会主义社会的重要标志，这实际上混淆了社会主义和资
本主义的本质和手段。所以，党的十一届三中全会的重要贡献是明
确了如何准确认识社会主义本质。这在当时是具有开创性的回答，
使人们重新树立对社会主义的正确认识，不仅在思想界掀起了敢闯
敢试的研讨热潮，还在实践领域掀起了敢闯敢试的改革高潮。

　　具体而言，改革开放以来以敢闯敢试为核心内容的革命文化体
现在以下领域。在经济领域，是以建立健全社会主义市场经济体制
改革为核心的改革布局。经济历来是国家发展的基础所在，也是人
民生活水平的基础所在。其中，经济体制又是重中之重。从新中国
成立至改革开放前，中国长期实行计划经济。改革开放在经济领域
的核心就是尝试突破计划经济体制的束缚，旨在建立健全社会主义
市场经济体制。1992 年初，邓小平的南方谈话从根本上解除了把
计划经济和市场经济看作属于社会基本制度范畴的思想束缚。1992
年 10 月召开的党的十四大，明确我国经济体制改革的目标是建立
社会主义市场经济体制。1993 年 11 月，党的十四届三中全会审议
通过《中共中央关于建立社会主义市场经济体制若干问题的决定》，
将党的十四大提出的经济体制改革的目标和原则具体化，明确了建
立社会主义市场经济体制的基本任务和要求，构画了总体规划和基
本框架。建立社会主义市场经济体制的改革目标，对中国的改革开
放具有深远意义。它以改革创新思维突破以往的桎梏，开创了"一
子落满盘活"的生动局面，由此成为敢闯敢试革命文化的实践
来源。

　　在政治领域，是推进以发展社会主义民主政治为核心的政治体

制改革，以制度的形式保障公民的民主权利，同时开展民主与法治建设，保障人民的民主权利。党中央着重发展党内民主，改革臃肿机构，确保党内既有统一意志又有舒畅的民主氛围。在文化领域，是大力发展社会主义先进文化，将社会主义核心价值观融入文化建设，努力以先进的文化引领人、塑造人、感染人。在社会领域，是废除农业税，建立健全社会保障体系，确保老有所养、幼有所教，不断增强人民群众的获得感。在生态领域，是坚持"绿水青山就是金山银山"的理念，改变唯 GDP 论等不合理思想，实现人与自然的和谐统一。

改革开放以来的措施虽然以改革的形式出现，却具有"二次革命"的意义，其核心文化要义就是敢闯敢试。中国共产党坚持解放思想、实事求是的思想路线，科学研判国家发展形势和中国共产党自身建设条件，以坚定的改革决心革除一切不适应生产力发展、不符合中国国情的制度。同时，中国共产党领导建立了一系列符合中国国情的制度体系，推动了生产力的发展，提升了人民群众的生活水平，充分彰显了社会主义制度的优越性。所以说，改革开放 40 多年的实践形成了敢闯敢试的革命文化，这对形成湖南红色基因产生了重要影响。

进入新时代，全面建成社会主义现代化强国，总的战略安排是"两步走"。从 2020 年到 2050 年 30 年间分两步走：第一步，到 2035 年基本实现社会主义现代化；第二步，到 2050 年把中国建成富强民主文明和谐美丽的社会主义现代化强国。中国式现代化是中国共产党领导的社会主义现代化，既有各国现代化的共同特征，更有基于自己国情的中国特色。中国式现代化是人口规模巨大的现代化，是全体人民共同富裕的现代化，是物质文明和精神文明相协调的现代化，是人与自然和谐共生的现代化，是走和平发展道路的现代化。中华民族的伟大复兴，不是敲锣打鼓就能实现的，需要攻坚克难，守正创新，循序渐进，踔厉前行。

改革开放的实践告诉我们，实现中国式现代化，教育是基础，科技是关键，人才是核心。走创新发展、和平发展之路，才能创造人类文明的新形态。我们必须比以往更加重视文化传承，因为革命精神和红色文化都能彰显高尚的思想境界、自强不息的坚强品格、艰苦奋斗的不屈意志、不断开拓的创新精神。新时代，在强国建设、民族复兴新征程中，我们仍然需要奋斗不息的革命文化，以保持革命战争时期那样一股拼搏劲。"红色资源的珍贵价值，不仅在于它的历史光辉，更在于它在当下依然能带给我们思考和精神滋养。"[①] 在新时代新征程，只有发扬不屈不挠的斗争精神、勇于革命的精神魄力，才能带领人民闯新路、开新局，进行艰苦卓绝的伟大斗争。习近平总书记高度重视革命精神传承和革命历史教育，他一再指出，"我们是革命者，不要丧失了革命精神"，[②] 而要脚踏实地，接力奋斗，用理想之光点亮未来之路。

---

① 孟祥夫：《用好用活红色资源》，《人民日报》2021年6月9日，第5版。
② 《习近平谈治国理政》第3卷，外文出版社，2020，第70页。

第四章

湖南传承红色基因的物化载体

　　红色基因的物化载体是红色资源，与党史文化密不可分。党史文化亦称红色文化，具有以史育人、以史铸魂的功能。湖南的红色基因及其资源异常丰富，盘活湖南红色资源的存量，并将其开发和保护好，可以进一步拓展红色文化功能，更好地传承红色基因和弘扬革命精神。红色文化的内核是红色基因，百余年党史中，湖南涌现了灿若星辰的革命志士，掀起了波澜壮阔的革命浪潮，留下了不胜枚举的革命印记。湖南传承红色基因具有独特优势。习近平总书记视察湖南时说："湖南是一方红色热土……大批共产党人在这片热土谱写了感天动地的英雄壮歌。"[①] 以上评价精辟地揭示了湖南红色基因与伟大建党精神以及党的精神谱系之间的关系，也彰显了中国共产党人精神谱系的湖南元素或湖南印记。本章通过介绍湖南伟人与名人故居、红色遗址与革命文物、湖南的博物馆和陈列馆等物化载体，揭示其中的红色基因湖南元素，力图深挖其中蕴含的精神实质。打造多种载体，增强红色记忆，可以激活红色基因。我们要用好红色资源这个表达红色基因的重要载体，当好红色基因传承人。

---

　　① 习近平：《论中国共产党历史》，中央文献出版社，2021，第285页。

第一节　湖南的伟人故里和名人故居

　　湖南的伟人故里与名人故居众多，主要有毛泽东同志故居、刘少奇同志故居、任弼时同志故居、彭德怀同志故居、贺龙故居、罗荣桓故居、胡耀邦故居、蔡和森蔡畅故居、邓中夏故居、杨开慧故居、田汉故居等。以上红色基因的物化载体彰显了育人功能。

　　毛泽东同志故居。位于湘潭市韶山村上屋场（今设韶山市韶山乡），南方典型农户，整体坐南朝北，呈"凹"字形，土木结构。房屋遭国民党军阀何键破坏，1950 年以后经多次修葺恢复原貌。东侧为毛家宅院 14 间，西侧为邻居宅院 5 间，厅屋两家共用。占地面积 566.39 平方米，建筑面积 472.92 平方米。毛泽东于此处诞生并度过了童年和少年时代，此处也有其父母及弟弟毛泽民、毛泽覃和妹妹毛泽建的住房。门额为邓小平手迹，是进行爱国主义教育的宝贵资源。韶山冲的毛泽东故居及周边的南岸私塾、毛震公祠、毛氏宗祠、毛鉴公祠、故园一号楼、滴水洞一号楼，均为国家重点保护文物。韶山因舜帝南巡至此奏韶乐而得名，更因孕育一代伟人毛泽东而蜚声中外。韶山陆续建有毛泽东纪念馆、毛泽东遗物馆（存放文物、文献、资料 6.3 万件，晚年生活遗物 6400 余件）、毛泽东图书馆、铜像广场、诗词碑林、滴水洞、纪念园等十多处景点，属国家 5A 级旅游景区。

　　刘少奇同志故居。位于宁乡市花明楼镇炭子冲，整体坐东望西，属土木结构的内套四合院式住宅，中间有 3 口天井，茅瓦房 30 多间，占地面积 1300 平方米，建筑面积 1974 平方米。其中，属于刘少奇家的房屋有二十一间半，余为其伯父家的房子。故居在"文革"期间破坏严重，1980 年湖南省文物部门按原貌全面修复，门额为邓小平手迹。刘少奇诞生于此，在此度过了童年和少年时代。列入国家级重点文物保护单位。故居周边有刘少奇生平业绩陈列馆、文物馆、铜像广场及花明楼、修养亭、万德鼎、刘少奇母校炭子冲学校、刘少奇坐过的飞机、炭子冲民俗文化馆、刘家祖坟等景点，整个景区占地面积 1300 多亩，属国家 5A 级旅游景区——全国十大经典红色景区之一。这里既是首批爱国主义教育示范基地，也是全国刘少奇文物资料的收藏研究中心和生平业绩及思想的宣传阵地。

任弼时同志故居。位于汨罗市弼时镇唐家桥，又称"任家新屋"。故居建于清末，面向西偏北，为三间三进两偏屋的砖瓦建筑。三合土地面，有房屋 37 间，占地面积 3600 平方米，中、上进 4 间正房和偏屋窗户采用回纹窗格和透雕人物、花鸟图案。西、南两侧与民房紧连，北、西两侧是土坯围墙，大门前有半圆形池塘。堂屋北边为任弼时一家 6 间用房，其余是亲属住房。任弼时生于名门望族，家庭殷实，赴长沙读书以前在此度过童年和少年。他用不屈意志铸就了"骆驼精神"，其夫人陈琮英 12 岁到任家，婚后育三女一男（大女任远志、二女任远征、三女任远芳、儿子任远远）。今兴建了任弼时纪念馆和铜像广场。故居往南同德小学、往西序贤小学，均为任弼时母校；往东则是杨开慧故居。

彭德怀同志故居。位于湘潭县乌石村彭家围子，故居原为三间茅屋，今不存。此房屋始建于 1925 年，是彭德怀在湘军当营长时出资修建的，即其投身革命以后在家乡较长时间居住及活动的场所。故居坐西北朝东南，砖木结构，粉墙青瓦，是典型江南风味的普通农舍，占地面积 2789.3 平方米，建筑面积 478.33 平方米，有房屋 6 间（两端各 3 间），取名"三华堂"，意为得华（彭德怀原名）、金华、荣华（后二人均为烈士）三兄弟之华厦，退堂屋为地下组织——中共彭家围子支部主要议事处。彭德怀早年撰门联"为善最乐，见恶必除"，后邓小平书写"彭德怀同志故居"。后由陆军第 38 军出资兴建了彭德怀纪念馆和铜像广场，与邻近的韶山毛泽东故居、花明楼刘少奇故居形成伟人纪念地"红三角"。

贺龙故居。位于张家界市桑植县洪家关村,房屋是贺龙祖父贺良仕于清道光年间修建的,后为贺龙的父亲贺仕道所继承。贺龙和他的姐姐、妹妹、弟弟都出生在这里,他(她)们在这栋简单朴素的木屋里度过了自己的童年和青少年时期。房屋是湘西常见的木架毛瓦平房,坐北朝南,只有 4 扇 3 间。因家庭人口多,贺龙父亲将这 3 间房用木板隔成 6 间。房屋遭多次破坏,1977 年桑植县政府按原貌修复。故居正中一间为堂屋,门首红底金字匾额之"贺龙故居"为邓小平手书。故居门前还有一座风雨桥,其祖父建于 1916年,贺龙成名以后改称"贺龙桥"。今兴建了贺龙纪念馆和铜像广场,张家界天子山还有贺龙公园。

罗荣桓故居。罗荣桓诞生在衡山县寒水乡(今衡东县荣桓镇)南湾旗杆屋场,12 岁全家迁入位于衡东县荣桓镇南湾村的异公享祠。异公享祠建于 1914 年,是其父罗国理倡议,为纪念第 12 代先祖异山公而建的族祠,占地面积 700 余平方米,建筑面积 540 平方米,坐西朝东,砖木青瓦结构,两进五开间;硬山顶,翘脊飞檐,施封火山墙。厅堂两旁为厢房,两进之间为过厅,施八角绘画藻井。1985 年,胡耀邦题写了"罗荣桓故居"的牌匾。附近修建了纪念馆和铜像广场。现列为全国重点文物保护单位、全国 100 个红色旅游经典景区(4A 级)、全国爱国主义教育和国防教育示范基地。故居连接南岳—炎帝陵—井冈山,处在黄金旅游线路上。

胡耀邦故居。位于浏阳市中和镇苍坊村,建于清朝咸丰年间,为胡耀邦的曾祖父胡名钟和曾祖伯胡明镜共有。房屋坐北朝南,呈凹形布局,土木结构,小青瓦顶,为典型的湘东农村民居。占地面积 450 平方米,共 19 间。中间的"泮公享堂"两家共用,是明镜、名钟兄弟供奉其父胡中泮牌位的地方。自中轴线以西为胡耀邦故居(其父胡宜仓家的房子九间半,约 200 平方米),以东是胡氏宗亲的住房。青少年的胡耀邦在种桃书屋（私塾）启蒙，后入胡氏族小、里仁学校和浏阳中学。房屋年久失修，1995 年胡耀邦诞辰 80 周年时浏阳市拨款修复。今建有陈列馆、耀邦广场和廉政文化园，列为湖南省爱国主义教育基地，附近还有著名的秋收起义文家市会师纪念馆和里仁学校以及其表哥杨勇将军故居。

蔡和森、蔡畅故居。蔡和森、蔡畅故居名"光甲堂"，位于湖南湘乡市（今双峰县）井字镇杨球村，建于清朝光绪年间，为一栋一纵三横的湘中山区农舍，砖木结构，建筑面积 550 余平方米，穿斗式梁架结构，由正厅，左右厢房及天井和杂物间组成。四周筑矮矮的土围墙，门前池塘荡漾碧波。1899 年，其父蔡蓉峰、母亲葛健豪从上海回家乡买下"光甲堂"定居。蔡和森出生于上海，蔡畅诞生在这里，他们在此度过了 8 年多童稚时光，此后随母迁永丰镇。邓小平题写的"蔡和森故居"金字红木匾，悬挂于故居大门上。蔡和森纪念馆及革命家庭的群像（蔡和森向警予夫妇、李富春蔡畅夫妇、母亲葛健豪、胞兄蔡麓仙烈士），建在今双峰县城永丰镇。

邓中夏故居。位于宜章县太平里乡邓家湾村，建于清同治元年（1862），1944 年，邓中夏之父邓典谟（前清举人，做过知县）令其子隆渭组织抗日自卫队，日军迁怒报复，焚其家室，仅剩墙基。1983 年按原貌修复，1994 年湖南省文物局又拨专款对故居全面修缮，时任总书记江泽民亲笔题写了"邓中夏故居"匾牌。故居坐东南朝西北，主体建筑采用湘南民间四房三间两层砖木结构制式，青砖墙体、青瓦屋面、木板楼阁，建筑面积 133 平方米。右厢房前间为邓中夏父母卧室，后间为兄嫂卧室，左厢房前间为叔婶卧室，后间为邓中夏卧室；正厅及厢房举办《邓中夏同志生平展览》，介绍这位早期工人运动领袖的光辉一生。

杨开慧故居。位于长沙县开慧镇板仓，建于清末，土木结构，盖小青瓦，面垅背山，坐北朝南，前筑防护矮墙，形成院落，占地面积 680 平方米。房舍三栋平行排列，每栋之间形成小院或天井。前栋为双面木门，中嵌木栏转门；三级踏步入过厅，中栋门额悬挂"板仓"横匾；后栋正中为堂屋，左右为住房，杨开慧生于后进东头北间。1966 年 11 月开放，展出杨昌济夫妇住房和毛泽东、杨展等的住房。1980 年修缮时，在墙缝发现杨开慧 1928 年的手稿信札多件。故居右侧棉花坡上，建有大型陵园和杨开慧、毛岸英、毛岸青塑像以及杨昌济墓；坡下有纪念馆，为 4A 级红色旅游景区。附近还有第一个女党员缪伯英故居。

田汉故居。坐落在长沙县田家塅茅坪（今果园镇田汉村），建于 1820 年，分前后两进，共有大小 18 间房，呈长方形布局，占地面积 700 平方米，为典型的清末两进式民居。正堂两楹，两面坡悬山顶，小青瓦屋面，墙体为土砖，外墙刷白灰，三合土地面，两旁有杂屋，屋前临塘。现有建筑是当地政府 2006 年在原地基上重建的，2016 年又在前坪新建了一个 4800 平方米的国歌广场。为纪念中国现代戏剧三大奠基人之一、新中国国歌（原名《义勇军进行曲》）的词作者，在果园镇新建了田汉文化园，以田汉故居为核心，包括田汉艺术中心、艺术学院、古戏楼、戏剧艺术街等 11 处景点，长沙市内还建有田汉大剧院。

湖南人杰地灵、境内英才辈出，成就中华不朽伟业。散布在全省各地的，还有李立三、林伯渠、陶铸、李维汉、李富春、滕代远、谭震林、谢觉哉、粟裕、陈赓、萧劲光、黄克诚、谭政、许光达、萧克、王震、宋任穷、何长工、耿飚、陶峙岳等党政要人以及何叔衡、何孟雄、向警予、罗亦农、夏明翰、郭亮、夏曦、蒋先云、王尔琢、左权、蔡升熙、段德昌、黄公略、李灿、曾中生、寻淮洲、周以栗、刘畴西、潘心元、胡筠、陈树湘、贺恕、罗学瓒、杨福涛、蒋长卿、袁国平、朱克靖、罗盛教、雷锋、欧阳海等著名英烈的故居。今天，我们瞻仰这些伟人的故居。其人虽远而音容宛在，时光已逝而笑貌仿佛，令人肃然起敬，鼓舞着我们传承先辈的事业，去开创美好的未来。

第二节　湖南的历史旧址和革命文物

湖南这片红色热土上，不仅历史旧址众多，而且革命纪念地星罗棋布。建党初期和大革命时期有湖南一师、新民学会、文化书社遗迹、清水塘中共湘区区委、自修大学旧址船山学社、湘乡东山学校、衡阳湘南学联、水口山矿工俱乐部、衡山岳北农工会、醴陵先农坛农民运动旧址、叶挺独立团首战禄田遗址；土地革命战争时期有秋收起义旧址里仁学校、平江起义旧址天岳书院、湘南年关暴动指挥部旧址、湘西起义旧址桑植县洪家关、茶陵县工农兵政府、炎陵县水口连队建党地、桂东县沙田镇"第一军规"广场、红一方面军诞生地李家大屋、通道转兵旧址、湖南省苏维埃政府旧址锦绶堂、湘鄂川黔省委旧址丁家大院、红二方面军长征出发地刘家坪；抗战时期留下八路军长沙通讯处、新四军平江通讯处、塘田战时讲习院、芷江七里桥抗战胜利坊、南岳抗日烈士忠烈祠；解放战争时期和新中国成立后的纪念地主要有湖南和平解放史事陈列馆、辰溪县和吉首市两处湘西剿匪胜利陈列馆、雷锋纪念馆以及精准扶贫起源地花垣县十八洞村等。

一　湖南的历史旧址

"千年学府"岳麓书院。坐落在长沙岳麓山下。作为世界上最古老的学府、中国古代赫赫闻名的四大书院之一，建于北宋开宝九年（976），宋真宗御笔赐书"岳麓书院"门匾。1926年湖南大学在此创办，旧书院基址扩建至今，是全国重点文物保护单位。书院具有讲学、藏书、祭祀三大功能，分为书院主体、附属文庙及新建的中国书院博物馆三个部分，建筑面积 3 万多平方米。主体建筑头门、大门、二门、讲堂、御书楼集中于中轴线上，讲堂上的"实事求是"匾额为湖南工专的校长宾步程撰写；两旁及后花园包括半学斋、教学斋、百泉轩、御书楼、湘水校经堂、文庙、延宾馆、文昌阁、崇圣祠、明伦堂和供祀周敦颐、"二程"（程颢、程颐）、朱熹、张栻、王夫之、罗典等人的六大专祠。中轴线前延至湘江西岸，后延至岳麓山巅，配以亭台牌坊，形成亭台相济、楼阁相望、山水相融的景观。江边"朱张渡"牌坊，纪念朱熹、张栻往来湘江两岸讲学的盛事。青年毛泽东两次居住在岳麓书院的半学斋，深受"实事求是"优良学风的熏陶。此外，新建的中国书院博物馆介绍了全国各地书院，让游客共享传统文化大餐。

湖南一师城南校区。坐落在长沙城南妙高峰下，是千年学府"城南书院"原址。当年毛泽东、蔡和森、何叔衡、任弼时等求学于今城南校区。城南书院由张浚、张栻父子于南宋创办，张栻和朱熹曾在此讲学论道。1903 年改制为湖南师范馆，民国以降更名为湖南省立第一师范学校（现为湖南第一师范学院），毛泽东为母校题字"第一师范"。今保存西式风格建筑 36 栋，包括主体连廊建筑、一师附小和工人夜学三部分。主体建筑位于校园中部，布局呈"回"字形，由教学楼、自习楼、阅览楼、礼堂、寝室等组成，各楼栋之间用长廊贯通。毛泽东在此学习、工作八年，并于 1920 年初冬在一师附小教员宿舍与杨开慧结婚。今城南校区获批为全国重点文物保护单位和爱国主义教育示范基地，建成毛泽东与第一师范纪念馆，为全国红色旅游经典景区。

秋收起义旧址里仁学校。位于浏阳市文家市镇，背靠文化山，旧址文华书院创办于清道光廿一年（1841），1908 年更名为"里仁学校"。1927 年 9 月，毛泽东在此收拢兵力，放弃攻打长沙计划，率秋收起义部队进军井冈山，成为探索农村包围城市道路的起点。学校主体建筑有四进。第一进是大门及左右门房，第二进是二层木结构楼房，第三进为重檐歇山顶的大成殿，第四进是原文华书院承德堂（9月19日晚在此召开前委会议）。学校左有关圣庙，右为文昌阁，阁左边4间平房，其中一间为毛泽东卧室；操坪面积约500平方米，是工农革命军集合出发地。1966年旧址对外开放，1977年在旧址西侧建秋收起义纪念馆，2017年再建规模庞大的新馆，为国家4A级旅游景区、全国重点文物保护单位和爱国主义教育基地。

平江起义旧址天岳书院。位于平江县一中校园内，1720年始建天岳书院（背倚小天岳峰而得名）。1928年7月，彭德怀、滕代远、黄公略在此发动起义，成立红五军。书院坐南朝北，砖木结构，有大门、中厅、后厅和东西斋（含讲堂三间，山长住房两间，斋房50余间及天井、过道），占地面积5948平方米，建筑面积3907平方米。正门门额嵌清代学者李次青书"天岳书院"石匾，东西两边嵌对联"天经地纬，岳峙渊渟"，大门内壁有陈云手书"平江起义纪念馆"匾额。纪念馆1985年对外开放，2008年建庞大新馆，拓展铜像广场，置飞机坦克，被国务院公布为全国重点文物保护单位，列入红色旅游经典景区名录。

湘南年关暴动指挥部旧址。位于湘南宜章县城关镇，原为清守备署，始建于清顺治十年（1653），1918年改为县立女子学校。1928年1月，朱德、陈毅率南昌起义余部智取宜章，揭开了湘南暴动序幕。旧址是四栋两层建筑物的四合院，坐北朝南，砖木结构，由大门、耳房、前坪、前栋、后栋、西栋和庭院组成，占地面积6000平方米，大小房屋40余间。中坪北面是一栋简易楼房，楼下有两耳房和一厅堂，中厅是起义指挥部及朱德、陈毅等的住房，两侧为红军战士营房。1979年对旧址进行了全面维修，陈列了湘南起义史料及所征集的珍贵文物，成为中共中央宣传部公布的全国爱国主义教育基地，列入红色旅游经典景区名录。

湖南省苏维埃政府旧址锦绶堂。位于浏阳市大围山镇，始建于清光绪廿三年（1897），为大户涂氏庄园。坐北朝南，三条轴线布局，砖木两层结构，三进五开间。中轴线有前院、过堂、正堂、后堂，大小房间百余间排列两厢，还有天井 19 个、花园一座。屋内藻井、翘角、卷棚、过亭饰以绘画雕塑，工艺精湛。围墙内占地面积 5000 平方米，建筑面积 3800 平方米。湖南省苏维埃政府是中国共产党领导的第一个省级政权，红三军团打下长沙时成立于黄兴路省商会内，随后迁平江和浏阳农村。1930—1931 年，主席王首道（浏阳人）率政府机关两次进驻锦绶堂；附近还有中共湘鄂赣省第一次代表大会旧址楚东山大屋可供参观。

红一方面军诞生地李家大屋。位于浏阳市永和镇石江村，始建于清嘉庆八年（1803）。李家大屋为湘东特色民居，坐东朝西，砖木结构，轴对称布局，三进五开间，由槽门、前栋、中栋、后栋、横厅、厢房、天井、围墙、池塘、前坪、花园等建筑单元组成，占地面积 5000 余平方米，建筑面积 4000 平方米。因年久失修，大部分倒塌，现存面积 920 平方米。1930 年 8 月，毛泽东、朱德率红一军团与彭德怀、滕代远率红三军团会合，在此合编红一方面军。大门外四位领导人的雕塑，记录了当年会师的场景。附近还有解放军第一位女将军李贞和浏阳籍"五虎上将"之唐亮（另四人为宋任穷、王震、杨勇、李志民）的旧居。

湘鄂川黔省委旧址丁家大院。土地革命战争后期形成以大庸、永顺、桑植、龙山等县为中心的湘鄂川黔苏区，苏区领导机关设永顺县塔卧镇。省委驻丁家院，旧址为三合院穿斗式木结构建筑，青石板天井，面积 679 平方米，正屋坐东朝西，左厢房配吊脚楼，正屋对面木房为警卫人员住处，西南有任弼时、贺龙、关向应、夏曦、王震、萧克等领导人的办公室及住处。省革命委员会各部门驻雷家院，附近还有红二、红六军团的司令部和随营学校以及兵工厂、医院等，现房屋均保存完好。另外两处旧址：张家界市永定区（原名大庸县）和湘西自治州龙山县兴隆街、茨岩塘，也有中共湘鄂川黔省委、省革委、省军区的驻地。

红二方面军长征出发地刘家坪。位于桑植县刘家坪白族乡，长征出发地纪念碑竖立在刘家坪干田坝山腰，青石砌成，碑高 21 米，边长 2 米，碑体呈银灰色，基座镌刻长征沿途团以上干部烈士名录。旁边建长征出发地纪念馆，展厅面积 1500 平方米，内容按木黄会师、湘西攻势、壮大湘鄂川黔革命根据地、长征从桑植出发、甘孜会师、将台堡大会师六个部分布展。红二、红六军团长征出发地司令部旧址，原为乡绅刘九桐宅院，建于清朝末年，由 28 间房屋组成，典型的湘西土家族民居风格。张家界不仅风景旖旎（属世界自然遗产），而且是红色旅游打卡地。附近还有：湘鄂川黔纪念馆（天主教堂）、贺龙故居和纪念馆。

芷江七里桥抗战胜利受降坊。位于芷江侗族自治县城外的七里桥村，原是国民党空军司令部群力礼堂。1945 年 8 月 15 日日本宣布无条件投降，国民政府在芷江机场举行了受降仪式。为了纪念中国近代抵御外敌第一次完全胜利，1947 年 2 月国民政府在此建"受降纪念坊"，为四柱三拱门牌坊，高 8.5 米，宽 10.64 米，中拱宽 3 米，门洞高 3.5 米，坊基为水泥筑石墩，上砌四方形砖柱，呈"血"字造型。此为中国唯一保存的纪念抗日战争胜利建筑物，也是全球六大凯旋门（巴黎、罗马、柏林、米兰、平壤、芷江）之一。坊上嵌刻有蒋介石、李宗仁、何应钦、白崇禧、于右任、孙科等军政要人的题词和《芷江受降坊记》206 字铭文。芷江机场还有中国陆军司令部和何应钦办公室、受降会场、陈纳德飞虎队和美国空军俱乐部的旧址以及 1995 年新建的中国人民抗日战争胜利受降纪念馆。

其实在湖南省境内，还发生了许多重大革命事件（主要发生在中共创建、大革命和土地革命时期），这些事件的革命遗址或纪念地同样属于红色资源。就革命遗址或纪念地而言，湖南是中国共产党最早建立省级党支部的省份之一，在大革命时期农民运动风起云涌，土地革命时期更是爆发了秋收、平江、湘南、桑植四大起义，开创了湘赣、湘鄂赣、湘鄂西、湘鄂川黔四大苏区。在全国进行比较，湖南的红色事件遗址数仅次于江西（主要在赣南）和陕西（主要在陕北）两省，而领袖人物数则超出以上两个省。这是湖南人引以为傲的，同时亦说明湖南近现代许多著名人物的革命活动是在外地开展的，而且领导了那些地方的革命运动，包括江西中央苏区和陕甘宁抗日根据地在内。湘籍革命家尤其是领袖人物在中国近现代的历史进程中功勋卓著，仅长沙一座岳麓山上的众多名人墓地、年嘉湖畔烈士公园的湖南著名烈士介绍，就足够说明这一点。

二 湖南的可移动革命文物

革命文物是红色基因物化载体的重要组成部分，指近代以来中华民族抵御外来侵略、捍卫民族独立和争取人民自由的实物遗存，能够见证中国人民进行民主革命和社会主义革命的光荣历史。社会主义建设和改革开放时期彰显革命精神、传承革命文化的实物遗存，也应纳入革命文物的范畴。以上实物遗存须得到文物部门认定并造册登记。据统计，目前全国共有不可移动革命文物 3.6 万多处，国有馆藏可移动革命文物超过 100 万件/套。为了使馆藏文物"活起来"，2018 年至 2020 年，全国推出革命文物展览 4000 多场。湖南境内革命文物丰富，仅浏阳就有全国重点文物保护单位 6 处、省级文物保护单位 24 处，国有可移动革命文物 1.6 万余件。革命文物如此众多，需加以保护并发挥其应有价值。中共中央办公厅和国务院办公厅先后印发了《关于实施中华优秀传统文化传承发展工程的意见》《关于实施革命文物保护利用工程（2018—2022年）的意见》，强调要统筹推进革命文物的保护、利用和传承，并加强对文物进行修复和展示传播。

革命文物分为可移动文物和不可移动文物两种，前者如报刊、文件、典籍、器物等，后者如故居、战场、会址、墓葬等。革命文物承载着党和人民英勇奋斗的光荣历史，记载着中国革命的伟大历程和感人事迹。在传承红色基因方面，湖南具有得天独厚的优势。革命文物作为党和国家的宝贵财富，是弘扬革命传统和革命文化、加强社会主义精神文明建设、激发爱国热情、振奋民族精神的生动教材。每一件文物都有红色故事，都能见证一段光荣历史。对其进行保护有助于弘扬革命精神、增强革命信仰，同时这些文物亦构成红色基因传承的基础。为了摸清家底，湖南省文物局前后公布了三批革命文物名录，要求各地予以重点保护。

革命文物见证峥嵘岁月，极富教育意义。对于红色基因的物化载体来说，无论是可移动文物还是不可移动文物，都具有育人功能。例如，革命书刊能通过文字发声，彰显革命精神。革命理想高于天，理想信念之火一经点燃，就会产生巨大的精神力量。在庆祝中国共产党成立100周年之际，湖南省博物馆展出了300件（套）馆藏文物，其中80%为珍贵文物，70%的文物为首次展出。同时，展览以"芳草之地　红满潇湘"为主题，以党在湖南革命斗争历史为主线，分"弄潮儿向涛头立""百万工农齐踊跃""遍地英雄下夕烟""为有牺牲多壮志"四个单元布展。第一单元主要展示马克思主义与工人运动相结合的过程中，毛泽东、蔡和森、李达、邓中夏、何叔衡等湖湘青年站在时代浪潮的风口浪尖上，树立马克思主义信仰，参与中国共产党创建；第二单元主要展示大革命时期的湖南工农运动；第三单元主要展示土地革命战争、抗日战争、解放战争时期湖南的重要党史事件；第四单元主要展示近代湖南的著名英烈。许多文物是第一次展出，如黄兴印章、杨开慧自传手稿、湖南省苏维埃政府发行的银币和纸币、茶陵县苏维埃政府木条印、1930年浏阳苏维埃政府颁发的土地使用证、醴陵第五区第七乡农民协会10多块分田木牌、浏阳农民协会会员证、宁远农民协会臂章、长沙人力车工会证章、湘潭缝纫会会员证、衡山总工会会员证等数十枚证章或符号。

习近平总书记最善于以史育人，在纪念红军长征胜利80周年大会上就饱含深情地讲述了一则关于"半条被子"的故事。1934年11月，红军长征途经汝城县沙洲村，晚上三位疲惫不堪的女红军在村民徐解秀家借宿。第二天出发时，她们把被子剪下一半留下。并说：等革命成功了，我们一定送你一条完整的新棉被。徐解秀一直珍藏着这半床棉被，直到去世前还念叨着三位女红军。可是，她们牺牲了，再没有回来，而"送你一条完整新棉被"的承诺，共产党人兑现了——不仅邓颖超送来了一床新被子，还送来了一天比一天更美好的生活。物换星移、沧海桑田，"半床被子"的故事述说着共产党人与人民群众生死与共、风雨同舟的殷殷深情。"一个被窝度寒夜，一床被子对半分。"过去，我们党靠无数次这样的行动赢得了民心。今天仍昭示我们：为民服务永无止境，人民群众有什么样的新期盼、新需求，我们就应该送去什么样的温暖。

在溆浦县龙潭镇，至今保留着两盏马灯。马灯的主人是红六军团的两员虎将：萧克和王震。萧克用过的那盏马灯，存放在龙潭镇向家冲村向氏宗祠，王震用过的那盏马灯，存放在阳雀坡村五号院。1935年冬月，红军长征过龙潭，任弼时住龙潭镇正趋书院，张子意居云盘山，萧克宿向氏宗祠。萧克的那盏马灯是向氏族长向泽余送的，萧克接过马灯说："向家祠堂不愧是向警予劝学讲学之地，对我们红军这么热情，如有向姓子弟愿当红军的，我们全部接受。"听过向警予讲学的向基初等 20 多名青年，便跟随萧克当了红军。向泽余临终交代族人三件事：不能忘了向警予劝学讲学，不能废了向氏家族捐资助学的好传统，不能丢了萧克将军用过的马灯。80 多年过去，马灯和萧克的办公桌依然保存完好。①

王震用过的那盏马灯，存放在龙潭镇阳雀坡红色古村（亦称抗战古村）。阳雀坡不仅有将军岩，更有将军灯。将军岩指历史上三个王姓将军，而马灯是王震将军专用。当年，王震与村里两位长者交谈，得知阳雀坡大多姓王，便讲起了"三槐堂"的典故。"三槐堂"是王姓人的堂号，村里人便认定王震率领的部队是自己人，便把红军接回家，还端出了阳雀坡有名的杨梅酒和阳雀坡茶招待指战员。王震在阳雀坡五号院住了两晚，龙潭镇有 300 多名青壮年参加了红军——后来跟随由红二、红六军团组建的红二方面军长征。王震用过的那盏马灯，留下了在阳雀坡传了三代人，直至作为革命文物上交给了当地政府。

以上展品（含文献、物件等）均为可移动文物，其中有些文物散落民间。必须唤起全社会对革命文物的保护意识，除有的民间人士向国家捐赠之外，也有部分收藏家设立了私人博物馆，向社会公众开放。湖南人民出版社 1981 年出版的《湖南革命烈士诗词书信选》（湖南省博物馆编），收录了湖南籍或在湖南牺牲的革命烈士 45 人临终前的遗书、遗诗、遗文 100 余篇。包括蔡和森、向警予、何叔衡、邓中夏、何孟雄、罗学瓒、蒋先云、夏明翰、郭亮、陈昌、柳直荀、袁国平、左权、毛泽民、朱少连、熊亨瀚、贺锦斋、陈毅安、胡筠、陈觉、赵云霄等烈士的遗作。例如，醴陵人陈觉留

① 《怀化红色经典大家讲｜十大经典红色故事：两盏马灯的故事》，红网百家号，2021 年 9 月 2 日，https：//baijiahao．baidu．com/s？id＝1709750750038296619&wfr＝spider&for＝pc。

学莫斯科中山大学，与赵云霄结婚，两人回湖南做地下工作被捕，都关押在长沙陆军监狱。陈觉就义时给妻子留下遗书，赵云霄就义前也给襁褓中的女儿（不久夭折）留下遗书，血书留芳，情透纸背，感动了无数后来者。湖南省博物馆现收藏了杨开慧给毛泽东的一束信札，是非常重要的可移动文物，当时尚未从翻修房屋中发现，可惜未收入该书。

贺龙元帅之家满门忠烈，在牺牲的宗亲中有名有姓的烈士就有2050人。贺锦斋是贺龙的堂弟，1927年6月任国民革命军第二十军的师长，协助贺龙举行南昌起义并加入中国共产党。1928年9月，他在转移中在湘西石门县被敌军围困，在与敌人殊死一战之前，他想到了妻子，怕她支持不住，只给弟弟贺锦章留下最后一封家书，壮烈牺牲时年仅27岁。"上马将军，下马诗人"，贺锦斋不仅会打仗，也会写诗，留下了"吾将吾身交吾党""誓为人民灭虎狼"等豪迈诗句，其诗既表现出不怕牺牲的坚定信念，也饱含着对亲人的一片柔情。

"求木之长者，必固其根本。"革命文物的教育功能，对传承红色基因产生了很好的作用。作为文物大省，湖南认真贯彻落实习近平总书记关于革命文物工作的重要指示，深入实施红色基因物化载体的保护利用工程。其主要措施有三点：一是加强组织领导，压紧压实各地对革命文物进行保护利用的责任；二是统筹推进革命文物资源普查与研究、申报、认定，进一步摸清全省革命文物的家底及保存现状；三是注重传承转化，充分彰显革命文物的新时代价值，并推动革命文物数字化及网络传播，打造高质量的文物展陈，做到见人见物见精神。

总之，通过提升革命文物系统化保护水平，开展爱国主义教育基地标准化建设，可以使红色基因根植于共产党人的血脉之中，成为共产党人的遗传因子。百余年来，我们党在长期奋斗中锻造形成了一系列各有特点的革命精神，集中体现了党的坚定信念、根本宗旨、优良作风，为我们立党、兴党、强党提供了丰厚滋养。一路向前走，不能忘记走过的路，忘本即意味着背叛。不管时代如何发展变化，党的光荣传统不能丢，丢了传统就丢了魂；红色基因代代传，不能断代或变异，变异就变了质。踏上实现第二个百年奋斗目标新的"赶考"之路，我们仍然要运用好红色基因的物化载体，把革命精神发扬好、把红色基因传承好，做到永远不变质、不变色、不变味，奋力走好新时代长征路，并交出自己的答卷，为党和人民争取更大光荣。

第三节　湖南的文博事业及其软实力

纵览历史长河，湖湘大地遍布革命先辈足迹，潇湘热土矗立共产党人信仰丰碑。作为另一种红色基因物化载体，博物馆和陈列馆（均属文博事业范畴）是为公众提供知识、教育和欣赏的文化机构，具有征集、保藏、陈列和研究的功能。当然，文博事业的场馆必须具备一定数量的藏品并对外开放，方能够发挥功能并展示湖南的文化软实力。湖南红色场馆众多，展品异常丰富，正如人们所说："三湘大地宛若一座没有围墙的革命历史博物馆。"红色藏品集中展示的场所主要有湖南博物院、湖南党史陈列馆（雷锋镇）、中国共产党长沙历史馆（清水塘）、湘鄂赣革命根据地纪念馆（平江县）、湘鄂川黔革命根据地纪念馆（永顺县和张家界市两处）、湖南辛亥革命人物纪念馆（黄兴镇）、中国人民抗日战争胜利受降纪念馆（芷江侗族自治县）、湖南和平解放史事陈列馆、吉首市湘西剿匪胜利陈列馆和辰溪县湘西剿匪史料陈列馆、雷锋纪念馆等。上述场馆通过实景布置、实物陈列、观众参与等方式让人身临其境，发挥育人功能。

一 湖南的博物馆和陈列馆简介

湖南博物院（原名湖南省博物馆）。坐落在长沙市年嘉湖畔，被国家文物局列为首批国家一级博物馆，前身为湖南图书馆兼教育博物馆。馆内设"长沙马王堆汉墓陈列"和"湖南人——三湘历史文化陈列"两个基本展览，以马王堆汉墓出土文物、商周青铜器、楚文物、历代陶瓷、书画和近现代革命文物最具特色，还定期举行特别展览和交流展览。其中有大量革命文物，如新民学会史料，毛泽东与蔡和森等人的通信、杨开慧书信手稿等，成为人们了解湖湘文明进程、领略湖湘文化的重要窗口。

湖南党史陈列馆。坐落在岳麓区与望城区接壤的雷锋镇，建筑面积 15000 平方米，展厅面积 8000 平方米，总投资 1.5 亿元，2013 年毛主席诞辰 120 周年之际开馆。序厅屹立着党的七届一中全会选出的五位书记中的三位湘籍书记——毛泽东、刘少奇和任弼时。陈列按专题分为四个部分：前三部分按照历史发展脉络，分别以"开辟新天地""描绘新画卷""谱写新篇章"为题，展示新民主主义革命、社会主义建设、改革开放三个时期湖南的党史重大事件；第四部分"三湘群英谱"最具特色，是人物专题陈列，介绍了湘籍或长期在湖南工作的著名党史人物。馆内有 2400 张图片、380余件实物、13 处场景。每一件展品的背后都有动人故事，全面展示了湖南党史画卷和湘籍党史、军史人物的光辉业绩。由于史料翔实，参观者徜徉馆内，能清晰而身临其境地看到湖南党史的脉络和细节。一墙之隔的雷锋纪念馆也是"网红打卡"之处，二者形成湖南爱国主义教育的"大本营"。

中国共产党长沙历史馆。坐落在芙蓉区八一路 538 号（原清水塘 22 号），建党时期和大革命时期为毛泽东、李维汉先后任书记的中共湖南支部、中共湘区委员会旧址。围墙内占地面积约 4

万平方米，场馆及附属建筑面积 1.02 万平方米，包括湘区区委旧址暨毛泽东杨开慧故居、毛泽东塑像广场、毛泽东诗词对联书法碑廊等景点。展陈面积 6700 平方米，序厅矗立着出席中共一大的湖南代表毛泽东和何叔衡，馆内有"长岛人歌动地诗"——中国共产党长沙历史陈列、"湘区丰碑"专题陈列，展示了长沙波澜壮阔的革命岁月和取得繁荣发展的成就。地处北辰三角洲的"三馆一厅"（市博物馆、图书馆、规划馆和音乐厅）也值得参观游览，尤其是进了长沙规划馆，就对长沙的昨天、今天和明天有全貌式、立体式了解。

中国人民抗日战争胜利受降纪念馆。位于芷江侗族自治县城外七里桥村，1995 年纪念抗战胜利 50 周年开馆。建筑面积 1500 平方米，分上下两层，设三个展厅。展出文物 214 件，照片、图表、电文 625 幅以及中、美、英、苏、德、日等国二战时期的兵器 43 件。资料展览室的 98 幅图片，展示了半个世纪来对受降活动的庆典、瞻仰、建设、评价；题词和书法作品展览室陈列了先辈名将题词之瑰宝、中外名流翰墨之精华，集抗战诗词楹联之大成。芷江机场还有中国陆军司令部（受降会场）、陈纳德飞虎队旧址以及受降纪念坊。今为国家公布的全国重点文物保护单位、全国爱国主义教育示范基地、国家 4A 级旅游景点。

湖南和平解放史事陈列馆。位于长沙市芙蓉区白果园程潜公馆旧址，二层青砖楼房，红石砖外墙，青石瓦屋顶，共 14 间房屋，全青花窗户，尽显古朴典雅之风。2015 年 10 月开馆，陈列馆分为两层：第一层为"湖南和平起义历史陈列"，三个部分即苦难湘人盼和平、和平起义成大业、湖南和平起义大事记，共展出文献、物品百余件；第二层为"程潜生平业绩陈列"，从求学、立业、抗战、起义、建功等方面，展示了程潜不平凡的一生。程潜是醴陵市官庄镇人，原国民革命军一级上将，与陈明仁率部起义，长沙和平解放以后仍担任湖南省政府主席。其亲属捐赠了300多件文物，包括他起草的湖南和平起义电文手稿。

湘西剿匪胜利陈列馆。坐落在吉首市芙蓉岗公园，占地面积60亩，建筑面积7668平方米，其中展厅面积为2790平方米，现藏有历史文物、革命文物、自然文物和民族民俗文物7710件套，其中有国家珍贵文物1810件套。另有湘西剿匪史料陈列馆，位于辰溪县辰阳镇胜利公园，2003年6月开馆。建筑为江南四合院式单层混凝土结构，占地面积10000平方米，建筑面积2200平方米。馆藏藏品6963件（套），其中剿匪文物、档案及书籍资料、实物150余件，展示珍贵图片500余幅、题词50余幅，基本陈列呈现了解放军第47军在大湘西地区剿匪的辉煌历史，以示湘西人民对剿匪战斗牺牲的2000多名烈士深切怀念之情。

隆平水稻博物馆。位于长沙市芙蓉区人民东路与京珠高速交会处，以杂交水稻之父袁隆平院士的名字命名博物馆，旨在弘扬科学家精神。博物馆的建筑面积1.8万平方米，主体建筑面积约1.1万平方米，分为陈列、库藏、公共服务、技术与行政管理等5个功能区。从空中俯瞰，5栋形态别致的主体建筑仿佛5颗饱满的"稻粒"，寓意五谷丰登。其中陈列区供人参观，包括中国水稻历史文化、水稻科技、袁隆平与杂交水稻3个基本展厅和1个临时展厅，展陈面积6000平方米。2019年9月开馆，第二年入选国家一级博物馆名录，2022年3月被中国科协评为首批全国科教基地，是我国乃至世界上第一个大型水稻博物馆。

湖南境内遍布红色遗址，颇具特色的红色纪念馆还有湘乡市的东山学校旧址陈列室、常宁县的水口山工人运动纪念馆、桂东县的第一军规广场及纪念馆、平江县的湘鄂赣革命根据地纪念馆、炎陵县的红军标语博物馆、汝城县的"半条被子的温暖"专题陈列馆、道县的陈树湘烈士纪念园、通道侗族自治县的红军通道转兵纪念馆、桑植县的红二方面军长征纪念馆、南县的厂窖惨案遇难同胞纪念馆、永顺县的湘西红色文化主题馆等。习近平总书记 2019 年 9 月 16 日在河南新县视察大别山根据地的鄂豫皖苏区首府革命博物馆时说，"革命博物馆、纪念馆、党史馆、烈士陵园等是党和国家红色基因库"，要充分发挥其育人功能。并要求我们"讲好党的故事、革命的故事、根据地的故事、英雄和烈士的故事，加强革命传统教育、爱国主义教育、青少年思想道德教育，把红色基因传承好"。① 对于湖南来说，同样要充分发挥博物馆、纪念馆、党史馆、烈士陵园等红色基因库的作用，以此来传承红色基因，做到"发扬革命传统，争取更大光荣"。

二　红色文博场馆展示湖南文化软实力

"软实力"一词源于英语"soft power"，是近些年一个风靡全球的重要概念。在全球化语境下，文化软实力作为推动国家持续发展的精神力量，被越来越多的国家和地区所重视。我们把"提高文化软实力"上升到国家战略层面，这对提高国家综合国力与推进中国特色社会主义事业，对建设社会主义精神文明与提高公民素质都有推动作用，可以使文化成为取之不尽、用之不竭的力量源泉。湖南的红色文博场馆众多，藏品和展品丰富，我们要深挖其中蕴含的时代价值和精神内核，并加强内容宣讲及理论阐释，使之成为湖南崛起不可或缺的文化软实力。

湖南文脉深远，马王堆汉墓、城头山遗址、老司城遗址……一系列全国重大考古发现表明，从上古时期开始，湖南就已呈现出光辉灿烂的文明景象，是中华文明不可或缺的部分。其中，湖南出土

---

① 习近平：《用好红色资源，传承好红色基因　把红色江山世世代代传下去》，《求是》2021 年第 10 期。

的竹简使许多古代历史之谜得到破解。宋代书院兴起，湖湘文化凸显了"惟楚有才，于斯为盛"的育人功能，奠定了湖南软实力的基础。进入近代，湖南人敢为天下先，走在洋务运动、戊戌变法、辛亥革命的前列。尤其是五四运动以后，湖南的党史资源十分丰富，革命遗址和领袖故居随处可见，其开发前景极其可观，能助推湖南的文化软实力提升。

红色文化的物化载体是包括红色场馆在内的红色资源，其彰显的软实力能更好地传承红色基因。红色基因是中国共产党的精神内核和党永葆本色的生命密码，根植于共产党人的血脉之中。当前我们需要盘活红色资源的存量，开发好红色场馆，宣讲好红色故事，以便更好地弘扬革命精神。湖南是国家长征文化公园的一部分。在长征途中发生了许多可歌可泣的故事，如汝城县沙洲村"半条被子"的故事、道县湘江战役陈树湘"断肠明志"的故事。抗战时期湖南人创作的救亡歌曲最多，在十大抗战歌曲中湖南人就写了三首。《义勇军进行曲》和《毕业歌》的词作者是长沙人田汉，《游击队歌》的词曲作者是邵东人贺绿汀。说到歌曲，一曲《浏阳河》响彻五湖四海，成为湖南的一张名片；《火车向着韶山跑》的歌词，歌颂了人民领袖毛泽东。这些都彰显了湖南的文化软实力。

令人肃然起敬的是，湖南老一辈革命家不仅功勋卓著，而且有崇高的精神风范，其信仰、信念、信心贯穿于党的奋斗历程。下面几则故事足以说明这一点。1961 年，时任国家主席的刘少奇回到故乡宁乡，为了扎实地搞好农村调研，不给乡亲们添麻烦，他化名"刘胡子"，住在一间破旧空荡的猪栏屋楼上，采用搭门板、铺禾草、自带干粮的工作方式。任弼时一生有"三怕"，一怕工作少，二怕麻烦人，三怕用钱多，党内称其具有"骆驼精神"。湘籍革命家高风亮节，从陶铸的"如烟往事俱忘却，心底无私天地宽"到许光达的"让衔、让级、让位"；从徐特立的"革命第一，工作第一，他人第一"到谢觉哉的"为党献身常汲汲，与民谋利更孜孜"；从彭德怀的"请为人民鼓与呼"到胡耀邦的"心在人民，利归天下"。他们服务人民的公仆情怀、淡泊名利的崇高境界、廉洁修身的道德操守、艰苦奋斗的优良作风，让人无比钦佩、无限敬仰。

文化软实力的作用在于：只要有崇高的理想，就会在黑暗中看到光明，在平凡中看到伟大，在遭受困难和挫折时充满信心。例如，夏明翰出身衡山县的名门望族，后来成为一名反抗土豪劣绅的革命者。革命当从自家始，他还动员弟弟夏明震、夏明弼和妹妹夏明衡参加了革命。他是中共湖南省委组织部部长、农民部部长和长沙地委书记，在汉口被捕。1928 年 3 月就义前挥笔写下气壮山河的就义诗："砍头不要紧，只要主义真。杀了夏明翰，还有后来人！"2009 年，夏明翰被评为"100 位为新中国成立作出突出贡献的英雄模范人物"。习近平总书记讲述的"断肠明志"故事，就是长征途中英雄人物——红五军团第三十四师师长陈树湘（长沙人），1934 年 11 月他在湘江之战负伤被俘，从伤口处扯出肠子，用力绞断而壮烈牺牲。正是无数先烈流血牺牲，才打下红色江山。先烈们的付出，是为了谋人民今天之幸福。我们要牢记初心使命、践行党的宗旨，永远保持同人民群众的血肉联系，在新时代长征路上为实现人民对美好生活的向往而不懈奋斗。

在革命战争年代，湖南的文化软实力体现在党组织的坚强堡垒和党员的模范带头作用上。走进长沙市岳麓区天顶街道清水社区公共服务大厅，左侧门庭上"中共古塘湾支部党史陈列厅"几个大字吸引着人们的目光。厅内陈列内容分三个部分：一是古塘湾支部的基本情况，二是古塘湾支部的使命担当，三是古塘湾支部的历史启示。古塘湾党支部成立时只有易子义（书记）、易子贤、杨南轩、杨东泽、叶魁等 10 多名党员。从 1925 年初到 1949 年长沙和平解放，长沙河西的地下党组织从这个支部发展到 3 个区、54 个支部、

1000 多名党员。这颗火种沿湘江两岸燃烧起来，上到坪塘，下至白沙洲，星星之火燃遍了长沙西郊。

和平时期，湖南的文化软实力同样体现在党组织的坚强堡垒和党员的模范带头作用上。从长沙市望城区走出的共产主义战士雷锋身上，我们看到了"把有限的生命投入到无限的为人民服务之中"的雷锋精神——党的精神谱系的湖南元素。这位 22 岁的年轻战士虽是一名普通士兵，却名重天下，以他质朴高尚的人格，成为几代中国人的精神偶像，时至今日仍是一块社会道德高地。还有在各条战线上涌现的模范，如黄诗燕、周春梅、艾爱国、施金通、罗安、何继善、傅学俭。他们无一不是时代先锋，是湖南省优秀共产党员的代表。2020 年惊心动魄的抗疫斗争中，湖南全省各地各级医院的医护人员舍身忘我、冲锋在前。特别是湘雅三个医院组成的国家医疗队，以白衣为甲，400 多人逆行出征武汉，奏响了一曲荡气回肠的英雄壮歌。

从上可知，轰轰烈烈的革命或生产实践，一次又一次把湖南人推上历史潮头。由于理想的熔铸，一大批湖湘先进人物以天下为己任，执着追寻真理，坚定走向革命道路，始终守望着远大信仰。湖南是一片有着光荣革命历史的红色热土，奔流不息的湘江水滋养着这片伟人故里、将帅之乡、革命摇篮、红色故土。一百多年来，英雄的三湘人民在党的领导下，走过"为有牺牲多壮志，敢教日月换新天"的革命岁月，掀起"喜看稻菽千重浪，遍地英雄下夕烟"的建设热潮，闯出"洞庭波涌连天雪，长岛人歌动地诗"的改革之路，谱写"装点此关山，今朝更好看"的崭新篇章。伴随这一波澜壮阔的历史进程，一代代共产党人在湖南这片热土上留下了不懈奋斗的足迹。

面对过去厚重的历史，今日如何提升湖南文化软实力、续写湖南新辉煌呢？可从弘扬传统文化、传承革命文化、创新现代文化三方面发力。下一步，湖南提升文化软实力应重点建设两座"山"：一是岳麓山大学城，其科技文化、湖湘文化较为发达，是人才高地；二是马栏山视频文创产业园，主要发展影视文化，扩大宣传效果。通过科技与影视双管齐下，湖南不仅能做到人才辈出、事业传承，而且能持久影响全国、走向世界。对于商业和旅游而言，营商环境只有更好，没有最好。因为营商环境反映一个地方的软实力，优化营商环境就是解放生产力、提高综合竞争力。近年来湖南在政务环境、法治环境、融资、市场要素等方面进展如何？通过向企业家发放问卷调查，可发现湖南及省会长沙的营商环境排名实现了"三级跳"，2020 年，长沙市在各城市（不含直辖市）中综合得分位居中西部第一、全国前六。"来到湖南，办事不难。"海峡两岸产业合作区数字化和低碳化发展论坛、世界计算大会、第九届海归论坛等重要会议在长沙开幕，就是湖南软实力强的很好证明。

文化软实力对于湖南省会长沙来说，不仅是重要的生产力，更是核心竞争力。首先，文史资源支撑着湖南"强省会"的发展战略。城市不仅是物理空间，也是精神空间。一座城市必须有共同的价值追求，其来源正是长期历史和厚重文化积淀而成的思想根脉、形象气质。尤其是长沙作为浸润了湖湘文化的红色热土、中国革命和毛泽东思想的发源地，更有基础、有条件在发展先进文化、培育和践行社会主义核心价值观方面发挥更多作用。其次，文创产业提升了湖南"强省会"的发展活力。文化创意产业本身是朝阳产业，与其他产业结合催生大量新业态、新模式。"强省会"必须把发展文化产业作为突破口，在产业文化化、文化产业化上迈出更大步子。"电视湘军""出版湘军""动漫湘军""文艺湘军"等文创劲旅勃兴，形成了"文化＋"的强大引擎作用。最后，文旅服务强化了湖南"强省会"的效能。文化作为一种看不见的力量，可发挥润物无声的功能，推动城市现代化。随着省会城市经济繁荣，市民多样化、多层次、多方面的文化需求日益旺盛，公共文旅服务体系的构建和完善，可以提供更多更优质的精神产品，使市民获得更多幸福感，并以辐射作用带动全省经济社会发展。

总之，当下湖南软实力建设必须立足于湖湘文化底蕴，夯实文化基础；突出湖南区域特色，提升文化影响力；依托现代传媒，扩大文化传播力度；推进品牌建设，增强文化竞争力；培育文化人才，激发文化创造活力。文化的影响，时势的使然，曾经使大批湖湘先进人物以天下为己任，执着追寻真理，奠定了"天下不可一日无湖南"的基础。湖南的文化软实力，终于换来了今日经济发展的硬实力。继续提升湖南软实力，这是富民强省的应有之义、"三高四新"社会建设的内在需要。新时代的湖南人应始终守望着信仰高山，坚定走向未来之路。百年恰是风华正茂，回望是为了更好地出发；筚路蓝缕，奠基立业，创造辉煌，开辟未来历程。

第四节　湖南红色基因的基本元素及特质

"元素"本来是自然科学的概念，在现代数学集合论中元素是组成集的每个对象，如几何学的组成部分是点、线、面、体；而化学元素则是具有相同核电荷数（核内质子数）的一类原子的总称，常见元素有氢、氧、铜、铁、碳等100多种。在社会科学中，目前尚无"红色基因元素"的提法。本书将其引入"红色基因学"的研究范畴，认为它是构成红色基因的基本单位。据实证考察，散落在三湘大地每一处爱国主义教育基地、革命文物旧址、红色旅游景点，都构成红色基因的基本单位。这些"湖南红色基因的基本元素"，宛若一个个信仰熔铸点、一座座红色基因库。我们应当充分挖掘利用湖南党史资源"富矿"，对伟人故里和名人故居、革命遗址和文物实施抢救性修复、预防性保护、数字化运用。同时，红色基因在内容上体现党的性质宗旨、革命精神面貌、纪律要求、思想品质和工作方法等，我们要通过展现红色基因及其元素，让红色文物"活起来"，红色记忆"热起来"，红色景点"火起来"，红色场馆"潮起来"。

一 湖南红色基因基本元素的形成基础

红色基因基本元素与红色资源密不可分，同样体现革命精神。培育红色基因，离不开千百万人民群众这个革命主体进行的革命事业。如果说革命是推动历史前进的"火车头"，那么革命精神则是引领历史发展和社会进步的"引擎"。革命精神本质上是红色文化的观念意识形态，它必须通过特定的形式和载体才能表现出来。中国共产党的百余年历程中，形成了一系列革命精神，转化成红色基因。红色基因蕴藏在共产党人的血脉之中，时时处处闪耀着马克思主义政党的熠熠光辉。要实现红色基因的有效传承以及红色文化的弘扬传播，就必须不断地推动红色基因的载体创新和宣传方式创新。

联系湖南实际来看，红色文化及其资源是红色基因基本元素的形成基础。分析湖南红色基因的基本元素，伟大建党精神及其精神谱系与湖南的伟大社会实践紧密相连，其中饱含湘籍共产党人的牺牲和奉献精神。例如，许多湖南人参加了秋收起义、湘南起义、平江起义；当年毛泽东、朱德首次会师就在今天井冈山下的炎陵县；红军长征时，红三十四师不畏艰险、浴血阻击，掩护中央红军主力渡过湘江。从那时起，井冈山精神、长征精神就在湖湘大地播下了种、扎下了根。在社会主义建设时期，在湖南产生的雷锋精神、科学家精神、脱贫攻坚精神等代代相传，影响了包括湖南人在内的几代国人。

湖南红色资源丰富。在湖南，时时处处能够感知红色基因元素的存在。立足三湘大地，我们感同身受，备受教育。红色基因根植于共产党人的血脉之中，熔铸在中国革命、建设、改革的伟大实践中，成为湖南广大共产党员的"根"与"魂"。推进党的建设新的伟大工程需要"定海神针"，实施新时代立德树人工程需要"关键硬核"，实现中华民族伟大复兴需要"力量源泉"。为了进一步激发湖湘人士干事创业的内生动力，就必须统筹各方面的力量，精准把握湖南革命历史的主题主线和主流本质，深入挖掘、阐释、宣传湖南的红色资源及其红色基因基本元素，使之成为引领广大干部群众奋进新征程、建功新时代的精神坐标。

红色资源及其红色基因基本元素，凝聚了三湘儿女的革命精神。热血浸染大地，精神一脉赓续。众多湖湘英雄忧国忧民、先忧后乐、经世致用、敢为天下先，在五四时期创建了共产党早期组织；红军将士抛头颅、洒热血，锻造了伟大的井冈山精神、苏区精神和长征精神；无数湖湘子弟以血肉之躯鏖战抗日战场，展现了气壮山河的抗战精神。湖南革命先烈的遗诗中有无数豪言壮语："越杀胆越大，杀绝也不怕""雪耻需倾洞庭水，爱国岂能怕挂头""多少头颅多少血，续成民主自由诗""重负在肩何所惧，岂经事变惜头颅"……从先烈们的遗诗中，我们读到一种踔厉敢死的精神，一种"尽掷头颅不足痛"的豪情。英烈们用热血写就的生命绝唱，荡气回肠、感天动地。从上可知，舍身为国、前赴后继的湖湘儿女用丹心碧血浸染了三湘热土，以坚定的理想追求、无畏的斗争牺牲、接续的努力奋斗，为伟大建党精神留下了不可磨灭的湖南印记。

在社会主义建设征途上，湖南人民再接再厉，以自力更生、发愤图强的进取姿态，进一步丰富了党的精神谱系和红色基因的基本元素。新中国成立以来，无论是保家卫国的抗美援朝战争，还是意味着中国人民挺直腰杆站起来的"两弹一星"成就，无论是创造铁路建设史上重大奇迹工程的湘黔铁路修建，还是投身祖国边疆建设的"八千湘女上天山"，无论是袁隆平潜心研究杂交水稻数十年的钻研精神，还是十八洞村民的脱贫攻坚意志，湖湘儿女奋斗的足迹无时不有、无处不在。他们在湖湘热土上继续展现坚定的信仰，勇做时代的"顶梁柱"。现今，更要在新时代赓续红色血脉，谱写更加出彩的新征程绚丽篇章。

我们深知，三湘大地遍布革命先烈的红色足迹，革命遗址宛若一座没有围墙的历史博物馆，充满丰富的红色基因基本元素。据统计，目前湖南有省级以上爱国主义教育基地 192 个（含国家爱国主义教育示范基地 38 个），数量稳居全国第一。为了更好地传承红色基因、摸清红色资源的家底，全省开展文物普查。现已查明并登记在册的革命类不可移动文物有 2400 余处，其中全国重点革命文物保护单位 59 处，省级革命文物保护单位 438 处，革命文物资源总量和重要资源数量均位居全国前列。为此，湖南省政府与国家文物局签订战略合作协议。湖南省先后印发《关于加强革命历史类纪念设施、遗址遗迹和爱国主义教育基地建设管理的若干意见》《湖南省革命文物保护利用工程（2020—2022 年）实施方案》等文件，编制《县市区革命文物保护利用工程三年行动计划（2020—2022年）》，推进长征国家文化公园（湖南段）建设，颁布《湖南省红色资源保护和利用条例》，使红色资源保护利用有法可依、有章可循。

传承红色基因必须依靠每个党员、每个党组织，需要从自身做起、从细微处做起、从每件事做起，在追寻红色历史、接受红色教育中赓续红色血脉，鼓起建设美丽新湖南、开启新征程的精气神。近年来，湖南依托红色资源优势，不断把丰富的红色资源转化为党性教育的鲜活教材，教育引导广大党员干部从党的光辉历史中汲取砥砺奋进的精神力量。同时，湖南多形式创作红色作品，多层次发展红色旅游，不断擦亮湖南的红色底色，起到了很好的传承作用和教育效果。

回首党史，我们可以看到，天下为公、以人为本、自强不息等中华优秀文化的精髓，已被中国共产党在革命、建设、改革的伟大实践中吸收接纳，深深融入共产党人的血液中。毛泽东说过："一定的文化是一定社会的政治和经济在观念形态上的反映。"[①] 湖南红色文化是无数革命先烈和英雄模范人物用鲜血和汗水浇灌的精神文明的硕果，是中国共产党的独特政治优势和传家宝。例如，以毛泽东、刘少奇、蔡和森等人的文集、书信、诗词、电报为代表的文献史料，贺龙、徐特立、夏明翰等人的革命故事，《恰同学少年》《血色湘西》等影视作品以及《浏阳河》《学习雷锋好榜样》等音乐作品。它们的生成有着特定的背景和条件，包括当年湖南独特的社会历史条件以及湖湘文化造就的斗争精神，更重要的在于马克思主义在湖南传播、湖南革命运动兴起等方面的实践活动。

红色基因基本元素及所包含的革命精神由共产党人铸就，承载着党的初心和使命。这些元素及精神跨越时空，永不过时，是促使我们继续前进的不竭动力。党的历史及其红色资源培育的红色基因，其精神实质——崇高的理想信念、实事求是的工作作风、为人民服务的宗旨、艰苦奋斗的传统以及人民群众从古至今就有的勤劳勇敢、爱好和平、自强不息的品质，不畏艰险、勇于担当、不怕牺牲的精神，在物质条件优越的今天仍要发扬光大。我们不可忘记中华美德和革命传统，不能丢掉老一辈革命家留下的宝贵精神财富。这些红色基因是凝心聚力、构建共产党人精神家园必不可少的支撑条件。深挖红色基因的精神实质，能让更多共产党人和人民群众在革命、建设和改革中不畏艰险、奋勇向前。

红色基因基本元素及其所包含的革命精神如何培育呢？要充分发挥主渠道的作用。社会是大课堂，主流媒体是主渠道之一，同时

---

① 《毛泽东选集》第 2 卷，人民出版社，1991，第 694 页。

要发挥学校思想政治理论课的作用。进行思想政治教育，要求我们把握规律性，将红色基因进一步升华为社会主义核心价值观。培育红色接班人是历史赋予当代的使命。如何传承红色基因呢？关键在于培养中国特色社会主义事业的接班人。教育的根本任务是立德树人，心有所信，方能行远。我们应按照习近平总书记关于讲好红色故事的要求，创新叙事模式，增强故事感染力；要采取青年学生喜闻乐见、易于接受的形式开展教书育人活动。学校应聚焦培养接班人这个根本任务，用好课堂教学"主渠道"，建好校园文化"主场所"，抓好党团班级"主阵地"，种好红色教育"责任田"，让红色文化走进校园、走进课堂、走进学生心灵。

培育红色基因基本元素及其所包含的革命精神，要利用一切场所（包括学校、红色场馆、主流媒体、红色网站等）讲好、讲活红色故事。学校要积极营造学习、宣传、践行红色文化的校园环境，构建全员参与、多方位覆盖、多渠道发力的教育模式，形成强大聚合效应。学校的思政课能否入脑入心，能否在立德树人过程中发挥作用，关键看实践检验的效果。思政课的本质是讲道理，要求教师紧紧围绕爱党、爱国、爱社会主义的主题，将红色故事融入课堂教学。教师也要注重方式方法，引入现代教学手段，把道理讲深、讲透、讲活。老师用心教，学生用心悟，达到沟通心灵、启智润心的效果。要用鲜活案例、翔实史料，将抽象理论形象化、生活化。要引导学生参与社会实践，既读有字之书，又读"无字之书"，在实践中接受红色文化，传承红色基因，领悟真理，坚定"四个自信"。

总之，培育红色基因基本元素及其所包含的革命精神是一项系统工程，要积极营造良好的社会氛围，创新传承红色基因的内容、形式、方法、载体、手段，使之成为凝聚中华民族伟大复兴的重要途径。种树者必培其根，种德者必养其心。我们要通过守正创新、固本培元，使广大青少年在全面建设社会主义现代化国家新征程中勇当先锋，成为有理想、有本领、有担当、有作为的时代新人。

二 湖南红色基因基本元素的主要构成

一个国家、一个民族正因为有了自己独特的精神基因，才能形成不同于他国、其他民族的人文传统和文化习惯，走出具有鲜明特色的发展道路。红色基因绝非抽象的概念，更不是尘封于故纸堆里的遗存，而是共产党人精神与信仰的密码。红色基因体现了党的奋斗史，承载着党的理想追求和使命担当，其中的"人、物、事、魂"均具有教育意义。正如习近平总书记 2020 年 7 月 24 日在吉林考察时所说："要把这些红色资源作为坚定理想信念、加强党性修养的生动教材，组织广大党员、干部深入学习党史、新中国史、改革开放史、社会主义发展史，教育引导广大党员、干部永葆初心、永担使命。"①

共产党人身上的"红色基因"并不是天上掉下来的，也不是头脑里固有的或自发生成的。它源于《共产党宣言》等马克思主义经典著作，也源于马克思主义与中国实践相结合形成的毛泽东思想和中国特色社会主义理论体系，更源于中国共产党"为中国人民谋幸福、为中华民族谋复兴"宏大理想的精神推动。马克思主义、毛泽东思想和中国特色社会主义理论体系，以科学的世界观和方法论揭示了人类社会发展规律，在历史和人民的选择中成为中国共产党立党立国的根本指导思想，成为指引党领导人民不断夺取革命、建设、改革胜利的强大精神武器。习近平总书记指

---

① 习近平：《用好红色资源，传承好红色基因　把红色江山世世代代传下去》，《求是》2021 年第 10 期。

出："文化自信，是更基础、更广泛、更深厚的自信。在 5000 多年文明发展中孕育的中华优秀传统文化，在党和人民伟大斗争中孕育的革命文化和社会主义先进文化，积淀着中华民族最深层的精神追求，代表着中华民族独特的精神标识。"[1]

我们今天事业的辉煌不是等来的，必须依靠党和人民的奋斗。我们深知，敢于斗争是伟大建党精神及精神谱系之基，人民至上是伟大建党精神及精神谱系之魂。湖南共产党人忠实地实践着马克思主义、毛泽东思想和中国特色社会主义理论体系，开创了惊天动地的历史伟业，谱写了感天动地的英雄壮歌，为中国共产党雄壮多彩的精神谱系注入了鲜红的湖南元素，烙下了闪亮的湖南印记。湖南人永远不能忘却脚下这片洒满烈士鲜血的红色土地，应始终保持那么一股不服输、拼到底的精气神，这就需要以党史上的"人、物、事、魂"激活红色基因，激扬奋斗精神。历史车轮滚滚向前，进入新时代，奋进新征程，需要我们用好红色资源，讲好党史故事（包括根据地的故事、英雄和烈士的故事），用红色精神润心铸魂。湖南人身上蕴含着红色基因的"湖南元素"，党的精神谱系也不乏"湖南印记"，应努力把握其中的深刻意蕴，将其发扬光大。

湖南人身上的红色基因，充分展示了革命精神。轰轰烈烈的革命征途上，湖南人发先声、开先路、当先驱、做先锋，为党史书写了许多具有里程碑意义的首创之功。湖南人首发"建党先声"，蔡和森第一个提议成立中国共产党，毛泽东组建了最早的中共省级组织，还有第一位女中央委员向警予、第一位女党员缪伯英、第一位工人党员李中，中共安源支部是全国最早的工人党支部、岳北农工会是党领导下全国最早的工农联合组织。这里成为"建军摇篮"，秋收起义打出第一面工农革命军旗号，湘南起

---

① 《习近平谈治国理政》第 2 卷，外文出版社，2017，第 36 页。

义打响土地革命第一枪，桂东县诞生了我军第一军规，水口建党是新型人民军队把支部建在连上的一次实践。这里开启"建政先河"，成立了第一个省级政权即湖南省苏维埃政府。

在可歌可泣的党史中，以毛泽东、刘少奇、任弼时、彭德怀、贺龙、罗荣桓、蔡和森、何叔衡、胡耀邦等为代表的湘籍建党、建军、建政先驱，为党的创建和发展发挥了巨大作用。发生在湖南境内的"半条被子""断肠明志"等故事，非常生动地展现了长征精神。还有夏明翰的"就义诗"、雷锋精神、十八洞村脱贫致富等故事，长期以来在老百姓中流传，脍炙人口。由许多红色故事与革命精神构成的红色文化流传下来，呈现了共产党人的光荣奋斗史，其"人、物、事、魂"都展现出先辈们优良的革命传统和崇高的精神风貌。其中，"人"指革命领袖和对革命事业有重大贡献的英烈模范，"物"指革命前辈或先烈留下的旧址和文物，"事"指有重大影响的历史事件和革命活动，"魂"即上述人物的崇高理想和革命精神。[①] 红色文化内蕴着人、物、事、魂，唯有将其中的"人""物""事"展现好，使红色文化与时代合拍，符合大众心理诉求，才能更好地用红色文化之"魂"滋养大众。

如何将党史上的"人、物、事、魂"展现好呢？首先是向革命先烈学习。党史述说着共产党人始终如一的初心使命、坚如磐石的信仰信念、历久弥新的作风传统。无论岁月如何更替，革命先烈始终是我们净化思想、涤荡灵魂、提升境界、汲取智慧的强大精神力量。用好、用足、用活红色资源，须"请出"革命先烈担任党史"教师"，把史料文物作为党史"教材"，将纪念场馆变成党史"教室"，使党员干部牢记初心使命、坚定理想信念，于思索中唤起奋

---

① 曾长秋：《论湖南红色文化资源的开发与软实力的提升》，《文化软实力》2017年第2期。

进力量，于感动中激昂慷慨斗志，让"芳草"芳香满园。其次是向社会学习。通过参观革命遗址和名人故居、看革命文物和听红色故事，达到以史铸魂的效果。我们深知，传承是最好的纪念，奋进是最好的告慰，这些都离不开红色基因的传承。

今天三湘大地星罗棋布的红色资源，是中国共产党艰辛而辉煌的奋斗历程的见证。为了更好地记载历史、传承红色基因，被誉为"百科全书"式的《湖湘红色基因文库》于 2021 年开始与读者见面。它以百种红色图书，再现中国共产党在湖南历史中的重大事件、重要人物，系统介绍湖南党史的丰富资料。湖南在保护和利用红色资源方面成果显著，其措施如下。一是摸清"文物家底"，每年争取资金用于"红色文物"修缮，定期排查问题，延长"文物寿命"。这些红色资源一旦被激活，就能产生强烈共鸣。二是充分挖掘"红色基因"的教育功能，结合"不忘初心、牢记使命"安排主题教育，讲好"文物故事"。让收藏在博物馆里的革命文物、陈列在广阔大地上的红色遗产、刻印在书籍里的激扬文字都更加生动鲜活，走进人们内心，提供精神滋养。

走在新时代的长征路上，湖南人必须自觉地赓续红色基因，弘扬革命精神，融入时代气质，凝聚发展力量，在三湘大地上书写新的传奇。红色热土需要红色"家谱"，党的十八大以来，湖南各地相继推出一系列精品力作，成为激活新时代红色基因的活力因子，掀起了学党史、国史、军史的热潮。例如，《湘江之问》在第三届全国党员教育培训教材展示交流活动中荣获创新教材奖，《中国共产党湖南历史》三卷本在全国抢鲜问世，《中国改革开放全景录·湖南卷》成功入选 2018 年中共中央宣传部重点主题出版物，成为讲好湖南改革开放故事、传播湖南好声音的直接体现。红色热土需要"红色名片"，要做到看史有馆、读史有书、唱史有歌，让文物说话，让历史说话。湖南党史陈列馆、长沙党史馆等一批红色场馆对外开放，向人们展现了一部"走着读"的湖南党史；刘少奇、任弼时、贺龙、胡耀邦、林伯渠、陶铸、李达等人的故居正在升级改造；湘赣边界秋收起义、湘鄂川黔革命根据地等纪念馆力争打造精品场馆……如今，"十大红色魅力场馆""红八景"等湖南2000多处遗址或纪念馆已成为人们热衷参观学习的"打卡地"，也成为湖南400多万党员干部明初心、知使命的"生动课堂"。

营造红色文化氛围，培育红色基因，并将其融入自己的血脉之中，需要以本土特色红色资源为依托；而本土红色资源的开发和红色基因的培育，需要社会各界的共同努力。笔者认为，文化对个体价值观的塑造，往往不是"疾风骤雨"的方式，而是"润物细无声"般的教化。红色文化是思想政治教育的优质资源，它具有中华民族大众文化的本体特征和思想政治教育的根本属性以及"以文化人"的功能。红色留迹，弦歌不辍。湖南应充分发挥红色文化的育人优势，把红色基因的"灵魂芯片"植入人们的头脑，使红色基因在三湘四水绽放耀眼的时代光芒，汇聚成全面建设中国特色社会主义现代化新湖南的强劲动力。

百年历史传承，培育了中国共产党独特的精神文化；百年历史发展，形成了中国共产党优秀的红色基因。红色基因是共产党人取得"百年成就"的核心灵魂，就其本质内核来看，是先进思想、优秀传统与良好作风的集合体。通过党史上的"人、物、事、魂"，可以激活红色基因，激扬奋斗精神。传承红色基因，实现中国式现代化的目标，离不开党的领导。党的领导是中国特色社会主义最本质的特征，坚持和加强党的全面领导以党的纯洁性、先进性为保障，其中最重要的渠道就是从历史中领悟思想伟力。同时，弘扬红色传统，需要以红色遗址或革命纪念地为载体。传承红色基因，不是举面旗、喊喊口号、做做样子、拍照"留念"。红色基因绝不是保守的指代，而是进取的象征。"敢为人先"的湖南人，在传承红色基因时最应注意的，就是发扬共产党人与时俱进和守正创新的精神，永不僵化、永不停滞。奋进新征程，我们需要不断在革命文化的教育中促进红色基因的价值内化，在党内政治文化建设中不断凸显红色基因的政治底色，这样我们才能以党的自我革命为动力协同推进伟大社会革命，以昂扬的精神面貌奋勇前进。

三　湖南红色基因基本元素的传承发展

众所周知，红色基因在马克思主义指导中国进行顽强拼搏的奋斗历程中得以凝练与发展。因此，红色基因是从历史中凝聚的精神力量，其理论渊源——马克思主义先进文化因子——也是在顺应历史发展潮流、在不同的时代进行不同的思想表征。马克思主义在中国传播和发展，为中国共产党的成立提供了重要思想指引。中国共产党在中华大地诞生且发展壮大，则为红色基因的凝练与传承提供了组织领导。伟大建党精神是无数共产党人用汗水和鲜血打造的具有中国风格、中国气派和中国特色的先进文化，以毛泽东为代表的湘籍建党先驱在建党伟业中，以忧国忧民的爱国情怀、坚如磐石的理想信念、赴汤蹈火的牺牲精神、敢为人先的文化性格，为锻造伟大建党精神贡献了湖南力量。

随着经济全球化、文化多元化、社会思潮多样化和信息技术的日新月异，弘扬红色文化的环境、任务、内容、渠道和对象都发生了深刻变化。可是，红色文化面临着诸如历史虚无主义思潮蔓延、西方意识形态渗透、市场经济的负面影响、网络不良文化冲击等挑战。我们要传播红色文化、传承红色基因，必须以博物馆、纪念馆、党史馆、烈士陵园等作为红色基因库，进行革命传统教育和爱国主义教育。

正因为社会主义意识形态与红色基因具有内在的统一性，传承红色基因有利于推进新时代党的建设伟大工程向纵深发展。对湖南人民来说，传承红色基因有特殊的意义。中国革命的星星之火在湘江之滨、湘赣边界点燃，长征路上留下了"断肠将军""半条被子"的故事。在湖南这片洒满无数先烈鲜血的红色热土上，英雄故事有口皆碑，红色印记随处可见。然而，埋藏在三湘儿女心底的红色种子，需要不断地呵护、浇灌、培育，使其汲取养料，茁壮成长，长成参天大树。当今恰逢新时代，如何激活红色基因呢？遍布于全省各地的革命遗址、名人故居、纪念场馆等，都是红色基因的"孕育地""储存库"。要充分发挥红色资源的教育功能，着力推动红色文化进教材、进课堂、进校园、进单位、进基层、进社区、进网络、进头脑，不断培育社会全体成员的理想信念、价值理念和道德观念，让红色基因深深融入血脉之中。要通过课堂讲授、红色旅游、文艺演出等途径，使人耳闻目睹，润物无声，使理想信念教育常态化、制度化，使人民群众尤其是青少年在参观学习和认知实践中站稳政治立场、明确前进方向。

既然红色文化资源是加强党的建设与增进人民政治认同的精神富矿，我们一定要将其开发好、利用好、保护好，以此培育人们的社会主义核心价值观，为社会风尚不断注入正能量，使之成为繁荣社会主义文化、促进经济社会发展的优势资源。要盘活湖南红色资源的存量，开发红色景区，可以进一步拓展其教育功能，以更好地传承红色基因和弘扬革命精神。我们要从中汲取智慧和力量，在感知、感动、感悟中触动思想灵魂，筑牢信仰之基、补足精神之钙、把稳思想之舵，提升精神境界。为此，关键要做足传承红色基因的文章，使人们坚定理想信念，坚守初心使命，增强"四个意识"，做到"两个维护"，做共产主义远大理想和中国特色社会主义共同理想的坚定信仰者、忠实践行者。

初心如磐，使命在肩。崇高的使命担当，成为共产党人传承红色基因、赓续精神谱系的时代责任。中国共产党在嘉兴南湖红船诞生之日，就确立了为中国人民谋幸福、为中华民族谋复兴的初心和使命。江山就是人民，人民就是江山，人心向背关系党的生死存亡。共产党人秉持"功成不必在我"的精神境界和"功成必定有我"的历史担当，牢记为人民谋幸福、为民族谋复兴的初心使命。新民主主义革命时期，它是"不拿老百姓一根红薯"的军规军纪，是"朱德扁担"上的同甘共苦，是"半条被子"的鱼水情深。社会主义建设和改革时期，它是为党和人民"做一颗永不生锈的'螺丝钉'"的雷锋精神，是"为官一任，造福一方"的郑培民精神，是"人民至上、生命至上"的抗疫精神，也是"小康路上一个都不能掉队"的脱贫攻坚精神。这些精神凝结成独特的红色基因，为党的伟大事业提供了源源不断精神动力和价值滋养。

我们当前传承红色基因、赓续精神谱系，应当因地制宜、因势利导、科学规划。要在充分挖掘利用湖南党史资源"富矿"的基础上，启动"红色资源信息库"，对伟人故里或名人故居、革命遗址和文物等实施抢救性修复、预防性保护、数字化运用，并扎实推进长征国家文化公园（湖南段）、湖南党史陈列馆、湖南革命军事馆、湖南省博物馆、长沙"三馆一厅"、岳麓山大学科技城、马栏山视频文创产业园、韶山科创小镇、十八洞村精准扶贫展览馆等场馆建设，开通韶山至井冈山红色旅游铁路专列。既然湖南这片土地上拥有如此众多的红色资源，我们就要对其运用好和保护好。

因为红色资源不可再生、不可替代，保护是首要任务，其次才是开发利用。要保护好、管理好、利用好红色资源。根据中共中央办公厅和国务院办公厅共同印发的《2016—2020年全国红色旅游发展规划纲要》，要做到旗帜引领、强化功能、全面推进红色旅游。此前规划了100条经典旅游线路，其中湖南有8个上榜，包括韶山市的毛泽东故居及纪念馆、由刘少奇故居及纪念馆、杨开慧故居及纪念馆、秋收起义旧址及纪念馆、岳麓山景区共建的长沙市红色旅游区，湘潭县的彭德怀故居及纪念馆，由平江起义旧址、任弼时故居等共建的岳阳市红色旅游区，宜章县的湘南年关暴动指挥部旧址及纪念馆，衡东县的罗荣桓故居及纪念馆，桑植县的贺龙故居及纪念馆，永顺县的湘鄂川黔革命根据地系列旧址。经过 10 多年的提质建设，以上 8 个景区均已交出满意答卷。

同时，要组织开展文物的抢救、征集和研究工作。湖南红色旅游有"走出去"的国际视野。湖南省政府 2015 年 6 月购置并修复了当年蔡和森等新民学会会员在法国蒙达尔纪男子公学求学时的寓所，改造为"中国旅法勤工俭学蒙达尔纪纪念馆"。蒙达尔纪镇在巴黎以南 100 公里，蔡和森一家居住的民宅坐落在雷蒙特列街 15 号，是一栋三层楼有 300 年历史的法式老建筑，前面临街，后面靠河，有 6 套房间，面积约 260 平方米。当年湖南赴法国勤工俭学的青年多次在这里讨论建党，而今这里修葺一新，于 2016 年 8 月开馆，成为推动湖南红色文化国际交流与合作的重要场所。在红色旅游资源开发中，张家界是一幅看不够的山水画，永州是一本读不完的历史书，潇湘多胜景，处处美不胜收。例如 2022 年 11 月首届湖南旅游发展大会开幕式暨文化旅游推介会在张家界举行，三千奇峰无眠，八百秀水澎湃，这次推介红色资源尤其是促进乡村文旅发展提速的"湖南行动"，进一步推进了惠民工程，擦亮了"仙境张家界、峰迷全世界"的金字招牌。

近年来，湖南加大对红色文化及其资源的建设力度，每年拨付 5 亿元财政资金用于革命文物、旧址和烈士纪念设施的修缮，实施全省文物保护"五年行动计划"，同时推动"湘东—罗霄山"片区、武陵山片区革命旧址群、长征文化线路和革命名人故居群保护和提质。据不完全统计，党的十八大以来，湖南累计投入 26 亿余元用于红色教育基地建设，以"韶山一号"工程建成开放为标志，各级各类红色教育基地在基础设施、陈列布展、人文景观、周边环境等方面均有了质的提升，较好地实现了红色资源与绿色资源交相辉映、人文精神与自然环境相得益彰，为社会主义核心价值观宣传教育提供了良好的硬件条件。

做强湖南红色旅游产业关键在于提升文化软实力，拓展其教育功能。正如中共中央宣传部 2019 年印发的《关于在重大活动中进一步发挥全国爱国主义教育示范基地作用的通知》所强调的，把红色资源利用好，把红色传统发扬好，把红色基因传承好。如何利用、发扬、传承红色文化？大有文章可做。红色文化具有中华民族大众文化的本体特征和思想政治教育的根本属性以及"以文化人"的功能。我们应多管齐下，全面进行整合。

历史因铭记而永恒，精神因传承而不灭。正是有了红色基因的传承，我们才有前赴后继的勇气、开天辟地的志气、制胜未来的底气。红色基因的传承，不是守成，而是在践行中继承和发展。湖南可以把传承红色基因的文章做足，也能够把传承红色基因的文章做足。红色基因的底色是红色，最鲜明的精神气质是积极向上。精神力量是无穷的，也是永恒的。我们要弘扬革命传统，让红色文化走向基层、融入生活，需要在学校小课堂开展教育，在社会大课堂淬炼践行，从党史中深刻领会共产党人的精神品质。只要我们挺起精神脊梁，以永不懈怠的精神状态、革命到底的斗争精神对待事业，就一定能开创湖南各项事业发展的新局面。

传承红色基因的主体是全国各族人民，而党员干部、青少年学生又是其中的重中之重。我们要在弘扬时代精神、传承优良作风中做好红色赋能这篇大文章，筑牢信仰之基，补足精神之钙，立志做党的光荣传统和优良作风的忠实传人，将爱国之情、强国之志转化为报国之行。正因为三湘大地遍布先烈们的红色足迹，宛若一座没有围墙的博物馆，所以需要我们深入挖掘利用当地的红色资源，建设红色基因教育培训基地，并将思想政治理论课作为落实立德树人任务的关键课程。为此，湖南省教育厅通过建立各级各类学校的思政课一体化实验基地，引导高校与中小学开展"手拉手"集体备课，实现思政课有效衔接；省教育厅还组织举办全省高校课程思政教学比赛，如2021年立项建设省级示范教研中心20个、示范课程109门，挖掘教学中的思政元素，形成各类专业课与思政课协同育人合力，让红色基因、革命薪火代代传承。近年来，为深入贯彻落实习近平总书记历次考察湖南重要讲话精神，湖南省委统一部署，精心策划，已打造出"我的韶山行""我是接班人""岳麓书院""第一师范"等系列"大思政"品牌。截至2024年12月底全省参加"我的韶山行"红色研学的中小学生达270余批次，共计50余万人次。

新时代传承红色基因，促进红色文化可持续发展，关键在于人才。习近平总书记强调："要建设一支规模宏大、结构合理、素质优良的创新人才队伍。"① 因此，红色文化的可持续发展也是人才的可持续发展。对于湖南红色文化建设所需的人才，应改善其工作环境，开展相关的培训，投入人力、物力、财力，吸引并留住人才，同时组建人才团队，为建立应用大数据、组建高水平的红色文化人才队伍夯实基础。为实现人才培养机制的创新和可持续发展，可设立线上、线下的培训和发展平台，为相关人才提供更多就业和发展的机会，并营造良好的学术氛围，优化人才分布结构，拓宽红色文化人才引进渠道，不断完善优胜劣汰机制，搜集人才信息，关注新生力量，逐渐提高人才队伍的质量。

四 湖南红色基因基本元素的特质分析

红色基因是共产党人政治理想、政治性质、政治使命的鲜明体现，也是党从胜利走向新的胜利的制胜之道。如今，透视党的红色

---

① 《习近平著作选读》第1卷，人民出版社，2023，第498页。

基因图谱，湖南深植红色基因，红色成为三湘四水的底色。回首党走过的百余年历程，一代代共产党人在湖南这片热土上留下了不懈奋斗的足迹，形成了具有湖南特色的红色基因特质，即坚定的理想信念、自觉的救国担当、不屈的斗争精神、朴素的人民情怀、严格的自律精神。

一是具有坚定的理想信念。习近平总书记指出："理想信念就是共产党人精神上的'钙'，没有理想信念，理想信念不坚定，精神上就会'缺钙'。"① 纵览百余年党史，党之所以不断开拓前进、一以贯之，是因为具有坚定的理想信念。一方面，中国共产党作为马克思主义政党，遵循《共产党宣言》"为绝大多数人谋利益"的理念，高度重视政党的意识形态建设，始终致力于以理想信念引领党员的行为；另一方面，中国共产党从弱小到强大、从边缘到中心，一个重要原因就是具有坚定的理想信念。众所周知，党在诞生初期，无论是政治环境还是社会环境都是异常艰苦的。自四一二反革命政变以后，国民党反动派就残酷镇压共产党人，使整个中国笼罩在白色恐怖之中。许多湘籍革命家依然坚定理想信念，与国民党反动派展开了不屈不挠的斗争。比如蔡和森、向警予、夏明翰、邓中夏，他们为革命流尽了最后一滴血。他们有一个共同的特点，就是忠诚于党，牢记使命，同敌对势力作了最坚决、最彻底的斗争。我们可以看到，湖南的红色基因形成于革命战争时期，是共产党人用鲜血凝炼而成的，彰显了共产党人可歌可泣的精神品质。就是因为有这群有识之士，他们为了摆脱中国落后挨打的命运，无论遭遇多少挫折，仍然踔厉前行，直至建立屹立于世界东方的新中国。

二是具有自觉的救国担当。如何救国救民、改造国家和社会，成为摆在求进步的中国人面前的大问题和艰巨的历史任务。中国共产党

---

① 习近平：《习近平谈治国理政》第 1 卷，外文出版社，2018，第 15 页。

一经成立，就以"救国救民"的初心唤醒劳苦大众。2016 年 7 月 1 日，习近平在庆祝中国共产党成立 95 周年大会上的讲话中强调："一切向前走，都不能忘记走过的路；走得再远、走到再光辉的未来，也不能忘记走过的过去，不能忘记为什么出发。面向未来，面对挑战，全党同志一定要不忘初心、继续前进。"此后，"不忘初心"相关论述频频出现，最终形成"不忘初心、牢记使命"重要论述。考察湖南党史和湘籍革命家的事迹，能见到湖南红色基因具有一种强烈的救国救民担当。湖南人具有救国救民的担当精神。抗战时期，新四军和八路军挺进湖南沦陷区，发动敌后游击战争，开辟抗日游击根据地。湖南省各级党组织领导和影响下的数百支游击队和近 6 万人的自卫队，在配合正面战场作战、保护当地群众等方面，发挥了中流砥柱作用。如 1945 年 3 月，王震、王首道率八路军三五九旅南下支队共5000 余人入湘，艰苦转战 4 个月，战斗足迹遍及 19 个县市，在平江、岳阳、临湘、湘阳等县建立了抗日民主政权，沉重打击了日伪军的气焰，极大鼓舞了全省人民的抗日斗志，为夺取抗日战争的最终胜利作出了重要贡献。中国人民志愿军的五任（代）司令员全是湖南人，他们为抗美援朝战争的最终胜利作出了不可磨灭的贡献。

三是具有不屈的斗争精神。自古以来，不屈不挠的斗争精神是中华民族的优良传统，这一点在湖南人身上表现得尤为突出。例如，黄埔军校前五期共有 7399 名学员，其中湖南青年 2189 人，占1/4。1955 年人民解放军授衔时，在十大元帅、十位大将和 57 位上将中，有湖南籍元帅 3 人、大将 6 人、上将 19 人。透视湖南不屈不挠的斗争精神，红色基因形成和传承是有依据的，要从革命性维度予以考察。湘籍革命将领深刻诠释了不屈不挠的品格，表明斗争精神不是天然具备的，而是付出了血的代价才铸就的。进入新时代，无论是国内外环境还是社会主要矛盾都发生了显著变化。正如习近平总书记所言："要经受严格的思想淬炼、政治历练、实践锻炼，发扬斗争精神，增强斗争本领，为实现'两个一百年'奋斗目标、实现中华民族伟大复兴的中国梦而顽强奋斗。"[1] 所以，我们必须赓续不屈不挠的斗争精神这一红色基因，结合新时代的新任务，继续发扬伟大斗争精神，增强斗争本领，为中国式现代化建设作出新贡献。

四是具有朴素的人民情怀。"坚持人民至上"，是中国共产党百年奋斗的历史经验之一。毛泽东指出："人民，只有人民，才是创造世界历史的动力。"[2] 在长期的革命、建设、改革实践中，党之所以能够取得一个又一个胜利，关键就是紧紧依靠人民，凝聚起人民群众的磅礴之力。习近平总书记在纪念刘少奇诞辰120周年座谈会的讲话中指出，"刘少奇同志是心系人民、廉洁奉公的光辉榜样"，"我们学习刘少奇同志，就要始终坚守人民立场，把人民群众放在心中最高位置，始终保持同人民群众的血肉联系，把为人民谋幸福作为根本职责"。[3] 刘少奇常说："一个好党员、一个好领导者的重要标志，在于他熟悉人民的生活状况和劳动状况，关心人民的痛痒，懂得人民的心。"[4] "我们党从最初起，就是为了服务于人民而建立的，我们一切党员的一切牺牲、努力和斗争，都是为了人民群众的福利和解放，而不是为了别的。"[5] 在刘少奇看来，共产党员就应该老老实实、真真切切地替群众"做事"，凡是自私自利的人，不肯为人民办事的人，都不能成为合格的共产党员。除去个人的经历，他保有一份朴素的人民情怀，将人民视为推动历史向前的根本力量。在马克思主义诞生以前，哲学家们往往陷入唯心主义的误

① 《习近平谈治国理政》第3卷，外文出版社，2020，第225页。
② 《毛泽东选集》第3卷，人民出版社，1991，第1031页。
③ 习近平：《在纪念刘少奇同志诞辰120周年座谈会上的讲话》（2018年11月23日），人民出版社，2018，第14、16页。
④ 刘少奇：《刘少奇选集》下卷，人民出版社，1985，第275页。
⑤ 刘少奇：《刘少奇选集》上卷，人民出版社，1981，第348页。

区，错误地认为历史是由少数天才或英雄创造的。但马克思主义的唯物史观指出，推动历史向前发展的一切基础都是由人民群众创造的，人民群众才是历史的真正主体，才是推动历史向前发展的根本力量。这一正确认识，不但廓清了历史哲学领域的思想认知误区，也成为共产党人的思想基础。

五是具有严格的自律精神。君子为政之道，以修身为本。修身之要在于严以律己。严格自律一直是共产党人的鲜明品格和为人准则，也是湖南的红色基因的时代特质。纵观老一辈湘籍革命家的事迹，他们不仅在打江山的年代保持了严格的自律精神，善于和人民群众打成一片，坚决不搞特殊化，而且在守江山的年代也能一如既往保持自律精神，自觉抵御"糖衣炮弹"侵袭。一代代的湖南共产党人正是由于严格贯彻执行党的要求，以党的理想为信条，以党的要求为准则，才能够始终保持自律。毛泽东是湘籍革命家严格自律的典范，1950 年初他首访苏联，回国时在哈尔滨、长春、沈阳作了短暂停留。毛泽东看到长春戒严清道，直截了当进行了批评。在沈阳，时任东北局书记的高岗请毛泽东、周恩来、胡志明吃晚饭。宴席太丰盛了，各种东北特产应有尽有。碍于客人在，毛泽东礼节性地让胡志明多吃点，自己只象征性地吃了饭，在会议室批评高岗设宴过于铺张浪费。严格的自律精神是每一名共产党员应具备的，关乎党的凝聚力和战斗力。对共产党员而言，要深刻认识到修身自律对个人成长及党的事业的重要性。俗话说，人生是舟，自律是水，顺水推舟方能驶向自己人生价值的彼岸。一旦放松自律，随时可能落入"人见利而不见害，鱼见食而不见钩"的陷阱，都可能成为被敌人拉拢、围猎的对象，都可能做"糖衣炮弹"的俘虏。正所谓一个人能否廉洁自律，最大的诱惑是自己，最难战胜的敌人也是自己。老一辈湘籍革命家始终保持严格自律的精神，体现在对自我的严格要求以及对家属、工作人员等身边人的严格要求。因为我们党是从人民群众之中走出的，立党的初衷就是全心全意为人民服务，只有保持严格的自律才能彰显党的性质和宗旨，才能使我们党得到人民群众的衷心拥护，从而巩固党的执政基础。

历史川流不息，精神代代相传。中国共产党从小到大、由弱到强的历程，就是一部淬炼升华、感天动地的精神锻造史。习近平总书记在庆祝中国共产党成立 100 周年大会上讲话，首次提炼了"坚持真理、坚守理想，践行初心、担当使命，不怕牺牲、英勇斗争，对党忠诚、不负人民"的伟大建党精神。[1] 党的二十大报告再次强调了伟大建党精神是党的精神谱系之源。从伟大建党精神出发，我们党构筑了从井冈山精神、延安精神到抗疫精神、脱贫攻坚精神等的独特精神谱系。这些宝贵精神财富跨越时空，历久弥新。树立什么样的历史观，掌握什么样的方法论，坚定什么样的道路，决定我们能够到达多远的目标。重温党史，能够回答中国共产党为什么能、马克思主义为什么行、中国特色社会主义为什么好的时代之问。不忘来时路，才能更好地展望未来路；弄清党在历史上所走的路，才能谋求复兴大业。当下第一个百年奋斗目标已经圆满完成，向第二个百年奋斗目标进军的新征程也已顺利开启。实现中华民族伟大复兴的梦想需要我们承担起应有的责任，而对生活在三湘红色热土上的人们来说，立足新时代，系统地审视中国共产党赓续的红色基因，能够帮助我们在新征程上续写湖南红色篇章。

---

[1] 习近平：《在庆祝中国共产党成立 100 周年大会上的讲话》（2021 年 7 月 1 日），人民出版社，2021，第 8 页。

第五章

湖南传承红色基因的基本经验

2013 年 2 月 4 日，习近平总书记在兰州军区视察时，提出了"红色基因"的概念，并指出要把"红色基因一代代传下去"。[①] 随后，他代表党中央在多个场合强调要不忘初心、牢记使命，把红色基因传承好。我们深知，红色基因是中国共产党永葆本色的生命密码，而且红色基因已经根植于共产党人的血脉之中，成为一代又一代事业继承者的遗传因子。特别是在三湘大地这片红色热土，一部中国近代史，半部湖南人写就。湖南是伟人故里、将帅之乡、革命摇篮，是中国共产党和中国革命的重要策源地，走出了毛泽东、刘少奇、蔡和森、任弼时、彭德怀、贺龙、罗荣桓等一大批无产阶级革命家。这里也发生了秋收起义、平江起义、湘西起义、湘南起义、通道转兵等重要事件。无数共产党人在这片红色热土谱写了感天动地的英雄赞歌，换来了"芙蓉国里尽朝晖"的崭新天地。本章从总结历史经验的维度上，阐述如何传承红色基因，即融入时代，使红色氛围"浓"起来；内化于心，使红色理念"立"起来；固化于形，使红色资源"活"起来；激发活力，使红色经济"富"起来；升华主题，使红色文化"兴"起来。

[①] 孙文超：《习近平总书记强调的"红色基因"》，《学习时报》2023 年 6 月 5 日，第 2 版。

第一节　融入时代：红色氛围"浓"起来

　　红色资源具有主题性，带有明显的政治色彩。其珍贵价值不仅在于它的光辉历史，更在于当下依然能带给我们思考和精神滋养。湖南作为红色资源大省，传承红色基因有自己的"拿手好戏"，即围绕一个"浓"字，做强做活红色资源。作为革命传统永不褪色的绚丽色彩，"红色元素"熠熠生辉、光彩夺目。红色基因在湖南传承，有坚定的红色信念，有鲜活的红色标识，有丰富的红色经济，更有兴盛的红色文化。如何使红色资源融入新时代？必须融入理想信念教育，融入关键节点，融入青少年群体。总之，要千方百计地营造浓厚的红色氛围，使鲜花红旗处处交相辉映，涌动红色浪潮，达到以史育人、以史铸魂的效果。

一　融入理想信念教育

　　自习近平总书记提出"红色基因"的概念之后，不但学术界对红色基因的研究逐年增多，同时，宣传红色文化、传承红色基因也迅速成为各级党政部门的重要工作内容之一。湖南在传承红色基因的过程中，就很好地结合了全国党内集中进行的理想信念教育，营造了浓厚的红色氛围。

　　党的十八大以来，我们党先后在全国开展了党的群众路线教育实践活动、"三严三实"专题教育、"两学一做"学习教育、"不忘初心、牢记使命"主题教育、党史学习教育、学习贯彻习近平新时代中国特色社会主义思想主题教育、党纪学习教育等多次集中学习教育，其主要目的就是让党员能够在上述集中教育活动中规范自身作风，净化心灵，接受红色文化熏陶，传承红色基因，实实在在地全心全意为人民服务。每次在党内开展集中教育时，湖南都将其视为党的政治生活的一件大事。湖南认真贯彻落实习近平总书记重要讲话精神和党中央决策部署，坚持高标准推进、高质量见效，把红色资源作为生动教材，把精准脱贫故事等作为鲜活样本，进而大力传承红色基因。湖南的各级党委（党组）承担主体责任，主要领导亲自抓、率先垂范、以上率下。

湖南第一时间制定并印发集中教育实施方案，明确学习的时间表和学习任务书。省委和市州委均指派巡回指导组，推动各地各部门营造浓厚的学习氛围，引导学习不断走深、走实。同时，创新学习传承方式方法，即将集体学习和自主学习相结合，将读好、学好"有字之书"和"无字之书"相结合，将宣讲团理论宣讲和英雄榜样事迹学习相结合，将实际调研和民众互动相结合。

在集中学习和自主学习相结合方面，湖南各级党组织在制定和印发集中教育实施方案时，就明确了学习任务，并设定哪些书籍是必读书籍，哪些任务是学习中心组集中学习的范畴，组织大家统一进行集中学习，确保学习效果；同时，又明确哪些书籍或资料属于自主学习的范畴，适合大家根据自身情况自主安排学习，便于自我锤炼、自我补充短板。

在读好、学好"有字之书"和"无字之书"相结合方面，读"有字之书"就是要重点研读《习近平谈治国理政》《习近平关于党风廉政建设和反腐败斗争论述摘编》《优秀领导干部先进事迹选编》《中国共产党章程》《习近平总书记系列重要讲话读本》《论中国共产党历史》《毛泽东邓小平江泽民胡锦涛关于中国共产党历史论述摘编》《习近平新时代中国特色社会主义思想学习问答》《中国共产党简史》等指定学习书目；读"无字之书"就是要深入各类革命遗址、革命博物馆、纪念馆、爱国主义教育基地、红色地标等，开展现场教学、体验。比如湘潭市委理论学习中心组就充分利用当地优势读好、学好"无字之书"，他们组织赴韶山等地开展沉浸式体验学习，通过观、忆、悟、感、谈等方式，接受红色文化熏陶，对照革命先辈查找自身差距，传承红色基因。

在宣讲团理论宣讲和英雄榜样事迹学习相结合方面，湖南在配合中央宣讲团工作的同时，由省委领导亲自审定专家组建省委宣讲团，提出具体要求。省委宣讲团在历次党内集中教育中积极奔赴各市州、省直机关、省内高等院校、省管企业等地，密集地开展宣讲工作。省内各市州、省直各系统宣讲工作也相继全面开展。比如，在 2021 年的党史学习教育中，省委宣讲团就由省委审定的 51 名专家组成，仅在党史学习教育第一阶段就开展主题宣讲 210 余场，各市州及县市区学习教育宣讲团也开展主题宣讲 2100 多场，全省开展基层微宣讲 5 万余场，听取人数 500 余万人，做到"群众在哪里，宣讲就到哪里"。同时，为增强学习教育的实效性，湖南也积极推广英雄榜样事迹的学习，比如结合《榜样》节目中的全国优秀共产党员的先进事迹，借助榜样的力量，开展正面教育和引导，使广大党员提升自身党性意识和身份意识。

在实际调研和民众互动相结合方面，湖南坚持走群众路线，注重人民群众的满意度，注重广大党员和人民群众的联系，注重民生问题。湖南广泛开展各地的实际调研，主动听取群众意见，顺应民意；主动接受广大人民群众的监督，保障群众的知情权，时刻彰显共产党人红色基因中的为民情怀。毛泽东同志曾指出："我们共产党人好比种子，人民好比土地。我们到了一个地方，就要同那里的人民结合起来，在人民中间生根、开花。"[①]

一次次涤荡心灵的深入学习和研讨，一个个以革命先辈为榜样的红色教学现场，一场场人气爆满的理论宣讲，一桩桩为民分忧解

---

① 《毛泽东选集》第 4 卷，人民出版社，1991，第 1162 页。

难的民生实事……党内集中教育如春风细雨般滋润三湘大地，让红色基因在主题教育中焕发勃勃生机。

二 融入关键节点

湖南作为一方红色热土，百余年来这里的共产党人发出建党先声，开展建军大业、开创建政先河，用惊天动地的历史壮举谱写了感天动地的英雄壮歌。湖湘红色革命人士在历史舞台上的出色表现，足以体现出湖南人的政治主观能动性、敢为天下先的优良品质。在党和国家的一些重要会议以及关键历史时刻，比如中国共产党第十九次全国代表大会、中国共产党成立 100 周年以及习近平总书记考察湖南等，习近平总书记发表了重要讲话。湖南人积极领会习近平总书记重要讲话精神，结合红色教育和红色基因传承，善于抓关键节点营造红色氛围。

2017 年 10 月，党的十九大在北京召开。这是举国上下的大事，也是年度的重要主题。在党的十九大召开之前，湖南省委、省政府就实施多项举措，开展了一系列活动，为党的十九大胜利召开营造了良好的红色文化氛围。首先，在重大文化活动方面，湖南省先后启动了全省"欢乐潇湘""雅韵三湘""送戏曲进万村，送书画进万家"等惠民活动。其中，"欢乐潇湘"活动吸引了上万个群众文艺团队参与；"雅韵三湘"活动则演出了 170 余场；"送戏曲进万村，送书画进万家"惠民活动开展了 8133 场，惠及观众 400 多万人。湖南还举办了全国花鼓戏优秀剧目展演、全省青年戏曲演员电视大赛、"喜迎十九大·文脉颂中华"非遗展演活动、"大美潇湘圆梦中华"湖南喜迎党的十九大摄影展、社会主义核心价值观原创广场舞大赛等 10 余项重大文化活动。其次，在舞台艺术、群文创作和演出方面，湖南推出"精准扶贫"题材话剧《十八洞》，创作、演出《通道转兵》《秋收起义》《袁隆平》等大型主题活动；连续举办五年的"欢乐潇湘"活动倡导"草根当明星、生活即舞台",新创群众文艺节目 4211 个;组织创作"精准扶贫"题材群众文艺作品 75 件;深入全省 14 个市州,举办了"精准扶贫"文艺晚会巡演 29 场,为近 50 万名群众送去红色文化精神大餐。此外,全省各级党组织也积极通过主题党日活动进一步认真学习习近平总书记系列讲话,组织专题学习《习近平总书记的成长之路》《榜样》等专题片和优秀共产党员先进典型事迹,让全省处处弥漫着红色氛围。党的十九大之前的氛围铺垫,也让湖南人民在党的十九大召开之时掀起了收看党的十九大直播的热潮。

党的十九大报告指出:"必须坚持马克思主义,牢固树立共产主义远大理想和中国特色社会主义共同理想,培育和践行社会主义核心价值观,不断增强意识形态领域主导权和话语权,推动中华优秀传统文化创造性转化、创新性发展,继承革命文化,发展社会主义先进文化,不忘本来、吸收外来、面向未来,更好构筑中国精神、中国价值、中国力量,为人民提供精神指引。"[1] 在党的十九大闭幕之后,湖南省委立即召开会议传达学习党的十九大精神,会议由时任省委书记、省人大常委会主任杜家毫主持。他指出:"学习宣传和贯彻落实十九大精神,是当前和今后一个时期的最大政治任务。全省各级各部门要把学习宣传贯彻十九大精神摆在首要位置,精心组织、周密部署,确保十九大精神家喻户晓、深入人心。"[2] 杜家毫更是率先垂范,上讲堂、进车间、访农户、入湖区,湖南省各市州抓住各种机会、利用多种形式为基层党员干部、群众

---

[1] 习近平:《决胜全面建成小康社会　夺取新时代中国特色社会主义伟大胜利——在中国共产党第十九次全国代表大会上的报告》(2017 年 10 月 18 日),人民出版社,2017,第 23 页。

[2] 《湖南省委召开会议传达学习党的十九大精神》,《湖南日报》2017 年 10 月 27 日,第 1 版。

宣讲党的十九大精神。在省领导的带头下，湖南省各地各级各部门结合当地红色资源和自身实际情况等，掀起了学习、宣传党的十九大精神的热潮，三湘四水充盈着浓厚的红色氛围。

2021 年，是中国共产党成立 100 周年的重要时刻，也是第一个百年奋斗目标的收官之年，第二个百年奋斗目标的开局之年。2021 年初，湖南各地的街头巷尾、广场公园等地，以庆祝中国共产党成立 100 周年为主题的大型宣传牌、LED 显示屏、公益海报和宣传画随处可见；在人流较多的广场等聚集地，也可以看到相关庆祝的花卉景观和绿化造型，让全湖南洋溢着喜庆热烈的红色氛围。同年 2 月，以习近平同志为核心的党中央决定在全党开展党史学习教育，湖南第一时间响应党中央号召，乘党史学习教育的"东风"，掀起了"学史明理、学史增信、学史崇德、学史力行"的红色学习热潮。随后，湖南出台集体学习和规范自学指南，将学史明理细化为"16 条理"，将学史增信细化为"9 条信"，将学史崇德细化为"4 条德"①，并将这些设定为党史学习教育的行动指南，由省委理论学习中心组以身作则，推行"一级带动一级学、一级带动一级看"，全面推动各级党组织围绕"明理、增信、崇德、力行"定期开展专题学习。

2021 年 7 月 1 日，庆祝中国共产党成立 100 周年大会在北京隆重举行。湖南人民聚焦这一伟大时刻，积极收看大会直播。湖南省委第一时间举办了省级领导干部学习贯彻习近平总书记"七一"重要讲话精神专题读书班，通过收看大会实况、组织召开座谈会、进行专题研讨等深入领悟习近平总书记"七一"重要讲话精神。2021年 11 月 8 日，党的十九届六中全会胜利召开。此次全会审议通过了《中共中央关于党的百年奋斗重大成就和历史经验的决议》和《关于

---

① 刘燕娟：《以上率下掀热潮 深学细悟见实效——湖南高标准高质量推进党史学习教育综述之一》，《湖南日报》2021 年 5 月 26 日，第 01 版。

召开党的第二十次全国代表大会的决议》。湖南省委更是把学习宣传贯彻党的十九届六中全会精神作为拓展党史学习教育的重大举措。2021年，在各项学习提升中，湖南各地各单位领导班子带头学、带头悟、带头干，把学习课堂设在红色景点、摆在爱国主义教育基地、放在新时代红色地标当中，接受红色洗礼，感悟中国红色精神伟力，发挥了"头雁效应"；全省各地通过举行集中宣讲、开设党史微课堂和线上云课堂、开展体验式学习教育、举办党史知识竞赛、邀请革命老战士给青少年讲党史、制作党史皮影戏、召开屋场恳谈会等，多渠道、多形式，推动红色理念和红色文化学习下基层、接地气、全覆盖，热在基层、热在群众，使基层干部群众精神面貌、社会风气、政治生态等焕然一新，激发民众传承红色基因的热情。

　　湖南在红色教育和红色基因传承方面有着独特优势，受到了习近平总书记的亲切关心。党的十八大以来，习近平总书记四次考察湖南，对湖南的红色资源和红色教育给予了高度肯定。2013年11月3日，他来到了湖南湘西土家族苗族自治州花垣县的十八洞村，看望贫困群众，同村干部和村民代表围坐在一起，拉起家常，探讨脱贫致富奔小康之路。习近平总书记始终与群众心连心、同呼吸、共命运，以人民为中心，秉承"全心全意为人民服务"的宗旨，听取广大群众的心声，作出了"实事求是、因地制宜、分类指导、精准扶贫"的重要指示，这也是他首次提出"精准扶贫"重要理念。从此，"精准扶贫"重要理念成为湖南乃至全国打赢脱贫攻坚战的重要法宝，宛如一缕春风从古老苗寨吹向神州大地。十八洞村在各级党组织的领导和关心下，发挥迎难而上、吃苦耐劳、精准务实、攻坚克难的红色传统，于2016年底实现脱贫摘帽，136户533位村民告别贫困。十八洞村的成功脱贫为湖南全省脱贫攻坚工作做了榜样、树立了标杆。成千上万的驻村工作队和驻村干部进村入户，发扬红色传统，实施"六个精准""五个一批"，做到户户有责任人、村村有帮扶队。截至 2020 年底，湖南省 682 万农村建档立卡贫困人口全部脱贫、6920 个贫困村全部脱贫出列、51 个贫困县全部摘帽。8 年的时间里，湖南脱贫攻坚工作中既发扬红色传统，也为湖南传承红色基因起到了潜移默化的作用。

2020 年 9 月 16 日，习近平总书记再次来到湖南考察，首站就来到了"半条被子"故事的发生地郴州市汝城县文明瑶族乡沙洲瑶族村。"半条被子"的故事讲述的是在红军长征途中，3 名女红军借宿徐解秀老人家中，临走时，把自己仅有的一条被子剪下一半留给老人的感人事迹。"半条被子"的故事，充分体现了中国共产党的人民情怀和为民本质。他考察完"半条被子的温暖"专题陈列馆后，表示自己也是来受教育的，并指出"要用好这样的红色资源，讲好红色故事，搞好红色教育，让红色基因代代相传"。①

2020 年 9 月 17 日下午，习近平总书记一行冒雨来到位于湖南大学校园内的千年学府岳麓书院考察。当习近平总书记走到岳麓书院中心讲堂前，望着檐上"实事求是"的匾额，久久凝思，说道："毛主席当年就是在这里熏陶出来的，实事求是就来源于这里。共产党怎么能成功呢？当年在石库门，在南湖上那么一条船，那么十几个人，到今天这一步。这里面的道路一定要搞清楚，一定要把真理本土化。"走出书院外，此时已有上千名青年学子在此等候。面对热情洋溢的青年学子，习近平总书记勉励大家："要不负时代重托，为中华民族伟大复兴贡献才智，走好人生的路，系好人生的第一颗纽扣。"② 习近平总书记的话语，激发了广大青年学子的使命

---

① 《如何用好红色资源，习近平这样说》，党建网百家号，2021 年 3 月 12 日，https：//baijiahao.baidu.com/s? id=16940330936707824478&wfr=spider&for=pc。

② 《"不负青春、不负韶华、不负时代"把奋斗的华章写在祖国大地上》，央视新闻百家号，2022 年 6 月 15 日，https：//baijiahao.baidu.com/s? id=1735660202415421300&wfr=spider&for=pc。

感和责任感，勉励了广大青年学子不负时代重托、不负青春韶华，为广大青年学子传承红色基因、赓续红色血脉注入了新的动力。

2024 年 3 月 18 日下午，习近平总书记考察湖南第一师范学院（城南书院校区），了解毛泽东等老一辈无产阶级革命家在这里求学工作的经历和学校发展沿革、教学特色等情况，并同师生代表亲切交谈。习近平指出，在我们国家积贫积弱的年代，当时一批爱国者就觉得中国要强大就要办教育。学校的办学宗旨，既要提高学生的文化素质，又要引导学生立志报国。[①] 习近平总书记多次到湖南考察调研，重温革命历史，感悟红色文化。习近平总书记每一次到达湖南，就会推动湖南红色文化的深入发展，为湖南红色教育和红色基因传承营造出最浓烈的氛围。

三 融入青少年群体

少年兴则国家兴，少年强则国家强。青少年一代有理想、有本领、有担当，国家就有前途，民族就有希望。党的十九大报告提出，要"继承革命文化，发展社会主义先进文化"。2018 年 3 月 8 日，习近平总书记在参加十三届全国人大一次会议山东代表团审议时指出："红色基因就是要传承。中华民族从站起来、富起来到强起来，经历了多少坎坷，创造了多少奇迹，要让后代牢记，我们要不忘初心，永远不可迷失了方向和道路。"[②] 青少年一代对红色基因的传承，事关党和国家的前途，事关中华民族的命运，事关中国梦的实现。传承红色基因就是要把理想信念的火种、红色传统的

---

① 新华社微博：《习近平考察湖南第一师范学院：学校的办学宗旨要引导学生立志报国》，中国政府网，2024 年 3 月 20 日，https://www.gov.cn/yaowen/liebiao/202403/content_6940386.htm。

② 《习近平李克强王沪宁赵乐际韩正分别参加全国人大会议一些代表团审议》，《人民日报》2018 年 3 月 9 日，第 1 版。

基因一代又一代地传下去，让革命事业薪火相传，让血脉永续。

理想信念教育是广大青少年思想政治教育的"第一课"，它也是引导大中小学生构建崇高理想、树立坚强信念、增强自身信心的"必修课"。回顾近现代湖南历史，湖湘革命先烈为共产主义事业和新中国建设奋斗的历程，充分彰显了崇高的家国情怀和伟大的革命精神，是湖南省开展青少年理想信念教育最真实、最生动的红色教材，是湖南传承红色基因的最佳案例。进入新时代，湖南将传承红色基因同青少年理想信念教育紧密结合，让湖湘红色文化滋养湖湘学子的心灵，让理想信念教育入眼、入耳、入脑、入心。

为传承好湖南红色基因，在课程教学方面，湖南在青少年理想信念教育中，将湖湘红色文化与思想政治教育教材内容进行结合，根据教学需要，充分发挥思政课在课程体系中的政治功能和价值引领作用。针对中小学教育，湖南以《习近平新时代中国特色社会主义思想学生读本》教学为主线，为学生量身打造了 42 集"我是接班人 学习新思想"思政专题视听课；已开办多年的"我是接班人"网络思政课，更是邀请科技工作者、医护人员、体育健儿、环卫工人等各界优秀代表讲课，全省中小学生可在网上听课学习。面对省内大学生，湖南各高校科学合理设置课程内容，以大学课程必修或选修的形式，努力将湖湘红色文化同专业知识结合起来，细化大学生的理想信念教育。中共中央办公厅、国务院办公厅印发的《关于深化新时代学校思想政治理论课改革创新的若干意见》提出，要"统筹大中小学思政课一体化建设"，着力"推动各类课程与思政课建设形成协同效应"。通过建立大中小学思政课一体化备课实验基地，湖南引导高校与中小学开展"手拉手"集体备课，实现思政课的有效衔接；如 2021 年举办全省高校课程思政教学比赛，立项建设省级课程思政教学示范研究中心 20 个、示范课程 109 门，深入挖掘各类专业课程中的思政元素，形成各类课程与思政课协同育人合力。在实践教学方面，湖南各学校组建学生红色文化社团、读红色经典著作、观红色经典影视作品、讲红色经典故事或唱红色歌曲以及组织红色演讲和征文比赛，开展形式多样的教育实践活动。

除此之外，共青团湖南省委员会始终发扬"党有号召、团有行动"的优良传统，在党的领导和指引下，团结带领全省共青团员与国家同呼吸、与民族同命运、与湖南同发展，围绕党在不同历史时期的中心任务凝聚青春力量、作出青春贡献、展示青春风采。团省委针对全省青少年培养和教育，始终把政治建设摆在首位，始终把狠抓落实作为鲜明导向，始终把全面从严作为衡量标尺，锻造了一个忠诚担当、实事求是、朝气蓬勃、廉洁干净的共青团系统，形成了"眼里有神、心里有火、手里有活"的干事创业新局面。作为党的忠实助手和可靠后备军，团省委全面贯彻落实习近平总书记重要讲话精神，坚持把准要义抓学习、突出重点抓宣传、广泛动员抓热议、干在实处抓力行，教育引导全省青少年深刻感悟"两个确立"的决定性意义，坚决做到"两个维护"，永葆"闯"的精神、"创"的劲头、"干"的作风，在全省各级各类学校中营造浓厚的红色氛围。

第二节　内化于心：红色理念"立"起来

我们党的历史，是一部践行初心使命的历史，是一部与人民心连心、同呼吸、共命运的历史。学党史，就要学习传承党在长期奋斗中铸就的伟大精神，向革命先烈、英雄人物、先进典型学习，做到内化于心、外化于行，从党的非凡历程中感悟马克思主义的真理力量和实践力量，持续在学懂弄通做实等方面下功夫，不断用党的创新理论武装头脑、指导实践、推动工作。为此，我们必须做到将共产主义远大理想和坚定信念"立"于心，将胸怀天下、敢于牺牲的家国情怀"立"于心，将经世致用、求真务实的实干作风"立"

于心，将敢为人先、兼收并蓄的创新精神"立"于心，将自强不息、百折不挠的斗争精神"立"于心。

一 将共产主义远大理想和坚定信念"立"于心

理想信念是人的精神之"钙"。没有理想信念，理想信念不坚定，精神上就会"缺钙"，就会得"软骨病"。习近平总书记指出："中国共产党成立一百年来，始终是有崇高理想和坚定信念的党。这个理想信念，就是马克思主义信仰、共产主义远大理想、中国特色社会主义共同理想。"① 红色理想信念与共产主义远大理想是一脉相承的。共产主义远大理想作为马克思主义在社会理想追求上的集中体现，自中国共产党成立以来就一直指引中国人民朝着光明的方向前进，使中国人民取得了新民主主义革命的胜利，进行了社会主义革命和建设，探索出中国特色社会主义道路。进入新时代，以习近平同志为核心的党中央始终强调坚定理想信念、传承红色基因，始终保持对马克思主义的坚定信仰、对共产主义远大理想的追求，领导全党全国各族人民自信自强，守正创新，创造了新时代中国特色社会主义的伟大成就，推动党和国家事业取得历史性成就、发生历史性变革。

近代中国山河破碎如风飘絮。十月革命一声炮响，给中国送来了马克思列宁主义。国内以李大钊、陈独秀为代表的先进知识分子在国内广泛传播马克思主义，马克思主义如同春风般"吹"到了湖南。湖南的热血青年秉承救国救民理念，学习先进的马克思主义理论，满怀对马克思主义的信仰，坚定共产主义远大理想，挺身而出。1921 年 7 月，13 名平均年龄只有 28 岁的先进知识分子，胸怀改天换地的胆识，带着全国 50 多名党员的期望，肩负着神圣的使命，在上海秘密集会，召开了中国共产党第一次全国代表大会，正

---

① 习近平：《坚定理想信念　补足精神之钙》，《求是》2021 年第 21 期。

式宣告了中国共产党的成立。在出席这次会议的 13 名代表中，就有毛泽东、何叔衡、李达等 4 位湖南人；而 13 名参会者代表的当时全国 50 多名党员中，仅湖南人就有 20 多人，是各省份中人数最多的。他们是第一批接触马克思主义、树立共产主义远大理想的湖南人。随着马克思主义在中华大地的广泛传播，越来越多的湖湘热血青年和有识之士加入了红色革命队伍。

　　建党以后的百余年间，满怀共产主义远大理想信念的湖南人前赴后继，为民族的解放和人民的幸福奏响了一曲曲英雄赞歌。从毛泽东、何叔衡、李达胸怀理想、心忧天下参加一大立党；到蔡和森、向警予、夏明翰、邓中夏等湘籍革命烈士宁死不屈、视死如归；从蒋先云、陈赓、贺龙等革命将领不为高官厚禄所动，毅然投身红色革命队伍，到何叔衡"舍身忘家"、徐特立"断指血书"；从刘少奇乐于当"人民的勤务员"、任弼时甘为"党和人民的骆驼"，到伟大的共产主义战士、最美奋斗者雷锋"把有限的生命投入到无限的为人民服务之中去"……他们始终把个人的命运同国家、民族的前途命运和共产主义远大理想融为一体，树立起一座座精神丰碑，也将伟大的共产主义远大理想立于湖南人心中，激励着一代又一代三湘儿女前进。截至 2023 年底，湖南省共有共产党员 427.4 万名，党的基层组织 21.2 万个；全省 421 个城市街道、5756 个社区（居委会）、1522 个乡镇、23609 个行政村全部建立党组织，覆盖率 100%。全省共有企业基层党组织 44559 个，事业单位基层党组织 44398 个，机关基层党组织 34559 个，社会组织基层党组织 8289 个，基本实现应建尽建。① 这些党组织和党员都是怀有共产主义远大理想的坚定革命力量，成为湖南传承红色基因最强有力的保障。

---

① 《湖南省共有中共党员 427.4 万名、党的基层组织 21.2 万个》，湖南省人民政府网站，2024 年 7 月 1 日，http：//hunan. gov. cn/hnszf/hnyw/zwdt/202407/t20240701_33341634. html。

二 将胸怀天下、敢于牺牲的家国情怀"立"于心

胸怀天下、心系苍生的家国情怀,是中华优秀传统文化中的精髓因子。"天下兴亡、匹夫有责"的忘我精神,凝练地概括了家国情怀的基本内涵。家国情怀起源于士大夫的人文信仰和人文精神,湖南素有为国为民的优良传统,不乏忧国忧民志士。"先天下之忧而忧,后天下之乐而乐""民为邦本"等历史佳句,无一不体现出他们的胸襟。其中,胸怀天下、忧国忧民是湖湘红色基因的重要内涵。

翻开历史的长卷,早在春秋战国时期,在湖南投江自尽的伟大爱国诗人屈原就在《离骚》中叹道,"长太息以掩涕兮,哀民生之多艰""岂余身之惮殃兮,恐皇舆之败绩",充分表达了忧国忧民的情怀;近代以来,湖南人以"若道中华国果亡,除是湖南人尽死"的坚定决心,积极投身救亡图存的爱国洪流之中。在中国近现代的革命历史潮流中,不论是辛亥革命时期,还是从五四运动开始的新民主主义革命时期等,湖湘爱国人士都志存高远、面向世界,又脚踏实地、身体力行,成就了惊天地、泣鬼神的事业。尤其是中国共产党成立以后,在中国共产党领导全国各族人民进行新民主主义革命的过程中,一大批湘籍无产阶级革命家更是把胸怀天下、忧国忧民的爱国主义精神提升到了新的高度。

然而,湖南的红色基因里不光有着胸怀天下的家国情怀,也具有不惧牺牲勇于献身的红色理念。伟大领袖毛泽东在1944年张思德同志的追悼会上说过:"要奋斗就会有牺牲,死人的事是经常发生的。但是我们想到人民的利益,想到大多数人的痛苦,我们为人民而死,就是死得其所。"[①] 敢于牺牲是中国共产党人的政治本色,

---

① 《毛泽东选集》第3卷,人民出版社,1991,第1005页。

这是饱经鲜血浸染、烈火洗礼的颜色。

历史事实告诉我们，在革命前行的道路上，湖南先后爆发过秋收起义、平江起义、湘南起义和桑植起义，创建了湘赣、湘鄂赣、湘鄂西和湘鄂川黔革命根据地。湖南革命斗争史的每一页，都闪烁着镰刀和锤子的熠熠光辉，浸透着革命先烈的鲜血。毛泽东同志先后经历了毛泽建、杨开慧、毛泽覃、毛泽民、毛楚雄、毛岸英6位亲人牺牲，他发出"为有牺牲多壮志，敢教日月换新天"的感慨。与毛泽东一样满门英烈而初心不改的，还有被敌人叫嚣"诛杀九族，鸡犬不留"的贺龙，贺氏家族为革命牺牲者多达2000余人。此外，还有写下"砍头不要紧，只要主义真"千古绝唱的夏明翰，"把骨头烧成灰，我还是共产党员"的邓中夏，"为党的事业而死，就是死得其所"的罗学瓒，"断肠明志"的红军第三四师师长陈树湘以及被习近平总书记评价"寸土千滴红军血，一步一尊英雄躯"的湘江战役万千红军战士……成千上万的革命先烈为国家的独立和人民的解放舍生忘死，大义凛然，敢于牺牲，光耀后人。

"为有牺牲多壮志，敢教日月换新天。"[①] 革命先烈将共产主义远大理想信念"立"于心，换来了今天的幸福生活。三湘大地被鲜血浸染的光辉历史，已走入每一个湖南人的心中；由无数革命先烈锻造的红色基因，也深入每一个湖南人血脉中，并一代又一代地传承下去。

三 将经世致用、求真务实的实干作风"立"于心

经世致用，说的是关注社会现实，面对社会矛盾，并用所学解决社会问题，以求达到国泰民安的实效。经世致用，也意味着要担

---

① 毛泽东：《七律·到韶山》，节选自臧克家主编《毛泽东诗词鉴赏》，河南文艺出版社，2005，第222页。

当一个时代的责任与使命，追求革新，改良社会，为百姓谋福祉。经世致用重视"入世哲学"，主张经邦治国、建功立业。求真，就是追求真理，讲究透过现象看本质的认识过程，要求以认真负责的精神、实事求是的态度、科学严谨的方法，了解事实真相、揭示事物客观本质、掌握其变化规律。务实，就是把说实话、办实事、求实效作为认识和实践的主要内容，付诸实践，见诸行动，取得实效。

战国时期，爱国诗人屈原被放逐至沅湘流域，但他始终念着富国强民，为解除国家危难和人民疾苦，他提倡"美政"，主张对内举贤任能、修明法度，对外联齐抗秦，开湖湘文化关心政治、关注民生、着眼社会发展的经世致用、躬行践履思想之风。明清之际，大思想家顾炎武倡导学以经世，认为自一身以至天下国家之事，都应探究原委，反对明末空谈心性的空疏学风。他有"保天下者，匹夫之贱，与有责焉耳矣"的名言，后人概括为"天下兴亡，匹夫有责"。千载而下，湖湘士子发扬光大先人精神，提炼出湖湘文化的基础内核——经世致用。经历代知识分子传承发展，务实精神成为湖湘文化的优秀传统，也可以说是一种学风，一种人生价值取向。如今就有位于湖南省会城市长沙的中南大学将"经世致用"作为校训内容之一。"经世致用"远承思孟学派的"大学之道"，近取明末清初顾炎武、王夫之诸人之学旨。"经世"即"经国济世"，强调要有理想抱负，志存高远，胸怀天下，求索治世之道；"致用"即"学用结合"，强调积极入世、致力社会民生的实践精神和智慧。湖湘红色文化也较好地秉承了这一理念。近代中国风云变幻、社会激荡，湖南人独树一帜，走在全国的前列，以毛泽东、刘少奇等为代表的一大批革命志士就是遵循着经世致用的思想探索救国救民的道路。

1916—1919 年，毛泽东曾在岳麓书院半学斋住过一段时间。

从他住的宿舍打开窗户，就能看到书院大讲堂中的"实事求是"匾额，"低头不见抬头见"的朝夕相处，毛泽东脑子里也逐步领悟到了实事求是的精髓，实事求是四个字深深刻在他的心中。随后，毛泽东愈发重视实用之学，反对死读书、读死书，注重书本知识的同时，也看重具体实际和实践。后来，当马克思主义成为中国思想界的主流后，关键的问题是如何把马克思主义同中国具体实际结合起来，正是毛泽东独具卓识地首先提出和着手解决这一问题，找到了一条适合中国国情的新民主主义革命道路，为马克思主义中国化和毛泽东思想的创立作出了独到的贡献。毛泽东的《湖南农民运动考察报告》《中国社会各阶级的分析》等就是从当时中国实际出发，运用马克思主义立场、观点、方法研究中国革命的经世致用的经典著作。毛泽东更是为"求真务实"提出"没有调查就没有发言权"的著名论断。

湖南革命人士秉承"经世致用，求真务实"的实干之风，在中国革命的道路上，实实在在地取得了骄人的"成绩"。以共和国开国将帅而论，十大开国元帅中有 3 位湖南人，十大开国大将中有 6 位湖南人；在 57 名开国上将中，有 19 位湖南人；在 177 名开国中将中，有 45 位湖南人；开国少将中有 122 位湖南人。将星闪耀，灿若星河。可以说，在开国将帅中，湖南人数量之多，全国罕有。

在新时代，科技创新日新月异，湖湘人才继续发扬"经世致用，求真务实"的实干作风，让超级杂交稻不断刷新"中国产量"，让"天河"系列超级计算机频频展现"中国算力"，让超高速轨道交通牵引技术支撑高铁跑出"中国速度"，让北斗卫星、"海牛Ⅱ号"深海钻机、"京华号"超大直径盾构机、"深江 1 号"海底隧道盾构机等挺进"深空""深海""深地"……毫无疑问，"经世致用，求真务实"的实干之风吹遍三湘大地，"立"于每一名湖南人的心中。

四 将敢为人先、兼收并蓄的创新精神"立"于心

在中国思想史上，有四次影响重大的思想理论大融合与湖南相关。第一次是宋代，儒学吸纳佛、道思想，形成新的儒学即理学，其开创者是湖南道州人周敦颐。第二次是清初，衡阳人王夫之集中国古代文化之大成，总结和发展了中国历史上的朴素唯物主义和朴素辩证法，使唯物辩证法思想达到了前所未有的高度。第三次是鸦片战争前后，邵阳人魏源学习西方以商立国和民主政治，提出"师夷长技以制夷"。第四次是新民主主义革命时期湘潭人毛泽东提出和实践将马克思主义理论与中国实际相结合，为中国新民主主义革命的胜利奠定了理论基础。这四次思想理论大融合、大创新的先驱者都是湖南人，与湖南人"敢为人先、兼收并蓄"的创新精神密不可分。

从魏源"睁眼看世界"，到曾国藩、左宗棠开启洋务运动，再到谭嗣同参与维新变法，湖南人虽身处一隅，但一旦认准了某种真理，往往能够开风气之先，义无反顾地引领风潮，就是范仲淹在《岳阳楼记》中所说的"先天下之忧而忧"。"敢为人先"的创新思维赋予了湖南人经世致用、敢于担当的"湖南精神"，造就了毛泽东、刘少奇、任弼时、胡耀邦等一大批老一辈湘籍无产阶级革命先行者。

兼收并蓄，出自唐代著名文学家韩愈的《进学解》："玉札丹砂，赤箭青芝，牛溲马勃，败鼓之皮，俱收并蓄，待用无遗者，医师之良也。"其含义是把不同内容、不同性质的东西收集起来，保存起来。"海纳百川，有容乃大"。早在先秦，湖南属于蛮夷之地，不像中原地区人口密集、文化鼎盛。但随着社会的发展和人口的迁徙，湖南成为以汉族为主、多民族共存的地方。但凡能背井离乡、迁往异地定居生活的移民多具备开拓意识和勤奋创业精神。同时，不同地域人员的迁移带来不同地域的文化。几千年变迁，湖南地区

各民族居民逐渐生活在一起，不同的文化也随之交流融合。融合过程中，湖湘文化既保留本地的文化特色，又不断吸收外来文化的精华，可谓"兼收并蓄"。

湖湘文化不但做到了不同地域文化之间的交融，也能够使不同民族文化、不同学派之间进行交融，甚至包括与不同国家之间的文化交融，逐步体现出一种博采众长、兼收并蓄的开放精神，这种精神成为湖湘文化的活力源泉。这种精神经过近现代革命时期血与火的洗礼，也成为湖湘红色文化的重要精神内涵。这种文化精神在近现代湖南知识分子的身上体现得淋漓尽致，尤其体现在以毛泽东为首的湘籍共产党人身上。毛泽东热爱学习，博览群书，也十分喜爱同他人交流和研讨。他善于汲取历史的经验教训，并吸收消化中华优秀传统文化，做到古为今用、推陈出新；他善于把深奥的理论和深刻的道理用中国人喜闻乐见的方式加以表述；他善于古今结合，找到中国历史乃至世界历史和现实情况的结合点，创造性地继承和发展了马克思主义，让毛泽东思想成为马克思主义中国化的第一次历史性飞跃的理论成果。

湖南是一方红色热土。"敢为人先，兼收并蓄"的创新精神作为湖湘文化的重要内涵，沉淀为湖湘红色基因，并早已深"立"于湖湘儿女心中，"千年学府，百年名校"湖南大学更是将"敢为人先"列为该校校训。这种精神让湖南人不仅敢于革命斗争，也敢于做科技创新的弄潮儿。前有周光召、陈能宽等"两弹一星"元勋，后有袁隆平等一批杰出科学家，孜孜求索、默默奉献，展现了科学家精神；"航天英雄"汤红波、"嫦娥五号"总设计师杨孟飞、国防科技大学的时代健儿，用青春抒写载人航天精神、探月精神、新时代北斗精神。他们敢为人先，勇于创新，为新中国国民经济体系和工业体系的建立和完善作出了巨大的贡献。在新时代创新创造的征途上，湖南人创新无止境，攻关永不停歇。

五 将自强不息、百折不挠的斗争精神"立"于心

《周易》写道:"天行健,君子以自强不息。"大自然的运行劲健刚强、永无休止,为人处世也应像天体运行一样,力求自我进步,刚毅坚韧,发愤图强,永不停息。中华民族上下五千年文明孕育了无数优秀传统美德,自强不息、百折不挠就是其中之一,而这点在湖南人身上表现得尤为突出。《隋书》中记录湖南人性格为"劲悍决烈",清代湖南巡抚陈宝箴曰"好胜尚气",湘籍著名爱国民主人士、中央文史研究馆原馆长章士钊亦云"好持其理之所自信,而行其心之所能安;势之顺逆,人之毁誉,不遑顾也"。三湘人民也因"吃得苦、耐得烦、霸得蛮",被称为"中国的普鲁士人"。就连湖南的知识分子,身上也透露着不服气、不服输的倔强性格。明末清初的湖南籍大思想家王夫之老先生眼见清朝统治者对民众的残酷杀戮,发誓"头不顶清朝的天,脚不踩清朝的地",从此很少出门,即便出门也必手打伞,脚踩木屐。

近代以来,湖湘人才联袂而起、结群而强,先后涌现六大影响中国政治进程的人才群体:以陶澍、魏源、贺长龄等为代表的经学主变派;以曾国藩、胡林翼、左宗棠、郭嵩焘等为代表的理学经世派;以谭嗣同、唐才常、沈荩、杨毓麟、熊希龄等为代表的资产阶级维新派;以黄兴、蔡锷、陈天华、宋教仁、焦达峰等为代表的资产阶级革命派;以谭延闿、杨度、刘人熙、符定一等为代表的君主立宪派;以毛泽东、蔡和森、何叔衡、张昆弟等为代表的无产阶级革命派。这一批又一批的湖湘人才自强不息、百折不挠,在中国近代社会舞台上扮演了各自的角色,并做出了各自的贡献。

1920年,中国共产党主要创始人之一陈独秀写了一篇题为《欢迎湖南人底精神》的文章,文中指出:"湖南人底精神是什么?"

湖南人的精神就是"扎硬寨""打死战"的奋斗精神。[①] 湖南人敢于直面问题和挑战，积极进取，奋斗不止。天行健，君子以自强不息；精神实，志士以斗争不止。在五四运动之后，以毛泽东为首的湖湘无产阶级革命家带领三湘民众，反对军阀专制独裁，发起驱张运动和湖南自治运动，传播马克思主义，宣传无产阶级的历史使命，人民的民主、革命意识逐渐苏醒。1921 年中国共产党成立，湖南革命步入新时期。正是有了中国共产党的领导，湖南的革命运动便如火如荼地发展起来。

中国共产党领导湖南民众先后发动了工人运动、农民运动、土地革命等等。即便在秋收起义中由于经验不足、实力不够，革命运动经历挫折，毛泽东等无产阶级革命家也能及时总结、百折不挠，带领剩余力量进入井冈山，建立红色根据地，把中国革命的中心从城市转移到农村，开辟了一条"农村包围城市，武装夺取政权"的革命道路。即便中央革命根据地被国民党反动派五次"围剿"，中央红军英勇斗争，夺取了四次反"围剿"的胜利。即便中央红军第五次反"围剿"失败，被迫退出中央革命根据地，实施战略性转移，开始长征，但在毛泽东等湘籍革命家的领导下，中央红军历经湘江战役，突破敌人四道防线，过草地、翻雪山，四渡赤水，巧渡金沙江，强渡大渡河，飞夺泸定桥，共进行了 600 余次战役战斗，攻占 700 多座县城，共击溃国民党军数百个团，共经过 14 个省，翻越 18 座大山，跨过 24 条大河，行程约二万五千里，以血的代价，保存了党和红军的骨干，创造了人类历史上又一伟大奇迹，实现了中国共产党和中国革命事业从挫折走向胜利的伟大转折，开启了中国共产党为实现民族独立、人民解放而斗争的新的伟大进程。正是在革命的实践中，湖湘文化完成了向无产阶级性质新文化的质

---

① 《陈独秀文集》第 1 卷，人民出版社，2013，第 555 页。

的转变，才形成了今天独特的湖湘红色文化和传统。

无数革命先烈和他们的光荣事迹以及所体现的"自强不息、百折不挠"的斗争精神，牢固地"立"于三湘儿女的心中。今天，如何增强湖南人的骨气？首先，自觉涵养"不怕苦、不怕累"的意志品格，从青少年时代起，就要培养"咬定青山不放松"的韧劲。要始终葆有顽强拼搏、不懈奋斗的精气神；自觉培养不卑不亢的姿态，不慕虚荣、不务虚功，脚踏实地、勤勤恳恳，用切实的行动苦干实干，沉心静气地做好细微小事；要磨炼坚强的意志品格，面临困难敢于迎难而上，对于失败勇于承担责任，面对不良风气勇于坚决斗争。其次，要自觉从中华民族传统美德中汲取道德滋养，为克服困难、踔厉奋发提供强大的精神支撑。在新的征途上，只有在祖国和人民需要的地方挥洒汗水、建功立业，才能在为广大人民谋幸福的伟大事业中凝聚力量，实现更有高度、更有境界、更有品位的价值。再次，继承弘扬伟大建党精神，赓续红色血脉。从党史中深刻体会革命先烈们的铮铮铁骨和坚定不移的革命意志，深刻体会"为有牺牲多壮志，敢教日月换新天"的大无畏气概，培养"逢山开道、遇水架桥"的英勇气魄，做到"穷不失义，达不离道"的操守和"捐躯赴国难，视死忽如归"的气节，真正做到关键时刻敢于站出来、危难时刻敢于冲上去，努力成为实现中华民族伟大复兴的先锋力量。

第三节　固化于行：红色资源"活"起来

红色资源，包括红色物质资源和红色非物质资源，通常指的是伟人故里、革命历史事件和活动遗址、墓碑/烈士陵园、综合性的革命历史纪念馆等红色物质文化遗产和革命历史的口述等非物质文化遗产，甚至包括革命前辈用过的物品或穿过的遗物等标志性物件。湖南着手摸清红色家底，挖掘保护开发，激"活"更多红色资源；创新方式方法，打造红色精品，灵"活"运用红色资源；丰富内容形式，讲好红色故事，生动教"活"红色资源；数字科技赋能，提升资源品质，感受鲜"活"红色资源。

一 摸清家底 保护开发 盘活红色资源

湖南红色资源丰富。在红色基因传承中，湖南立足伟人故里、将帅之乡、英雄之地的优势，加强革命文物的挖掘开发、保护利用，激活更多红色资源，讲好红色故事，让遍布全省的红色资源"活起来、动起来、火起来、火出圈"，让广大党员干部群众汲取砥砺奋进的精神力量，转化为大力实施"三高四新"战略、奋力建设现代化新湖南的新气象、新作为、新成效。

湖南红色文化物质资源真实地记录了湘籍共产党人领导各族人民为争取民族独立解放而进行英勇斗争的壮丽篇章和丰功伟绩，蕴含了共产党人的崇高理想和坚定信念，展现了革命先辈的高尚品德，成为开展爱国主义和革命传统教育的重要载体。湖南红色基因的传承离不开依托丰富的湖湘红色文化资源，因此，湖南积极地开展推进全省红色资源的摸排、普查、申报、认定。目前，已查明全省现有革命类不可移动文物 2400 余处，其中全国重点文物保护单位 59 处，省级革命文物保护单位 438 处；国家级烈士纪念设施 21处，革命博物馆纪念馆 70 家；国有可移动革命文物藏品 8 万余件（套）。湖南在"十三五"期间，革命类全国重点文物保护单位增加38 处、省级文物保护单位增加 135 处。全省有 13 个市州 72 个县被列入革命文物保护利用片区分县名单。革命文物资源总量、重要资源数量均居全国前列。此外，湖南还拥有省级以上爱国主义教育基地 192 个，其中全国爱国主义教育示范基地 38 个，数量同样居全国各省区市第一。

同时，湖南省内红色资源的挖掘、抢救、保护、开发的力度逐步加强，让红色资源焕发新活力。湖南省委、省政府高度重视，高位推动，将红色资源保护利用纳入重要议事日程，省领导多次深入红色基地，对加强全省红色资源保护、开发、利用工作提出明确要求。湖南省政府与国家文物局签订战略合作协议，并先后印发《关于加强革命历史类纪念设施、遗址遗迹和爱国主义教育基地建设管理的若干意见》《湖南省革命文物保护利用工程（2020—2022年）实施方案》《关于加强全省文物保护利用工作的意见》等文件，编制《县市区革命文物保护利用工程三年行动计划（2020—2022年）》，推进长征国家文化公园（湖南段）建设，对革命文物保护利用工作做好顶层设计。2021年10月1日，《湖南省红色资源保护和利用条例》正式施行，使红色资源保护利用有法可依、有章可循。这是湖南首部关于该领域的地方性法规，该项立法工作走在全国前列。

除政策支持以外，红色资源的经费支持也不断加强。"十三五"期间，湖南共争取国家文物保护专项资金6.93亿元和省级文物保护专项资金1.23亿元，完成革命文物保护项目507个，有效保护率达70%以上。每年争取中央补助湖南省免费开放专项资金1.69亿元，其中近70%投入了革命纪念馆的开放服务。2024年，根据国家发改委等七部门联合下发的《关于抓紧编报文化保护传承利用工程2024年中央预算内投资计划建议方案的通知》（发改办社会〔2024〕257号）要求，湖南省发改委会同相关部门研究形成了湖南省2024年文化保护传承利用工程中央预算内投资计划建设方案。拟申报中央预算内投资132628万元，共支持16个项目建设。近年来，湖南还着手新建湖南抗日战争纪念馆等一批场馆，韶山毛泽东同志纪念馆、刘少奇同志纪念馆和平江起义纪念馆等一批纪念设施完成升级改造，"半条被子的温暖"专题陈列馆和陈树湘烈士生平事迹陈列室等一批红色教育基地完成提质改造……全省各地实施抢救性修复、预防性保护、数字化运用，一座座革命场馆，既是观众瞻仰、体验和旅游的场所，也是集多种功能为一体、开放式的革命文化园区。政策的扶持，持续的资金投入，有效的革命文物普查、修复、保护和利用工作，把湖南革命历史变成了思想教育的鲜活教材，把湖南红色景点变成了思想教育的生动课堂。

红色潇湘，薪火相传。党的十八大以来，湖南各级党组织和政府牢记习近平总书记的嘱托，以高度的政治自觉担负起传承红色基因的使命和任务，全面摸清红色家底，深挖红色资源"富矿"，科学合理地予以保护和开发，激"活"了更多红色资源，使之家喻户晓、深入人心，让红色基因代代相传。

二　创新方式　打造精品　用活红色资源

红色资源的运用对红色基因传播的效果有至关重要的作用。习近平总书记在《用好红色资源　赓续红色血脉　努力创造无愧于历史和人民的新业绩》一文中提到："红色资源是我们党艰辛而辉煌奋斗历程的见证，是最宝贵的精神财富，一定要用心用情用力保护好、管理好、运用好。"[①] 如何创新方式方法、灵活运用好红色资源？湖南人给的答案是："以党史照亮前行之路，以红色教育洗涤心灵之尘，以红色艺术激发奋进之力。"[②]

湖南是一个红色资源极其丰富的大省，但即便是湖南人也不一定完全了解、熟知所有的红色资源。在党史学习教育中，湖南创新方式方法，化被动为主动，制定、发布了《湖南省就近就地开展党史学习教育现场教学场地推荐名单》和《湖南省有关行业系统开展

---

① 《用好红色资源　赓续红色血脉　努力创造无愧于历史和人民的新业绩》，《求是》2021年第19期。

② 《更加紧密地团结在以习近平同志为核心的党中央周围　以党史照亮前行之路　洗涤心灵之尘激发奋进之力》，《湖南日报》2021年3月2日，第1版。

党史学习教育现场教学场地推荐名单》。其中,《湖南省就近就地开展党史学习教育现场教学场地推荐名单》共推荐了 118 处党史学习教育现场教学场地,覆盖全省 14 个市州,均为各地极具代表性和极具影响力的革命遗址旧址或革命纪念馆。例如,长沙市的中共湘区委员会旧址、湖南省立第一师范学校旧址、岳麓书院等 33 处场地入选,湘潭市的韶山毛泽东同志纪念馆(故居)、彭德怀纪念馆等 8 处场地入选,郴州市的汝城县"半条被子的温暖"专题陈列馆等 10 处场地入选。每一个场地都是一笔红色财富,都是一个信仰熔铸点。《湖南省有关行业系统开展党史学习教育现场教学场地推荐名单》共推荐了 88 处党史学习教育现场教学场地,并按党委和政府、人大和政协、纪检监察、公检法、教育文化科技卫生、机要保密、工青妇、国防动员等行业系统进行分类。面向纪检监察系统,推荐了《三大纪律·六项注意》颁布旧址、黄克诚故居等地;面向机要保密系统,推荐了湖南和平解放秘密电台工作站旧址、浏阳李白烈士故居等地……对每一个行业系统的精准细分,都是实事求是、求真务实的直观反映。这两份推荐名单,化被动为主动,为全省广大党员干部群众利用好红色资源奠定了坚实基础,也为湖南红色教育树立了标杆、引领了新风尚。

湖南省共 14 个地州市,有 21.18 万平方公里的红色热土,每一片区域都有属于自己的众多红色记忆点。为了提高红色教育效能,湖南将多点、多方面的红色记忆整合、开发。比如,湘潭市发挥"伟人故里"的红色资源优势,印发本土红色故事教育读本《韶山记忆》,在毛泽东同志故居、毛泽东同志纪念园、中共韶山特别支部历史陈列馆等景点的基础上,打造 28 个常学常新、情景交融的现场教学点,其中就有神舟十号载人飞船返回舱的宝贵资源,不断拓宽红色教育覆盖面。2021 年 4 月,结合党史学习教育,湖南省自然资源厅等多部门联合发布了《湖南党史学习教育地图》和

《湖南红色旅游地图》。其中,《湖南红色旅游地图》精选出 12 条精品红色旅游线路,将湘赣边区、湘鄂川黔地区、长征路沿线等红色旅游资源串联打包,让游客可以沿着老一辈革命家成长的足迹,感受历史沧桑巨变,参与和见证乡村振兴。这种"串珠成链、资源整合"的创新,灵活运用了红色资源,提升了红色教育效果,也在很大程度上推动了省内红色教育的开展。

在创新方式方法的同时,湖南人也善于总结、归纳和提升,追求高质量,力求打造精品。例如在陈列展览方面,湖南完善政策支持和管理机制,注重运用现代科技手段,补充体现时代精神的展陈内容,追求高质量、特色化精品展陈。在 2021 年,湖南省博物馆的"芳草之地,红满潇湘——湖南省博物馆馆藏革命文物专题展"、韶山毛泽东同志纪念馆的"恰是百年风华——庆祝中国共产党 100 周年主题展"、刘少奇同志纪念馆的"刘少奇与中国共产党"、秋收起义文家市会师纪念馆的"光辉起点——秋收起义历史陈列"和湘西自治州博物馆的"血性湘西——湘西革命历史陈列"5 个展陈入选中央宣传部、国家文物局"庆祝中国共产党成立 100 周年精品展览推介名单"。[①] 此外,湖南努力打响"锦绣潇湘"红色旅游品牌,开通韶山至井冈山红色旅游铁路专线,高标准打造十八洞村、沙洲村两个新时代红色地标,连续 18 年举办湖南红色旅游文化节,建成 28 个国家红色旅游经典景区。同年,全省红色旅游区(点)接待游客超过 1.4 亿人次,5 条精品线路入选"建党百年红色旅游百条精品线路"。

百年党史,熠熠生辉;红色记忆,历久弥新。一直以来,湖南坚持创新方式方法,灵活运用丰富的红色资源,通过推新出彩、精心打造精品,推动红色文化创造性转化和创新性发展,将红色资源

---

① 《中央宣传部 国家文物局关于公布庆祝中国共产党成立 100 周年精品展览推介名单的通知》,国家文物局官网,2021 年 5 月 19 日,http://www.ncha.gov.cn/art/2021/5/19/art_2318_44653.html。

转化为红色教育的鲜活教材，教育引导广大党员干部群众从党的光辉历史中汲取砥砺奋进的精神力量，不断擦亮湖南的红色底色，让红色基因代代相传。

三 丰富内容 讲好故事 激活红色资源

红色故事是最直接、最具象、使人在最近距离接触和感受红色精神的重要载体，是常学常新的生动教材，更是培育时代新人、传承和弘扬伟大建党精神的重要抓手。当前，讲好红色故事，创新思政课堂，强化教育功能，是赓续红色血脉的重要举措。习近平总书记强调："要讲好党的故事、革命的故事、根据地的故事、英雄和烈士的故事，加强革命传统教育、爱国主义教育、青少年思想道德教育，把红色基因传承好，确保红色江山永不变色。"[1]

湖南红色底蕴十足，在红色基因传承方面，湖南人也不断尝试通过丰富红色课堂内容，讲好红色故事，创新思政教育模式，强化教育功能，让红色教育入眼入耳、入脑入心，教"活"红色资源。讲好红色故事，要丰富红色教育课堂的红色内容，在鲜活的红色故事讲授中彰显伟大的革命精神。历史是最好的教科书。依托身边的红色资源，让红色精神、红色文化体现在有血有肉、有滋有味的鲜活故事中，讲清其内在原理、学理、情理和道理，推动红色故事更好进教材、进课堂、进头脑，丰富思政教学的内涵与活力。围绕革命、建设、改革各个历史时期的重大事件、重大节点，研究确定一批重要标识地，讲好党的故事、革命的故事、英雄的故事，彰显时代特色，使之成为教育人、激励人、塑造人的大学校。

纵观党史，湖湘英雄灿若星河，在革命年代，既走出了毛泽东、刘少奇、任弼时、彭德怀、贺龙、罗荣桓等一批彪炳千秋

---

[1] 习近平：《论中国共产党历史》，中央文献出版社，2021，第111页。

的老一辈革命家，也涌现了不做"大小姐"、要做"革命人"的中国妇女运动的杰出领袖向警予，"骨头就算是被烧成灰，也是共产党人"39岁英勇就义的邓中夏，"革命即将成功，我无论生或死，总觉得非常愉快和欣慰"用生命捍卫电台的李白等革命先烈。进入新时代，"共和国勋章"获得者袁隆平，"七一勋章"获得者艾爱国，"为民书记"郑培民，"时代楷模"黄诗燕、余元君等一批享誉全国的重大典型人物走入三湘儿女的视野。这些，都为讲好红色故事奠定了坚实基础。

除此之外，湖南省档案馆、湖南日报社曾联合推出10集微纪录片《血色潇湘》，讲述蔡和森、向警予、杨开慧、毛泽民、邓中夏等湘籍革命英烈的故事，带领观众打开尘封的历史档案，解读红色湖南的精神密码，在人民群众中引发广泛关注。湖南省委宣传部为了持续打造"潇湘红色故事汇"的品牌，从开展全省爱国主义教育基地形象展示大赛，到组建红色故事宣讲团，进企业、进农村、进机关、进校园、进社区、进军营、进网络集中宣讲，从面向中小学生开展思政小课宣讲，到面向大学生开展红色故事讲述大赛，将革命先烈的英雄事迹转化为培育时代新人的生动教材。

赓续红色血脉、传承红色基因，青少年是关注的重点，湖南着力为青少年设计符合其认知特点的教育活动，建设富有特色的革命传统教育、爱国主义教育基地，厚植爱党、爱国、爱社会主义的情感。比如，在全省中小学生春游秋游中开展"走进红色课堂、传承红色基因"主题活动；推出"重走'湖南农民运动考察报告'之路"等一批研学线路；有序组织学生就近开展红色主题党日、团日、队日活动；开展"访红色故地　筑信仰之基——爱国主义教育基地打卡"活动，鼓励全省大中小学校结合实际情况参与；采取"请进来""走出去"的方式，请英雄模范、先进典型、老党员、老同志等到校园给学生宣讲新时代党的故事；组织学生走出课堂，到社会实践中去收集、了解新时代党的故事，去聆听奋战在第一线的广大干部群众现场讲述新时代党的故事。形式多样，别具一格。

宣传教育的重点对象是青少年。湖南以青少年喜爱的形式引导他们感受革命传统，接受革命熏陶。同时，促进思政"小课堂"走进社会大课堂，使红色基因活化为红色育人实践。立足红色育人目标，将弘扬伟大革命精神融入红色场馆、教育基地、革命旧址的参观学习全过程，讲好旧址里的故事、故事里的细节、细节里的精神，让遗迹旧址成为红色教育"教室"，让史料文物成为红色教育"教材"，让英烈模范成为红色教育"教师"，通过实践活动体悟红色精神，坚定理想信念。

四　科技赋能　提升品质　做活红色资源

红色资源的保护、开发和利用是开展红色文化教育、传承红色基因的基本保障，而红色文化传播对红色文化教育的深入广泛开展有至关重要的作用。湖南在红色文化传播方面始终坚持"与时俱进、多渠道多形式推广"的原则。随着科学技术的高速发展，现正处于"万物互联"的新时代，湖南紧跟时代步伐，加快互联网、5G 通信、大数据、人工智能、新媒体、VR 等先进技术与湖湘红色资源融合应用，以数字科技赋能，提升湖湘红色文化产品的质和量，从而满足人民群众对红色文化发展现代化、多样化的需求，让广大人民群众感受鲜"活"的红色资源。

利用数字科技挖掘、整理和保护红色文化资源。湖南利用数字科技手段对各历史时期、不同区域和领域的红色资源进行挖掘、整理、研究。比如利用数字科技对红色档案资料以及散存于民间歌曲、戏曲、口头故事、文学作品等形态中的红色资源进行收集、梳理与整合，盘活红色资源存量，建立健全系统集成的湖湘红色资源大数据库，为湖南红色资源的活化利用奠定基础。在利用数字科技保护好红色资源方面，湖南针对大量与红色文化相关的遗址、遗迹、遗物等进行数字复原。这些红色资源大多分布在革命老区、偏远山区、民族地区，随着时间流逝，因自然风化、环境变迁等而受损的现象较为普遍，比如红军标语墙脱落、部分建筑物倒塌等，充分运用现代技术对一些已消失或损坏的红色遗迹、文物等进行复原再现、虚拟修复，可以更好地体现红色资源历史原貌、发挥红色资源价值。此外，湖南推动革命文物数字化，运用三维全息、体感互动等技术，实现了革命文物物质形态与数字形态的融合融通。湖南还推进"互联网＋革命文物"云直播、云展览，对革命文物进行延伸式展示宣传。2021 年成功举办"湖南馆藏百件珍贵革命文物数字展"，推出"潇湘红"APP展示 500 余个革命历史类纪念设施、1000 余件珍贵革命文物等。

利用数字科技点亮红色文化场景。在"互联网＋"背景下，湖南通过数字技术对红色资源进行全景式、立体式、延伸式展示、宣传，将革命历史、革命传统和革命精神生动鲜活地传递给广大人民群众。用数字技术改变革命博物馆、纪念馆文物的静态陈列形式，用声、光、电营造令人震撼的视听效果，用多媒体影视技术、巨幕投影技术、多点触控技术丰富展示形式，加强互动性，使观众的视觉感受更直观、更立体。运用 VR、AR、3D 全息技术等多维立体集成综合技术，打造红色文化立体沉浸式体验馆，将虚拟场景和实体场景叠加在同一时空，再现革命历史中众多激荡人心或悲壮伟大的故事情节。比如，将湖南早期马克思主义者筚路蓝缕的建党历程展现于长沙橘子洲，将湘江战役红三十四师血战敌人及师长陈树湘断肠明志的场景再现于长沙县陈树湘故居和道县陈树湘红色文化园等，力求让游客身临其境感悟红色精神。

利用数字科技开辟新的红色文化传播之路。充分利用融媒体"一次采集，多角度编辑，多介质推送"优势，建设红色文化网站、微信公众号、微博、移动客户端、网上虚拟展览馆等，构建多样化、立体化、全媒体的信息传播体系；建好用好湖南红色文化特色网站、微信公众号，用好"抖音""快手"等媒介平台，为社会公众接触湖南红色文化资源与信息提供更多便利。

充分运用数字平台，建好"云上展厅"，让遍布三湘大地的各处革命场馆、红色旧址登上"云端"，使受众足不出户就能通过线上平台"云游"展览，远程实时参观湖南红色文化遗迹，实现红色文化动态共享，打造"永不落幕"的红色网络空间。运用大数据，分析青年对红色故事的认知程度、兴趣所在等关键信息，创新方式方法，实现精准供给。比如，借助"报、网、端、微、屏"等平台，采用微故事、小剧场、短视频等年轻人喜闻乐见的形式，通过实物情景再现等方式，增强历史真实感，让红色基因真正融入血脉。

第四节　激发活力：红色经济"富"起来

人类社会的发展，离不开精神的激励和引领。个体如此，一个国家、民族和政党亦然。新时代中国特色社会主义不是从天上掉下来的，而是干出来的。只有不忘初心、牢记使命，充分发挥红色文化的精神激励作用，永远保持革命热情和拼命精神，才能更好地挺起共产党人的精神脊梁，不负时代使命和人民重托。湖南是革命文化厚植的红色沃土，我们植根红色沃土，能够激发干事业的活力，为发展经济增添动力。发展是党执政兴国的第一要务，其中经济发展又是第一位的。如何激发经济活力？一要激发红色力量活力，二要激发红色文旅活力，三要激发特色产业活力。一言以蔽之，就是要通过激发活力，促进地方经济"富"起来。

一　激发红色力量活力

湖南是中国共产党和中国革命的重要策源地。建党初期，全国

50 多名党员中湖南籍就占 20 多人，2023 年底，湖南省共有 427.4 万名党员、21.2 万个基层党组织[①]，湖南始终是全国红色力量的重要组成部分。自中国共产党成立以来，湘籍共产党人带领全省人民艰苦奋斗、努力拼搏、追求幸福美好生活。在武陵山、雪峰山、罗霄山连片特困地区，经济发展相对落后，贫困人口较多，省委响应党的号召、倾听人民心声，组织一批又一批的脱贫攻坚队伍，发扬红色精神，激发红色力量，攻坚克难，发展经济，解决贫困难题。

地处湘西土家族苗族自治州花垣县的十八洞村，是一个深度贫困村。2013 年 11 月 3 日，习近平总书记到十八洞村考察，首次提出"精准扶贫"。十八洞村的面貌从这一天开始，迎来历史巨变。精准扶贫，风起十八洞，攻坚在湖南。湖南省委、省政府牢记习近平总书记嘱托，扛牢"精准扶贫"首倡地政治责任，把脱贫攻坚作为头等大事、第一民生工程，举全省之力攻克千年贫困难题。湖南历届省委书记、省长以身作则、率先垂范，踏遍三湘四水的贫困县，指导省、市、县、乡、村五级层层签订责任状，压实责任，并明确省委是"总前委"、市委书记是"纵队司令"、县委书记是"一线总指挥"、乡镇党委书记是"主攻队长"、村支部书记是"尖刀排长"，全力扛起脱贫攻坚重任。

在脱贫攻坚战场上，湖南扛牢政治责任，"尽锐出战"，选派"最能打仗"的党员干部开展驻村帮扶。全省共计 2.1 万支队伍、5.6 万名驻村帮扶队员投身脱贫攻坚一线，有 153 名同志将生命永远定格在了脱贫攻坚的征程上。[②] 湖南紧接着出台《脱贫攻坚责任

---

① 《湖南省共有中共党员 427.4 万名、党的基层组织 21.2 万个》，湖南省人民政府网站，2024 年 7 月 1 日，http://hunan.gov.cn/hnszf/hnyw/zwdt/202407/t20240701_33341634.html。

② 《八年扶贫，湖南 153 名同志永远留在了脱贫攻坚征程上，还有哪些不能忘记》，人民日报客户端湖南频道，2021 年 5 月 4 日，sdxw.i9ilu.com/share/YSoyMS03N2M2E3.html。

制实施细则》，着重解决扶持谁、谁来扶、怎么扶、如何退的问题；扶贫投入连年递增，出台《市州、县市区党委和政府脱贫攻坚工作考核办法》等政策文件，压紧压实责任。各项脱贫攻坚举措渐次推出，湖南各方力量迅速形成合力。路、水、电、网等基础设施短板一一补齐，从此三湘大地焕发新颜，脱贫群众精神面貌焕然一新。到 2020 年底，全省 51 个贫困县如期摘帽，6920 个贫困村全部出列，682 万贫困人口摆脱贫困。2021 年，湖南全省脱贫人口人均纯收入达到 13553 元，增长 13.5％。三湘儿女久久为功、不懈奋斗，他们奋斗的身影就是一股股红色力量，这些红色力量汇聚起来，谱写了摆脱贫困、逐梦小康的恢宏篇章。

在中国脱贫攻坚的伟大历程中，湖南数以万计的扶贫干部和扶贫队伍进村到岗、驻村帮扶，这支伟大的红色队伍展现了强大的力量，创造了多个"全国第一"。在全国率先制定下发《全省贫困村识别和建档立卡工作方案》，精准识别扶贫对象；在全国率先推出"财银保"，撬动扶贫产业贷款，覆盖 51 个贫困县；建立全国首个贫困劳动力劳务协作市场，被人力资源和社会保障部向全国推介……湖南扶贫队伍以及全国的扶贫工作者用他们的青春、汗水甚至生命，打赢了脱贫攻坚战。脱贫之后帮扶不减。2021 年 5 月，湖南省选派 24021 名干部组成 10253 支工作队进村到岗，开展驻村帮扶，赋能乡村振兴，使红色力量在乡村振兴之路上继续焕发活力。一路走来，红色力量凝聚形成的脱贫攻坚精神，成为了新时代的红色基因，值得我们代代传承。

二　激发红色文旅活力

红色代表革命，是湖南的底色。湖南红色资源丰富，红色文化底蕴厚实，着力立足伟人故里、将帅之乡、红色热土的优势，加强革命文物保护、开发、利用，讲好红色故事，推进文旅融合，激活红色文旅活力，让湖南的红色旅游"火"起来，红色名片"亮"起来，红色经济"富"起来。

近些年，湖南围绕全面建成小康社会、建党100周年等主题新创作140多台大型优秀剧目。在文化和旅游部推荐的12部精准扶贫舞台剧中，湖南有《大地颂歌》《桃花烟雨》等2部入选。民族歌剧《半条红军被》入选文化和旅游部2020—2021年度"中国民族歌剧传承发展工程"重点扶持剧目全国7台剧目之一。《十八洞的新苗歌》和《半条被子》入选第十三届全国舞蹈展演作品。在庆祝建党100周年"百年百部"舞台艺术精品创作工程中，湖南有11部作品入选，并列全国第二……湖南红色文艺精品创作持续取得新突破，为湖南的"红色名片"增色不少，让湖南更具吸引力和影响力，更好地吸引国内外人士来到湖南感受红色文化，进而促进红色旅游的发展。而当红色文化与消费不断碰撞交融之时，它们就会产生巨大且惊人的经济效益。比如，投资6亿元打造的大型实景演出《中国出了个毛泽东》自2014年4月15日至2022年7月30日累计演出1900余场，接待观众超百万人次。带动韶山主要酒店宾馆入住率提高40个百分点以上，红色研学游等教育培训产业年营收达1.4亿元。

为激发红色旅游活力，促进红色经济发展，湖南实施旅游品牌建设工程，既对现有的红色经典旅游品牌进行升级，同时也不断打造新的红色旅游品牌。湖南坚持融合化、标准化、品牌化、国际化发展理念，完善全省红色旅游发展专项规划，细化各景区建设标准、服务标准、讲解标准，升级"伟人故里"等红色旅游品牌，高标准打造十八洞村（已获批国家5A级旅游景区）、沙洲村2个新时代红色地标，连续21年举办湖南红色旅游文化节，打响"锦绣潇湘"红色旅游品牌。推动"五个首次"，即党代会首次提出建设红色旅游基地，首次在全国打造红色旅游铁路（韶山直达井冈山），首次联合打造湘赣边红色文化旅游融合发展创新区，首次打造一批初心源红色旅游景区。此外，在中央电视台、湖南卫视推出"锦绣潇湘　伟人故里——湖南如此多娇"旅游形象宣传片，坚持每年举办中国湖南国际旅游节、旅游产业博览会、春夏秋冬四季乡村旅游节等品牌节会。加强与长三角、珠三角、京津冀、成渝城市群等重点客源市场区域合作，"锦绣潇湘"走进"一带一路"文化旅游合作交流系列活动荣获中国旅游业最具影响力品牌活动第二名，湖南作为全国唯一省份入选《孤独星球》发布的"世界十大最物超所值的旅行目的地"，湖南省会城市长沙入选全国十大红色旅游目的地。

截至目前，湖南共有红色旅游景点 310 个，其中国家经典红色旅游景区 28 个，并推出了 12 条红色旅游精品线路，5 条红色旅游精品线路入选"建党百年红色旅游百条精品线路"。仅 2021 年，湖南省红色旅游从业人员就达 100 万余人，全省红色旅游区（点）接待游客超过 1.4 亿人次，同比增长 25%，综合收入超 1300 亿元，同比增长 28%。红色旅游拉动了乡村经济，提高了当地人的文化素质，更能实现社会、生态、经济发展的融合。在红色旅游"火"起来的同时，过去的老、少、边、穷地区（如湘西自治州）也逐渐"富"了起来。十八洞村被联合国旅游组织评为"最佳旅游乡村"。[①]

三　激发特色产业活力

红色文化和红色资源是红色经济的源头，红色旅游是红色经济发展的主要动力。如何充分利用红色文化、红色资源，进一步推动红色旅游，让红色经济发挥最大价值？湖南在红色资源保护、升级、提质基础上，将红色文化与教育深度融合，将观光与体验结

---

① 《联合国授予十八洞村"最佳旅游乡村"》，《湖南日报》2024 年 11 月 16 日，第 02 版。

合，打造党性教育基地，大力发展红色研学，建设红色乡村，走出一条以红色文化和红色文旅带动特色产业、提升红色经济的新路径。

湖南是一座"寸土寸金、储量惊人"的红色资源"富矿"，这里矗立着中国革命星火燎原的红色丰碑，沐浴着以鲜血和生命写就的历史荣光，有无数可歌可泣、精彩纷呈的红色故事。毫无疑问，影视作品是红色文化的最佳传播载体，是深受广大人民群众喜爱的文艺形式，与红色文旅有着天然的亲和力，也将成为助力红色文旅产业高质量发展的重要动力。研究显示，好的影视项目可以使取景地的游客数量增长 25％至 300％。24.5％的中国游客会在观看某部电影、电视剧后，对一个从未关注过的目的地动心。

潇湘电影集团作为湖南影视产业的领军企业之一，成立 67 年来，始终坚持以人民为中心的创作导向，拍摄出品了一大批经典红色电影。诸如讲述三位女红军与徐解秀老人之间感人故事的电影《半条棉被》，展现音乐家田汉创作《义勇军进行曲》心路历程的电影《国歌》，反映"精准扶贫"施政理念的电影《十八洞村》，凸显湖南人民决战决胜脱贫攻坚的精神气魄与无穷伟力的电影《大地颂歌》，展现党的十八大以来农村改革新变化的电影《热土》，讲述袁隆平院士研究"三系配套"杂交水稻历程的电影《袁隆平》等等，走出了一条独具特色的红色电影之路。"红色潇影"深入人心，成为中国七大国有电影集团之一，是中国的标志性红色文化品牌。众多红色影视作品为当地的红色文旅产业乃至红色经济的发展提供强大助力。例如，《十八洞村》讲述十八洞村村民在国家实施"精准扶贫"战略的过程中，在扶贫工作队的帮扶下立志、立身、立行，完成生活和精神双重脱贫的故事，深刻体现了"精准扶贫"对于农民生活的巨大影响。电影《十八洞村》上映后，不但收获了超亿元的电影票房，还斩获了国内的电影奖项。同时也让全国观众了解到了十八洞村的秀丽景色和文化特色。影片所展现的高山峡谷、传统苗寨、民族歌舞等旅游资源，成为红色研学和乡村旅游的热点。《半条棉被》更是充分挖掘红色文化、助推红色文旅的代表。它被列为湖南省"光影铸魂"电影党课重点推荐影片，吸引了 50 多万名党员干部群众走进影院观影。《半条棉被》绘本版和青少版图书也随后在全国发布，央视少儿频道对《半条棉被》图书予以大力推荐。电影和图书的火爆，为沙洲村打造红色热门经典提供了丰富的延展空间，有力推动了红色文化资源与乡村振兴的跨界融合。沙洲村在专题陈列馆循环播放电影《半条棉被》宣传片，修建了"半条被子"故事发生地旧址、民俗文化广场、红军广场、朱氏宗祠、红军卫生部旧址等文旅景点和项目，全面提升了沙洲村的红色文化吸引力，并大力推动当地红色经济的发展。

"半条被子"的故事传遍大江南北，沙洲瑶族村的扶贫产业发展顺势展开。当地积极打造红色景区，发展乡村旅游。沙洲红色旅游景区于 2017 年建成，2019 年升级为国家 4A 级旅游景区。"半条被子"故事主人公徐解秀的孙子朱小红曾是村里的建档立卡贫困户，2017 年通过参加当地的厨师技能培训学到一技之长，成了第一个在村里开土菜馆的人，日子逐渐富起来。2014 年，朱小红一家人奔波一年，收入还不到 1 万元，而 2020 年全家收入增加到了15 万元。朱小红一家的变迁，就是沙洲瑶族村发展的缩影。红色旅游兴旺起来，围绕红色旅游的产业链也形成并延伸，让人均耕地不足 0.7 亩的沙洲瑶族村村民都吃上了"旅游饭"。他们中有人在景区上班，有人开办农家乐和民宿，有人销售土特产，还有人依托枇杷、水晶梨等特产办起了水果采摘园。2018 年，沙洲瑶族村实现整村脱贫。沙洲瑶族村仅 2020 年便接待游客超 70 万人次，几乎每个村民都会讲述"半条被子"的故事。这一年，村民人均可支配收入达到 1.5 万元，村集体收入达 55 万元。围绕红色旅游，激活其他特色产业的活力，着实让大家"富"了起来，使特色产业成为红色经济发展的新动能。

红色旅游的红火兴旺，给湖南带来了超高的人气。人们可到长沙县果园镇打卡田汉文化园、戏剧艺术街，寓教于游；到韶山和花明楼景区沿着毛泽东、刘少奇等领袖人物的足迹追寻红色记忆；到秋收起义文家市会师纪念馆感受革命老区浏阳进入全国"百强县"前列带来的新活力；到湘西州十八洞村来一场红色研学，听脱贫故事，看扶贫产业，感受精准扶贫的魅力；到永州道县陈树湘红色文化园，感悟"断肠明志"的精神。全省各地红色旅游景区吸引成千上万的游客纷至沓来。机关、企事业单位、学校等纷纷将党性教育、爱国主义教育和红色景点紧密结合，很多人将红色旅游认定为新时尚。湖南紧紧围绕红色旅游游客的"吃、住、行、学、游、购、娱"需求，加快红色旅游与多业态融合发展。新产品、新线路、新玩法加速涌现，形成红色旅游产业链并不断延伸。省内红色景点充分结合地区实际，紧扣时政主题，结合乡村振兴，打造乡村研学实践基地，创新推广"红色教育在馆内、军事训练在营地、劳动实践在田间、吃饭住宿在农家"的红色研学模式，引导研学课堂办到美丽乡村、田间地头。红色旅游、现代种植、林业、养殖、农副产品加工、户外拓展、学习培训、城乡运营、住宿餐饮等产业板块，都成为各地红色经济进一步发展可涉足的领域。

第五节　升华主题：红色文化"兴"起来

红色文化凝聚着党内政治文化的历史智慧，在政治理想、政治纪律、政治道德等方面表现出崇高性与先进性，是中国共产党精神内核和奋斗主题的集中表达。湖南传承红色基因，紧紧抓住红色文化的内容，继续升华主题，突出革命精神主线，深入挖掘优质文化资源，并在教育的内容、路径、形式等方面进行创新。通过文艺佳作助红色文化"兴"起来，通过红色育人助红色文化"兴"起来，通过数字科技助红色文化"兴"起来，通过对外交流助红色文化"兴"起来。一言以蔽之，通过多管齐下、形成合力，使红色文化"兴"起来，达到以文化人、以史铸魂的目的。

一 文艺佳作助红色文化兴起来

革命文化是中国共产党领导人民在革命、建设与改革中创造的，是新时代中国特色社会主义文化的重要组成部分。创作出符合新时代审美品位的文艺作品并传承革命文化，既是人民的期待，也是历史赋予广大文艺工作者的责任。湖南红色文化底蕴深厚，红色资源异常丰富。党的十八大以来，湖南人民牢记习近平总书记的嘱托，按照"五位一体"的总体布局和"四个全面"的战略布局，进一步营造浓厚红色氛围，树牢红色理念，深挖红色资源，用文艺创作带动经济发展，同时也使红色文化本身得到了升华。

讲好红色故事，文艺作品是其中一个非常重要的传播载体。湖南红色文化的兴起，体现在湖湘文艺作品硕果累累和文艺精品不断呈现方面。湖南成立了重大革命和历史题材影视剧创作领导小组，设立了文化事业发展引导资金，加大了对红色题材文艺创作生产的扶持力度。湖南建立了红色主题出版内容资源库，围绕"革命航程""革命人物""革命遗迹"等内容策划选题，汇集一流的作者资源、专家团队、编辑力量、文本资料，打造红色出版高地。湖南推出了电视剧《百炼成钢》《理想照耀中国》，舞台剧《热血当歌》《半条红军被》，图书《湖湘英烈故事丛书》《革命诗画》等一批产生全国影响的优秀作品。

2021年，结合庆祝建党百年主题，中共湖南省委研究部署的大型党史资料丛书《湖湘红色基因文库》由湖南人民出版社出版。《湖湘红色基因文库》以中国共产党在湖南百年历史中的重大事件、重要人物为经纬，共编纂100种书目，包含湖南地方党史类著作20本，以新中国成立后国家批准认定的湖南一类革命老区县为基础编纂的地方革命斗争史 27 本，以湖南发生的重大党史事件及重要历史经验为内容的专题史书 30 本，以湖南重要党史人物及先锋模范人物史料著作 17 本，以及重要红色遗址遗迹、纪念场馆、红色文献资料图书 6 本。从史料的时间跨度、覆盖的广度、挖掘的深度上看，该文库可谓"百科全书"式的党史著作与资料图书。《湖湘红色基因文库》记录了湖南创造的中共党史上的诸多之"最"，如湖南创建了中国共产党领导的湘赣边界第一个县级人民政权茶陵县工农兵政府和第一个省级人民政权，创办了中共最早的干部学校——湖南自修大学，创立了全国最早的产业工人党支部——中共安源支部，创建了党领导的全国最早的工农联合组织——岳北农工会，创办了最早的省级党报《战士》，颁布了中国人民解放军"第一军规"等。可以说，《湖湘红色基因文库》是湖南红色资源的充分挖掘和展现，是对湖南红色精神的深度凝练和解读，是对湖南红色基因的全面解码和传承。

以上这些党史题材的文艺作品所蕴含的红色文化基因、信仰信念，以喜闻乐见、容易接受的方式，直抵人们的心灵深处，引起观众或读者的共情共鸣共振，充分彰显了艺术感染力和渗透力。文艺是时代前进的号角，共和国的今天需要红色力量。进入新时代，站在新的历史坐标上，湖南红色文艺工作者始终牢记习近平总书记的殷殷嘱托，立足中国特色社会主义现代化建设的伟大实践，坚持以人民为中心的理念，到第一线去采风，多形式创作出人民满意的红色文艺佳作、精品，并以多样化的创新传播方式，给湖湘人民带来"精神盛宴"，让红色基因在湖南得到更好地传承，使湖湘红色文化真正"火"起来、"兴"起来。

二 红色育人助红色文化兴起来

红色文化是中国共产党以马克思主义为指导，吸收中外优秀文化创造的先进文化，代表了中国共产党人的优良品格，蕴含着共产党人的坚定信仰，体现着党的初心和使命。红色文化是红色教育的基本条件，红色教育助推红色文化发展，二者相辅相成、相互统一。习近平总书记指出："革命传统教育要从娃娃抓起，既注重知识灌输，又加强情感培育，使红色基因渗进血液、浸入心扉，引导广大青少年树立正确的世界观、人生观、价值观。"① 湖南注重全面发挥红色资源的教育功能。首先，通过红色教育加强师德教育，守好"红色根脉"；其次，强化红色资源的教育功能，充分发挥其物质形态优势和精神群像的感召力，讲好红色故事，将其深度融入思想道德建设和社会主义核心价值观教育；最后，通过编印红色教育读本，深入实施红色教育进教材、进课堂、进头脑，引导广大青少年成为建设社会主义现代化新湖南的生力军。

习近平总书记在中国人民大学考察时，激励广大师生继承优良传统，赓续红色血脉，强调要高度重视教师队伍建设。② 湖南坚持以红色文化强师德、铸师魂，多形式深化"四史"教育，大力弘扬革命传统和革命精神，积极引导教师不断坚定理想信念、厚植爱国情怀，涵养高尚师德，努力成为塑造学生品格、品行、品味的"大先生"；加强各类红色资源的挖掘、整理和研究，将红色文化、资源融入学校的教育、评价、激励、监督、宣传等环节，通过评先进、树典型等方式，推动红色精神融入教师的具体教学工作与日常生活，激励教师做红色精神的践行者；积极开展师德典型引领活动，将红色文化、红色资源作为铸就高尚师德、师魂的重要内容，将培养"有理想信念、有道德情操、有扎实学识、有仁爱之心"的好老师作为师德师风专题教育的指南针，营造坚守师德、尊师重教

---

① 习近平：《论中国共产党历史》，中央文献出版社，2021，第108页。

② 《坚持党的领导传承红色基因扎根中国大地 走出一条建设中国特色世界一流大学新路》，《人民日报》2022年4月26日，第1版。

的良好氛围，形成师德师风教育常抓不懈的体制机制。

用红色基因铸魂育英才，彰显立德树人鲜亮底色。2024 年 3 月 18 日，习近平总书记考察湖南第一师范学院，他说，国家要强大，必须办好教育。一师是开展爱国主义教育、传承红色基因的好地方，要把这一红色资源保护运用好。学校要立德树人，教师要当好大先生，不仅要注重提高学生知识文化素养，更要上好思政课，教育引导学生明德知耻，树牢社会主义核心价值观，立报国强国大志向，努力成为堪当强国建设、民族复兴大任的栋梁之材。[①] 湖南紧紧围绕"培养什么人、怎样培养人、为谁培养人"这一教育根本问题，把握"立德树人是教育的根本任务"，坚持"育人先育德、育德先育魂"，充分发挥思政课在红色教育、立德树人中的作用，培养德智体美劳全面发展的社会主义建设者和接班人，让红色成为立德树人的鲜亮底色。思政课的本质是讲道理，要注重方式方法，把道理讲深、讲透、讲活，老师用心教，学生用心悟，达到沟通心灵、启智润心、激扬斗志的效果。湖南鼓励广大思政教育者充分挖掘、整合红色资源，学深悟透、学以致用，创新红色故事的时代表达，增强红色故事的感染力，采取广大青少年喜闻乐见、易于接受的形式讲好"四个故事"：党的故事、革命的故事、根据地的故事、英雄和烈士的故事。湖南红色育人坚持德育为先，加强"三个教育"：革命传统教育、爱国主义教育、青少年思想道德教育，培养时代新人。提倡善用"大思政课"，将红色文化融入思政课，将"三个教育"贯穿教育教学全过程，做到知识灌输与情感培养并举，进一步阐释好革命传统中蕴含的理想信念、价值追求，引导广大青少年深刻理解没有中国共产党就没有新中国的道理。同时，注重"思政小课堂"同"社会大课堂"有机结合，在课堂理论和社会生活实践相

---

① 《用好红色资源　育好栋梁之材》，《中国教育报》2024 年 4 月 9 日，第 1 版。

互统一中加强"三个教育"。

此外，湖南推进大中小学思政课一体化建设，形成完整的红色育人课程体系。在全省探索建立新时代大中小学思想政治教育联盟，开展大中小学思政课一体化研究，重视各学段目标、内容、评价的一体化衔接，要求各学段"守好一段渠，种好责任田"，做到不缺位、不越位、不错位。加强红色课程建设，把"四个故事"有效融入思政课程和课程思政教学，形成完整的红色育人课程体系；组织优秀思政教师走进中小学开展学术交流、示范教学等活动，探索探究式、合作式教学模式，引导广大青少年树立正确的世界观、人生观和价值观。2021年，长沙市组织开展了大学、高中、初中、小学思政课一体化集体备课，形成精品课例32个，同时联合长沙理工大学、湖南工商大学等高等院校开展以爱国主义教育为主题的"传承红色基因，讲有风景的思政课"实践教学活动。2024年12月27日，湖南省大中小学思政课一体化建设研讨会暨骨干教师培训班在湖南师范大学举行，活动现场共同发布了《大中小学思想政治教育一体化湖南宣言》，为全省思想政治教育工作进一步凝聚共识、汇聚力量。

不难看出，高站位的红色育人理念和全方位的红色育人体系能让红色文化直抵人心。各级党组织要充分挖掘"家门口"的红色资源，用好用活红色文化，创新学习方式，讲好红色故事，厚植青少年的红色基因。我们要加强红色教育，传承红色基因，将红色文化的思想精髓注入其中，为学校开展红色育人活动和实现特色发展提供绝佳条件，让红色基因厚植于青少年心中，收到铸魂育人的功效。

三　数字科技助红色文化兴起来

随着移动互联网技术的迅猛发展，中国已进入以数字化为标志的科技信息时代。数字科技与生产、生活密切相连，成为国民经济和人民群众须臾不可或缺的工具。在《关于实施中华优秀传统文化传承发展工程的意见》《关于实施革命文物保护利用工程（2018—2022 年）的意见》等重要文件中，国家对加强红色文化资源数字化建设做出了顶层设计。湖南紧跟时代步伐，大步踏上湖湘红色文化传播新征程，积极推动红色文化与数字科技产业相融合，使数字科技赋能红色文化，让历史鲜活再现，让受众有多样化体验。

在红色教育方面，湖南将信息技术、人工智能技术与学科教学深度融合，积极推进"互联网＋思政课"建设。课前，利用希沃易课堂、101 平台、问卷星等开展学情分析，把握认知起点，实现精准备课。课中，利用音频视频、H5、博物馆线上展厅、VR 等创设情境；利用在线协同编辑、投屏、词云分析、思维导图、二维码、班级云平台等助推活动实施，如"情景剧场"动画导入、"选词填空"增强互动、"趣味分类"提升兴趣等，增强了思政课堂的魅力。课后利用极课大数据、智学网等进行检测，及时掌握并追踪学生的学习情况，建立学生成长电子档案。微博、微信、抖音等新媒体平台成为吸引人民群众，尤其是广大青少年注意力的主要场域。湖南秉承"人民群众的注意力在哪里，红色教育阵地就应建在哪里，红色文化就应传播到哪里"的原则，鼓励号召各教育单位积极入驻微信、微博、抖音、B 站等平台，实现"三微一端"全覆盖，构建起红色传播"微平台"矩阵，并积极打造政治素质过硬、业务水平精良的专业人才运营队伍，专门管理运营"微平台"，用心将每一个账号打造成内容实、形式新、引导强的红色传播"微平台"，不断拓展红色教育的广度。微视频具有简短、便捷、共享、有趣等传播特点，不仅能有效融入第一课堂、第二课堂等各种育人场合，而且便于在各大"微平台"上传播、转发。各教育单位通过"微视频"将红色文化的宏大叙事落实到一个个接地气的"微故事"中，有力赋能红色文化的育人效度。

在红色旅游方面，湖南加快红色旅游与数字科技融合，促进红色旅游数字化转型，用数字科技活化红色资源、优化红色景区，搭建数字化平台，开辟湖南红色旅游新境界。以数字科技活化红色资源，开展"云游"虚拟现实旅游、"线上线下结合游"，将革命文物数字化、红色故事数字化，运用 VR、AR 等技术，使红色故事在线上鲜活起来，激发受众前往故事发生地游览的强烈愿望。利用数字科技打造红色主题公园，增加红色景区沉浸式体验项目，综合运用全息投影、高清巨幕、球幕、旋转平台、动感轨道船等技术手段，开发大型多媒体表演剧场、大型室内舞台表演、立体巨幕影院等红色主题项目，促进游客全面、立体、直观了解红色文化。升级红色景区数字化服务，优化 5G 网络、增设 VR、AI 等硬件设施，树立"大旅游"概念，构建以红色旅游为中心的"大旅游"服务平台，集行、住、食、游、购、娱、学七大旅游核心需求于一体。增加智能疫情防控设备，设立智能服务平台，动态展示景区客流量、交通状态、停车位、酒店床位等游客最关心的情况，使人们避开人流量过于集中的景点和时间段，提升旅游出行体验。

此外，为了把红色资源利用好、把红色传统发扬好、把红色基因传承好，湖南省以科技产业为支撑，运用科技力量为红色文化赋能，在红色文化科技创新上"出实招"。位于浏阳河畔的长沙马栏山视频文创产业园众创园，以"文化＋科技"为发展方向，以数字视频创意为龙头，汇集了各类文创企业 3000 多家。2021 年，他们启动红色文化数字呈现工程，采用新媒体、新技术，赋予红色主题时代气息，抓紧技术平台搭建和人才培养，积极研发"5G 智慧电台"，将红色经典影片修复并使用 AI 上色，制作成 4K、VR、3D 等版本，扩大红色文化在青年中的传播力和影响力。红色文化数字呈现工程以红色文化为根，让数字科技赋能，不断推动红色资源与技术的融合创新，让技术服务内容，让内容更好地服务人民。长沙马栏山视频文创产业园首席专家周苏岳说，他们计划用 5 年时间，完成 100 部红色经典影像修复，建设红色文化生产线、数字基因库和云上展馆，让宝贵的红色资源焕发新生。[①] 数字科技让红色经典影视作品恢复生机、重现影院，为红色文化的传播、红色基因的传承注入了一剂"强心针"。

四　对外交流助红色文化兴起来

深厚的红色底蕴、浓厚的红色氛围、丰富的红色资源、火爆的红色旅游……一张张湖湘文化的名片，一个个红色文化的品牌，让湖南有十足的底气"走出去"，与省外、国外交流，促进湖南知名度和影响力不断提高。因此，在跨文化交流的语境下，红色文化该如何更好地实现"走出去"战略目标，在广阔的国际舞台发挥影响力，提升湖南的国际形象和综合实力，是一个值得深入探讨的问题。

省外交流主要是通过省外的湘籍人士以实际行动传承湖湘红色基因。湖湘儿女志在四方，特别是中国共产党成立以来，以"吃得苦、耐得烦、霸得蛮"的湖南精神和"坚持真理、坚守理想，践行初心、担当使命，不怕牺牲、英勇斗争，对党忠诚、不负人民"的伟大建党精神，敢为人先，心忧天下，在祖国各地屡立奇功，为中华民族谋复兴，为中国人民谋幸福。尤其是在祖国和人民最需要的"老少边穷"地区，留下了湖南人民筚路蓝缕改造旧社会，建设新社会，建功新时代的奋斗身影。

比如湖南人在不同历史时期以稳定新疆、建设新疆为己任，以革命斗争、社会主义建设、改革创新的伟大成就传承与弘扬湖湘文化，赓续红色血脉。1949 年湖南人彭德怀率领十万大军挺进新疆，时任新疆警备总司令湖南人陶峙岳宣布起义，新疆得以和平解放。起义部队改编为中国人民解放军第 22 兵团，陶峙岳任兵团司令员。

---

① 《新思想引领新征程·红色足迹｜实事求是，从这里走来——习近平总书记到过的红色圣地之湖南篇》，海外网百家号，2021 年 5 月 24 日，https：//baijiahao. baidu. com/s？ id＝1700620635387409291&wfr＝spider&for＝pc。

陶峙岳率领兵团 10 万人在北疆开荒地、办农场、建城市。兵团政委王震也是湖南人。从进军新疆到剿灭匪患，从放下武器拿起坎土曼到创建新疆生产建设兵团，王震治理新疆的事迹，不胜枚举。值得一提的是，在"有志青年到新疆去，为祖国大西北贡献青春"口号的感召下，"八千湘女"上天山，她们和其他援疆女性一道，成为治疆第一代"戈壁母亲"。1973 年湖南人杨勇前去新疆担任新疆军区司令员兼自治区党委第二书记，他大胆使用干部，组织修建南疆铁路和天山公路，大刀阔斧进行整顿和建设，为消除混乱局面，促进安定团结，把国民经济搞上去，作了大量工作。此外，还有毛泽民、邓力群等湖南人在新疆做出了卓越贡献，毛泽民等甚至献出宝贵生命。

按照党中央统一部署，从 1998 年 3 月开始，湖南省对口援助新疆吐鲁番市，不断书写援疆工作新篇章。党的十八大以来，湖南省委、省政府贯彻落实以习近平同志为核心的党中央决策部署，完全准确贯彻党中央新时代党的治疆方略，坚持湘吐同心，守望"湘"助，不断在依法治疆、团结稳疆、文化润疆、富民兴疆、长期建疆和铸牢中华民族共同体意识，共促民族团结，共建美好家园中贡献湖南智慧和力量。20 多年来，湖南人践行"援疆为什么，在疆干什么，为疆留什么"的初心使命，准确把握"队伍平平安安，工作走在前列"的目标要求，始终秉承"一家人、一条心、一起干、一块甜"的团队精神，永葆"闯"的精神、"创"的劲头、"干"的作风，一任接着一任干，续写湘吐携手发展新篇章。值得一提的是，新时代打造了红石榴·湖南援疆"毛医生"医疗队（简称"毛医生"医疗队）品牌。"毛医生"说法缘于湖南省援疆医疗队的医生为一位 94 岁的维吾尔族奶奶成功做了心脏支架手术，奶奶十分感激，一直称湖南援疆医生为"毛医生"。她说："你们是毛主席家乡来的医生，是党派来照顾我们的。"经过讨论，湖南省第十批援疆工作队决定打造"毛医生"医疗队品牌，让"毛医生"长久留在吐鲁番。"毛医生"医疗队借助湖南医学人才和医疗资源成立吐鲁番市人民医院医疗联合体集团，切实提升吐鲁番市整体医疗服务能力，湖南医务工作者充分发挥"传帮带"作用，为当地真正打造出一支"本领硬、素质高、带不走"的医疗队伍。[①] 湖南援疆教育队伍打造了"红石榴"湘吐同心工作室（81 个）、"红石榴"湘吐同研云课堂、"红石榴"名师大讲堂、"教育援疆走基层"（每季度一次）、"光影育人"校园影院、湘吐教育数字化共同体等品牌，进一步铸牢中华民族共同体意识，传承红色基因。

1995 年以来，湖南对口援助西藏山南市，通过传承湖湘文化和红色基因，用实际行动践行"一天援藏人，终身山南人"，充分发挥湖南援藏资源优势，积极实施产业援藏行动，助力山南经济高质量发展，展现湖南人风采。[②] 在对口支援学校推行"爱党爱国红色基因"教育工程，"从娃娃抓起"，深入开展红色教育，建设红色校园、培育红色标兵、打造红色课堂，潜移默化感染各族群众增强"五个认同"，即对伟大祖国的认同、对中华民族的认同、对中华文化的认同、对中国共产党的认同、对中国特色社会主义的认同。同时让西藏孩子到湖南学习，将湖湘文化传播到藏族同胞的心田，传承湖湘红色师魂，为西藏基础教育输送扎根基层、乐于奉献、善播"团结"火种的优秀教师。湖南第一师范学院从 2019 年秋季学期起，启动"西藏初中起点六年制公费定向师范生培养计划"，采取"2 年中职加 4 年本科"分段培养模式，开创了内地西藏班培养的新模式。现已连续招生 6 年，共招收 180 名西藏山南师范班学生。学校弘扬优良的革命传统和教育传统，以铸牢中华民族共同体意识为主线，创新民族教育培养新模式。坚持以锻铸红色师魂、培养"四有"好教师为目标，通过"价值引领、

---

① 《吐鲁番的"毛医生"——记湖南省援疆医疗队》，《大众卫生报》2023 年 9 月 26 日，第 1 版。

② 《湖南对口援藏 30 年，坚持实施产业援藏行动，助力山南经济高质量发展——"援"出高原致富路》，《湖南日报》2024 年 7 月 2 日，第 1 版。

双轮驱动、文化熏陶、榜样示范",开展"五个认同"教育,切实铸牢西藏学生中华民族共同体意识,培养西藏学生文化认同和职业认同,培育"献身教育事业,热爱教师事业"的教育情怀,打造教育援藏"一师品牌"。西藏山南师范班开办以来,育人成果丰硕,学校报送的"铸师魂强技能 团结携手育良才"案例成功入选 2020—2021 年度全国西藏班新疆班创新案例。

红色文化对外传播的研究,对于提升湖南软实力有着重要意义。进入新时代,湖南发挥湘赣边红色旅游创新示范区和大湘东平汝沿线等红色旅游精品线路的传播效能,组织策划国内外受众喜闻乐见的活动(如"重走长征路"等特色活动),助力湖南红色文化对外传播。凝聚广大传播主体,拓展湖南红色文化全程媒体、全息媒体和全效媒体等传播矩阵,利用"出版湘军""广电湘军",坚守传统纸媒传播阵地,主动搭建对外交流平台,不断推动湖南国际频道、芒果 TV 国际 APP 覆盖更多的国家和地区。拓展数字化传播渠道,扩大湖湘红色文化数字化信息网。湖湘人民积极构建现代传播体系,不断提高对外传播水平,用自己的方式向世界人民展示湖湘红色文化,塑造湖湘形象,尽展三湘的钟灵毓秀、人杰地灵。

红色象征光明,能凝聚力量,可引领未来。红色基因丰富、积淀了民族历史,是我们的精神归宿、力量源泉、成功密钥。可是,湖南红色文化对外传播也存在一些障碍,既要精通受众国家的语言,又要根据不同的历史、风俗、文化和受众需求采取适宜的传播方式。首先,要加强对目标国家的历史背景、价值观的深入了解,研究其信息传播规律和语言表达习惯,了解目标群体的需求,以目标受众喜爱听、听得懂的方式传播红色文化。其次,依据传播区域的历史、人文等特点,实现湖南红色文化的精准对外传播。比如,针对与我国曾有相似历史经历的亚非拉国家,可分享湖南人民在艰难险阻道路上所展现出的赤胆忠诚和上下求索;而面对欧美国家普通民众对于红色文化既猎奇又矛盾的心态，可围绕湖南人民在锐意进取道路上的艰苦奋斗和开拓创新进行传播等。最后，动态分析红色文化"走出去"的实际效果，关注媒体海外覆盖率、文化输出数量、转发频次、互动评价等，适时调整传播方案，实现有效传播。

为了实现有效传播，必须做到统筹湖南红色文化资源，搭建国际文化交流平台，通过国际新闻报道、国际会议、国际赛事等推介湖南红色文化。同时，必须拥有一支政治可靠、业务精湛的人才队伍，包括留学生、外国友人、大使馆人员在内。为此，省内各高校坚持将红色文化融入人才培养目标、课程设置和实践育人等方面，应加强红色书籍、红色影视作品的创作与传播，借助图片、文字、视频等形式，创作生活化、趣味化的文化作品，建设传播红色文化的国际交流平台，让分布在海外的孔子学院成为世界了解湖南红色文化的重要窗口。同时坚持提升国际传播人才翻译能力及外国语言表达能力，用精准的表达和译文提升文化信息的传递及推广能力，尤其是充分发挥省内高校外国语言文学、新闻传播学等学科的优势，加强与国外高校的交流合作，为湖南红色文化对外传播提供智力支持。还要通过艺术团体演出、文化人才交流、留学生互访、学术交流等途径开展国际交流，扩大湖南红色文化对外传播的渠道。

红色基因在三湘四水一代又一代传承，绽放出耀眼的时代光芒，汇聚成"忠诚、担当、求是、图强"的新时代湖南精神，这是社会主义核心价值体系在湖南的具体体现，是所有湖南人的气质和追求，更是全面建设社会主义现代化新湖南的强大动力。一代人有一代人的使命，新时代的湖南人，要传承红色基因，赓续红色血脉，担当时代使命，正以斗志昂扬的姿态，以不懈奋斗的恒心，怀揣理想，勇毅前行，踏着奋进旋律的节拍，用热血青春和澎湃激情唱响强国建设、民族复兴伟业新征程上的嘹亮战歌！

第六章

新时代湖南传承红色基因的发展策略

　　党的十八大以来，习近平总书记高度重视湖南的发展，四次视察湖南，并作出了系列重要指示。从总书记对湖南的赞誉中，我们便能深刻地感受到湖南这片沃土红色文化厚重。湖南人在奋斗中形成了革命文化，凝聚成红色基因。这些红色基因源自湖湘儿女心忧天下、敢为人先、"敢教日月换新天"精神的代代相传。它们不仅是历史书上的记载、博物馆里的陈列，更是后人们继往开来、不懈奋斗的精神内核，在新时代仍然闪烁出璀璨光芒。为了在新时代走好赶考路，我们要从党史中汲取伟大建党精神力量，挺起共产党人的精神脊梁，让湖湘儿女继续发扬"闯"的精神、"创"的劲头、"干"的作风，并将其凝聚成建设富饶、美丽、幸福新湖南的强大力量。为此，需要构建红色基因学科以发挥新思想引领作用，融合"红古绿"三色，落实科学发展布局，创新红色基因传播方式擦亮文旅名片，通过全员普及带动实现融入式发展，让红色文化飞入寻常百姓家，使红色基因代代传。还要通过明晰历史演进机理、体悟历史发展规律、把握时代发展大势、提出新的发展策略，以高度的历史主动和行动自觉办好湖南的事情，开创各项事业发展新局面。

第一节　新思想引领：构建红色基因学科

基因就是遗传密码，遗传学告诉我们，基因决定性状，是对过去进化的总结和未来进化的起点。什么是红色基因？为什么说它是共产党人的遗传密码？因为它是促进党组织建设和个人健身强体、自我革命的方法，也是影响信仰和思想的重要因素。红色基因学科如何建立？为什么它必须以传承红色基因、提振时代精神为研究对象呢？我们又要如何传承红色基因呢？当前我们面临新的任务，需要旗帜鲜明地以习近平新时代中国特色社会主义思想为指导思想，构建红色基因学科。同时，要注重资源整合，促进红色教育资源与教学体系相对接。必须以传承红色基因为主线，立足红色资源丰富的地域优势，依托红色资源开发与教育研究中心平台优势，深入开展红色资源开发和红色基因育人理论与实践研究，推出一批具有较高质量的研究成果。

一　红色基因学科构建的基本要素

红色基因学科的性质与属性是根本问题，规定着学科构建的方方面面。比较成体系的学科理论，包括一系列概念、判断和推理，产生经得起检验的观点，成为构建一门学科不可或缺的要素。当前我们做"守正创新"的工作，即守马克思主义真理之"正"、创中国特色社会主义之"新"。红色基因是共产党人在革命年代、战争岁月中构建的，是来自血与火淬炼的精神因子，是在中国革命、建设和改革实践中不断炼就、锻造、升华出的思想结晶，在其学科构建中，应坚持学科建设客观规律与红色文化建设特色相结合，形成科学的要素架构。

一是马克思主义理论学科属性。红色基因学科构建不仅要重视学科性质与属性、研究对象、理论体系，关键还在于强化其"育人"功能的建构，育人功能要充分体现马克思主义理论学科的政治育人属性。红色基因学科要旗帜鲜明地坚持以马克思列宁主义、毛泽东思想、邓小平理论、"三个代表"重要思想、科学发展观、习近平新时代中国特色社会主义思想为指导。红色基因学科体系在内涵上应该是中国共产党的革命思想、革命精神、革命文化、革命实践的凝结，是关于精神文化与实践文化的理性认知的创新型理论学科，是中国共产党人坚持和发展马克思主义与实现中华民族伟大复兴的具体实际相结合的必然产物。

二是完整的学科理论架构以及科学研究内容。红色基因学科坚持以习近平新时代中国特色社会主义思想为指导，将马克思主义与中华优秀传统文化相结合，坚持马克思主义哲学的认识论与方法论，具有政治学、历史学、传播学的研究方法、理论内涵与特质。其研究对象是红色文化资源及其育人功能，并从马克思主义中国化过程中形成的历史价值、思想价值、文化价值、教育价值等方面展开。概而言之，红色基因学科是研究如何挖掘红色资源，探究红色基因形成、内涵、价值、发展及传承规律的学科，是为新时期红色基因传承与发展建构理论与实践路径的学科。它通过传播红色故事、讲述红色历史、涵养红色精神，培养爱党爱国爱社会主义的情怀，增强民族自信心与自豪感，使受教育者成为担当强国建设、民族复兴重任的时代新人。

三是一支专业化的学科队伍。学科队伍是学科建设的重要力量，是学科理论体系、教育价值、文化价值、育人目标得以实现的重要执行者。学科队伍的素质水平，很大程度上决定了一门学科的发展水平，教师既是学科课程教学活动的主体，也是学科建设的主体，建设优质学科的关键在于建设强大的学科队伍。尤其是在新时代全面建设社会主义现代化强国的大背景下，一支具有深厚的红色基因学科理论涵养和精湛的教育教学能力，能够开展红色文化科学研究，具有丰富的红色资源研究与发掘实践经验的学科队伍，是红色基因学科可持续健康发展的必要保障。

四是人才培养目标。学科建设的目标应包含科学研究、文化传承与发展、人才培养等，人才培养是学科重要的社会职能与价值，离开人才培养的学科是空中楼阁。红色基因学科建设应明确人才培养目标，即必须坚持中国共产党的领导，以培育具有坚定的中国特色社会主义道路自信、理论自信、制度自信、文化自信、民族自信、历史自信的建设者和接班人为己任。学科建设应该自觉回答"培养什么人，怎样培养人，为谁培养人"的教育之问。

五是学科基地建设。构建学科研究基地，包括场地、设备等，对于学科建设发展具有重大意义。第一，有利于构建大思政的大课堂、大资源、大师资队伍等；第二，有利于构建学校、社会、红色场馆相结合的研究共同体，构建开放式的教学、科研、师资、实践等育人共同体；第三，有利于依托基地，推动学科教学科研活动向系统化、开放化深度发展，学科基地的建设着眼社会，立足本地，服务区域经济文化发展，辐射其他高校和社会机构，形成基地的实践、示范、引领与辐射作用，从而持续提升学科建设水平与学科育人能力，创新红色基因传承与教育工作机制。

构建红色基因学科必须坚持"大学科观"。实施"深植红色基因"工程，把红色教育作为一项系统工程来抓。红色基因学科要坚持以马克思主义中国化的理论为指导，其内容包括思想政治教育、中共党史、政治学、历史学等学科的内容，是一门跨多个一级学科的综合性学科，需要协调处理好红色基因学科与其他学科的关系。要突破学科边界，构建多学科交叉融合的，具有中国特色、中国风格、中国气派的红色基因学科，这是红色基因学科传承与发展的必然要求。红色基因学科不能构建于虚无缥缈的空中楼阁之上，而是需要加强顶层设计的系统工程，需要统筹政府、学校、红色场馆、社会旅游服务机构等各方面力量，协同推进学科构建。若以上几点没有处理好，红色基因的学科建设便无从谈起。同时红色基因学科要解决好现实问题、历史问题与理论问题，要找准红色基因学科之定位，真正实现红色基因学科之效用。

二 红色基因学科构建的价值意义

红色基因学科构建的价值或者意义，至少有以下四点。

一是培养担当强国建设、民族复兴重任的时代新人。2022 年 8 月 16 日，习近平总书记在辽宁省锦州市辽沈战役纪念馆考察时指出："红色江山来之不易，守好江山责任重大。要讲好党的故事、革命的故事、英雄的故事，把红色基因传承下去，确保红色江山后继有人、代代相传。"① 红色基因学科的重要价值和使命之一就是传承，就是用马克思主义的世界观与方法论推动红色基因体系化发展，并融入新时代中国特色社会主义现代化建设的具体实践中不断赓续和发展，因而需要不断培养接班人，既是社会主义建设事业的接班人，也是红色基因传承与发展的接班人。红色基因诞生和形成于革命时期，其诞生与发展过程是一个"螺旋式"发展的过程，既是建党精神逐渐发展与完善的过程，也是党的红色基因不断淬炼、升华、传承的过程，这个过程与中国革命和社会主义建设的实践过程紧密结合。就红色基因传承与发展辩证关系而言，新时代的接班人需要学习由老一辈革命家的红色故事、红色精神等汇聚而成的党的建设与奋斗历史，即中国共产党带领中国人民推翻旧社会，建立新中国，走上中华民族伟大复兴新征程的过程，进而深入认识伟大

---

① 《把红色基因传承下去——聆听 4 位老兵的故事》，《人民日报》2022 年 9 月 4 日，第 6 版。

斗争、伟大工程、伟大事业、伟大梦想，在学习过程中不断感悟，将红色精神内化为个体的精神认知、价值认知，自觉传承红色基因。党的红色基因的传承与发展经历了四个阶段，分别是新民主主义革命时期、社会主义革命和建设时期、改革开放和社会主义现代化建设新时期、中国特色社会主义新时代。党在不同时期的时代历史使命不同，所处的时代背景与革命条件不同，面对的挑战与斗争环境不同，红色基因传承与发展的形式、路径、内涵不同。改革开放以来，中国社会经济、文化、人民生活方式等各方面发生了巨大变化，物质产品的极大丰富对人民群众的精神生活产生影响。受到多元文化思潮的影响，红色基因、红色文化的呈现需要改变形式，以促进新一代学习了解红色文化、传承红色基因，不断强化红色血脉、红色基因的观念。总体来看，红色基因的传承与发展呈现出"螺旋式"不断向前发展的良好趋势。

二是落实立德树人的根本任务。国无德不兴，人无德不立。立德树人是教育的根本任务，是高校的中心工作，是教育立身之本。传承红色基因有助于落实立德树人根本任务，因为设立红色基因学科与立德树人根本任务的内涵、方法与目标，具有内在一致性。就内涵而言，"培养什么人，怎样培养人，为谁培养人"是教育的根本问题，是关系培养中国特色社会主义建设事业接班人的问题，是不能不回答好的大问题。"立德"即要做到明大德、守公德、严私德；"树人"是要使青少年成为德智体美劳全面发展、能够担当强国建设、民族复兴大任的时代新人。红色基因中蕴含着丰富教育资源，红色资源是不可多得的生动鲜活的立德树人教材，有广阔的挖掘空间与深厚的育人价值底蕴。传承红色基因与落实立德树人的根本任务是同向而行，都是将学生培养成担当强国建设、民族复兴大任的时代新人，是国家发展与强大的重中之重。全球化时代，意识形态领域的斗争更加激烈，"国内外敌对势力往往拿中国革命史、新中国历史来做文章，竭尽攻击、丑化、污蔑之能事，根本目的就是要搞乱人心，煽动推翻中国共产党的领导和我国社会主义制度"。① 这种攻击就是以红色基因、红色精神、红色文化为主要目标，以广大青少年为主要对象，直接表现就是多样化社会思潮的影响，尤其是西方敌对势力刻意地对我国青少年思想的渗透，还有西方思潮与商品经济带来的利益主义、极端个人主义对社会主义核心价值观的挑战。因此，坚持马克思主义在意识形态领域的指导地位，加强马克思主义理论教育，帮助学生形成正确的世界观、人生观与价值观，传承中华民族传统美德，培育和践行社会主义核心价值观，统一思想、凝聚力量，坚持为党育人、为国育才，办好人民满意的教育，就是中国教育的历史使命，也是红色基因传承与发展的历史必然。

三是培育敢于担当的新时代精神。进入新时代，红色基因传承虽任重道远却势在必行。1935 年 9 月 17 日，张伯苓校长在南开大学开学典礼上，面向新老同学发出了振聋发聩的"爱国三问"："你是中国人吗？你爱中国吗？你愿意中国好吗？"当前，中国正处于中华民族伟大复兴的战略全局和世界百年未有之大变局中，"两个大局"是我国青年学子与广大社会主义建设者应该胸怀有之的大局，"爱国三问"亦是新时代每一个中国人应有之问。红色基因以其蕴含的丰富的爱党爱国爱社会主义因子而有效地厚植广大青少年的爱国情怀、坚定青年的理想信念与锤炼青年过硬本领。因此，习近平总书记作出"红色基因就是要传承"② 的重要指示。铭记历史才能不忘初心，才不会迷失前行的方向。新时代青年理应通过学习红色基因课程，不断体悟中国共产党"坚持真理、坚守理想，践

---

① 《一、发展中国稳定中国的必由之路》，《人民日报》2014 年 7 月 2 日，第 14 版。
② 《"红色基因就是要传承"》，《人民日报》2021 年 2 月 15 日，第 1 版。

行初心、担当使命，不怕牺牲、英勇斗争，对党忠诚、不负人民"
的伟大建党精神，学习革命先辈在艰苦卓绝的革命斗争中形成的系
列红色精神，学习社会主义建设者在全面建设社会主义现代化国家
过程中形成的"抗疫精神""扶贫精神""航天精神"等，不断坚定
社会主义共同理想与共产主义远大理想信念，不负韶华，立志于中
华民族伟大复兴，投身于中国特色社会主义建设的伟大实践，这是
时代赋予新时代青年的伟大使命。

四是推动构建自主创新的知识体系。习近平总书记曾指出，要
"不断推进学科体系、学术体系、话语体系建设和创新，努力构建
一个全方位、全领域、全要素的哲学社会科学体系"。[1] 红色基因
学科本质上是中国特色的哲学社会科学，其学科体系、学术体系、
话语体系既需要遵循教育发展规律、学科建设规律，还需要具有自
身特有的知识架构、理论话语、学科实践特征。红色资源、红色文
化、红色基因是在中华民族伟大复兴进程中萌生与发展起来的，它
的产生极具中国特色，可以说既是中华民族上下五千年优秀思想文
化在近现代的凝聚和高度实践体现，又是融通马克思主义与中国具
体实际，最具实践本质、实践方法、实践认识的新知识体系，它还
是具有中国特色、中国风格与中国气派的哲学社会科学的重要组成
部分。因此，要坚持习近平总书记提出的"立足中国、借鉴国外，
挖掘历史、把握当代，关怀人类、面向未来的思路"，[2] 不断增强
中国哲学社会科学在指导思想、学科体系、学术体系、话语体系上
的中国特色、中国魅力、中国自信。加快构建中国特色哲学社会科
学，归根结底是构建中国自主的知识体系。作为有悠久历史且文明
从未中断过的大国，我们有深厚的文化积淀、丰厚的办学经验，完

---

① 《习近平谈治国理政》第2卷，外文出版社，2017，第344页。
② 《习近平谈治国理政》第2卷，外文出版社，2017，第338页。

全有底气有能力构建最符合中国历史实际的，由中国共产党人一代代接续奋斗，通过实践创造的中国自主的知识体系。

构建自主创新的知识体系，就要扎根中华大地，构建红色基因学科。红色基因学科建设需要以中华民族的文化资源为基础，而湖南省则有深厚的湖湘文化底蕴，有丰富的红色资源，为构建这门学科提供了丰富的文化资源。这种资源供给方面的内生性、本源性，既来源于千年湖湘文化，更孕育了红色沃土上人们的红色精神、红色情怀。也正是因为如此，扎根于中华大地的中华优秀传统文化、革命文化和社会主义先进文化，具有共同的根基与文化本源，也就形成了同向、同心的深层次自信心与自豪感。我们要将学科转化为教学，亦须立足于中国实际，着力于解决中国的问题，真正做到扎根中国大地办教育，走出有中国特色、世界一流的教书育人新路子。

三 红色基因学科构建的策略探究

构建红色基因学科，必须做到以下几点。

一是以马克思主义为指导思想。红色基因学科的构建既要借鉴一般学科构建的基本方式，更要基于该学科自身的特点。马克思主义哲学、政治经济学和科学社会主义构成了马克思主义理论基础。本根不摇，则枝叶茂荣。马克思主义是真理，是参天大树之根本，是关于人类社会历史发展的客观规律的科学认识。近代以来，无数仁人志士为拯救民族危亡，寻求救国之路，历经百余年的血与火探索，经过实践检验证明，马克思主义是符合国情、行之有效的，是中国人自主选择的科学真理。以毛泽东、彭德怀为代表的湘籍人士，在艰苦卓绝的革命战争时期始终坚持马克思主义真理，不断把马克思主义创造性地与中国具体实际相结合，在实践中推进马克思主义中国化进程。马克思主义指导了中国共产党带领中国人民推翻帝国主义、封建主义、官僚资本主义三座大山，实现人民解放，赶走帝国主义侵略者，实现民族独立；指导了中国共产党在新中国成立后开展社会主义革命和建设并实现国富民强，为人民的幸福而不懈奋斗。中国从新民主主义革命时期开始，历经社会主义革命和建设时期，进入改革开放和社会主义现代化建设时期，进入中国特色社会主义新时代，逐渐探索出适合国情的中国特色社会主义道路。在马克思主义指导下，国家从站起来到富起来，再到如今的强起来，无疑证实了马克思主义的真理性、科学性与人民性。改革开放以来，多元化的社会思潮、错误思想以多种途径，以更加隐蔽的传播方式和渠道对人们的思想造成了不小的冲击与挑战。在更加复杂的国际国内形势下，中国共产党始终坚持马克思主义指导思想地位不动摇，中国特色社会主义现代化建设取得了伟大成果，充分证明了马克思主义在新时代的科学性、时代性、革命性、创新性、实践性本质。习近平总书记从正反两方面阐述了我国哲学社会科学必须坚持以马克思主义为指导，从正面角度看，这是近代以来我国社会发展过程中的规定性与必然性，从负面角度看，不坚持其为指导会造成"失去灵魂、迷失方向，最终也不能发挥应有作用"[1]严重后果，强调在实现中华民族伟大复兴的征途上仍要守正创新。在构建过程中，首要的是旗帜鲜明地坚持马克思主义的指导地位，坚持习近平新时代中国特色社会主义思想。要对学生从小进行马克思主义立场、观点、方法的教育，让学生从小就树立对马克思主义的坚定信仰。红色基因学科要成为一门管用的学科，必须在教材课程编排、师资队伍培育、学生培养、教学方式方法、评价机制上凸显马克思主义的指导思想地位。

---

[1] 习近平：《在哲学社会科学工作座谈会上的讲话》，《人民日报》2016 年 5 月 19 日，第 2 版。

二是抓好课程体系的关键环节建设。首先，坚持"大课程观""大历史观""大思政观"，构建红色基因学科的课程体系。要构建大中小学一体化、螺旋式上升的教学模式，同时建设与之配套的教材体系。其次，突出特色，用好本土资源。湖湘丰富的红色资源是开展传承红色基因教育的鲜活教材。要善于用好学校或相关红色教育机构、红色场馆，结合所在地区域资源优势，做好定位，首要的就是将区域红色资源与课程建设相结合，同时还要坚持使用与发展相结合的原则，要积极深入挖掘区域红色基因元素，推动区域红色文化体系化、理论化，最终建构成区域性物质形态与精神形态的系统化红色资源群。再次，抓好教材建设，结合红色资源和学生学习生活具体实际，开发红色校本课程。教材与教学内容要做到紧密贴合学生的现实生活，与学生的现实经验发生紧密联系。要加强与其他马克思主义理论二级学科的融合贯通，与其他学科交叉，对各学科进行有机串联，充分发挥红色基因课程的思政育人功能和体现其他课程的课程思政价值。最后，红色基因学科教材建设必须发挥本土资源优势，在充分挖掘湖湘红色文化的基础上，以传承红色基因为主线，以红色革命史为脉络来编纂，严格审定教材与课程。课程作为开展教学活动的重要载体，其核心功能是育人，提升课程的育人功能是完善教材体系的根本所在。打造学校与社会红色资源场馆融合共建的开放课堂，充分发挥全国爱国主义教育基地、革命纪念馆、伟人故居等资源在育人方面的直观性、生动性、多维性，以及受众覆盖面广、人们主动性强的特征，打造生动且对学生吸引力很强的课堂。依托这些场馆具备的红色资源，精心编排教学流程，用心打造教学环节，给学生以历史感、参与感十足的课堂。

三是以培养师资队伍为坚实后盾。基本要素的具备与价值意义和功能作用的明晰，并不意味着该学科自然而然就建设起来了，仅停留于理论层面无异于镜花水月。红色基因学科的真正建立一定离不开人，最根本的还在于人本身，人就是构建红色基因学科的目的，亦是达成构建目标的核心。红色基因课程师资队伍是红色基因学科建设与课程教学实施活动的主体，是红色基因得以很好地传播与传承的关键。一方面，要培育一支政治素质过硬、业务能力精湛、育人水平高超的教师队伍。抓师资队伍建设，要以专职教师队伍为主体，并引进一批红色文化研究领域的专家、红色革命纪念馆（旧址）讲师、老一辈革命家、社会主义建设楷模进学校，打造社会大思政师资队伍。另一方面，要加强教师理想信念教育，打造又红又专的师资队伍。"教育者先受教育"由来已久，也被历史与现实证明是符合教育规律的。只有教师对红色资源、红色文化、红色基因有系统的认识，从内心深处认同他所要传授的知识体系，自身成为坚定的信仰者，方能在课堂教学中不遗余力开拓创新教育教学方法，真正做到身正为范，符合"四有"好老师的标准，才能言传身教，既做传授学问的"经师"，又做学生楷模的"人师"。此外，还要搭建红色基因学科的教学教研科研平台。红色基因学科教学科研平台所起到的信息互通、经验互鉴、共同提升的功能对教师提升自身专业能力无疑是一剂良方，有助于提升教师的主动创造性与创新性。在遵循教育教学规律、学生成长规律基础上，探索更适合学生、更易被学生接受的教学方式。要让学生牢记中华民族从站起来、富起来到强起来这一不断创造奇迹的伟大历史过程，也要明白，"数理化之外，爱国主义教育要加强，要让孩子们知道自己是从哪里来的，红色基因是要验证的"。[①]

四是以创新方式方法为重要手段。教学的方式方法很大程度上与教学效果相关联，好的教学方法对于激发学生的学习兴趣、提高

---

① 《两会期间习近平的这些提醒很重要》，共产党员网，2018 年 3 月 11 日，https：//news.12371.cn/2018/03/11/ARTI1520755056885731.shtml？_wv=1031。

学生的投入程度、提升学生的学习效果很有裨益。红色基因课程教学需要创新方式方法，要立足红色资源实情，立足学生学情实际，创新教法学法。在这点上应坚持以"用好红色资源、讲好红色故事、办好红色教育"为指导，"显性教育与隐性教育相结合、显性课堂与隐性课堂相融合"，办好人民满意且受益的红色教育。课堂是教育的主阵地，革命传统教育要从丰富的红色资源中挖掘相关教学资源，以学生学情为基础加工成学生易于接受的素材，采用多种教学方式在学生内心深处埋下红色种子。"讲好党的故事，讲好红军的故事，讲好西路军的故事，把红色基因传承好。"① 厚植爱国、爱党、爱社会主义的情感，让红色基因、革命薪火代代传承。教师要善于从故事内容与表现形式两方面入手讲好故事，不同年龄阶段的学生对故事的认识与了解特征有所不同，因而选取的故事也应有差异。要创新课堂教学方式，突破教师讲、学生听的传统模式。教师应悉心引导学生选取故事，用多种方式，如小品、情景剧、相声等形式演绎红色精神、红色人物，从而达到潜移默化、润物无声地传承红色基因的教学目的。党的历史是最生动、最有说服力的教科书，要把党史学习教育融入日常、抓在经常。没有感情的教学是贫乏的，没有触动的课堂是苍白的，要让学生的内心受到触动，让他们认识到幸福生活并非从天而降的，真正感悟到革命先辈为了人民幸福付出了多大的努力与牺牲，从而学会珍惜现在的生活，抵御不良思想的渗透。爱国主义的培育仅靠口头传授、课本知识学习是无法达到预期效果的。革命旧址、红色纪念场馆等承载着党的历史，其物质性与精神性高度融合的特征为坚持显性教育与隐性教育相结合，使红色文化融入校园、走进课堂，为建设独具特色的校园文

① 《坚定信心开拓创新真抓实干　团结一心开创富民兴陇新局面》，《人民日报》2019年8月23日，第1版。

化、精品课程创造了良好的条件。要善于利用学校周边的红色教育基地组织党史研学旅行，开展红色教育。有序组织学生就近开展红色主题党日、团日、队日活动，搭建多样实践载体，如用红色教育基地、爱国主义教育基地、革命旧址、纪念馆等营造现场教学点，进行生动的实践教学，给学生创造互动式、沉浸式学习体验的机会，在潜移默化中烙下深刻的红色印记。同时可充分利用红色纪念场馆多媒体数字技术展示优势，将智慧教育引入红色基因课程，充分运用现代数字化教学技术与平台，充分发挥智能化在红色基因传承与发展中的优势，从而为红色基因现代传承搭建向大中小学、城乡全面覆盖的信息技术桥梁。

第二节　科学化布局："红古绿"三色融合

所谓"三色融合"，即依托红色、古色和绿色协同发展经济、提升人居环境的路子。其中，红色是湖南最亮丽的颜色，亦是屡开风气之先的湖南的底色。湖南这块人杰地灵、革命英雄人物辈出的沃土，也因红色变得格外迷人。古往今来，仁人志士辈出，孕育了源远流长、独具一格的湖湘文化，湖湘文化浓厚的历史底蕴淋漓尽致地表现于古城、古镇、古村这些古香古色的载体上。绿色是生命的象征，是大自然的底色。湖南的山川形胜，处处是景，步步有诗，叫人流连忘返。促进红色文化和旅游的发展，一定要进行科学化布局、精心设计，使"红古绿"三色深度融合，做到既有思想政治教育功能，又有智育和美育功能。

一　促进"红古绿"三色协调共生

我们深知，红色代表红色基因、红色文化；古色代表对优秀传统文化的传承与弘扬；绿色代表生态文明，人与自然和谐共生。新时代，红色、古色、绿色三者在中国特色社会主义伟大事业中具有价值统一性，都是中华优秀物质文化与精神文明的重要组成部分，都以传承中华优秀文化为目的，都以实现人民幸福生活为价值应然。因此，我们要以红色基因和传统文化为底蕴、以生态文明为依托，挖掘整合红色、历史、民俗等各类资源，并充分发挥青山绿水的优势，走出一条"红色＋古色＋绿色"的融合发展道路。湖南在这方面，已有一些成功的做法，也积累了一定的经验。

首先，一部近代史，半部湖南书——红色浓烈。

湖南作为具有深厚的光荣革命历史的红色热土，孕育了一大批伟人与将帅，使之成为伟人故里与将帅之乡，亦是共产党人初心萌发地和革命策源地。纵观湖南境内，红色资源星罗棋布，不仅数量多，且遍布三湘四水。湖南人杰地灵，在心忧天下、敢为人先的湖湘文化涵养里，成为革命英雄人物辈出的沃土，也因此形成了湖湘红色基因，成为湖湘儿女乃至全国各族人民心中的红色根与魂。湖南不仅诞生了一大批早期共产党人，更是早期共产党人发起建党建军、形成革命理想、开展革命斗争的热土。例如，第一个提出"中国共产党"概念的蔡和森、中国共产党第一届中央局宣传主任李达、第一位工人党员李中、第一位女中央委员向警予等革命先辈，成为湖湘人士的楷模；还有首发"建党先声"的进步团体新民学会、走出众多优秀无产阶级革命家的湖南省立第一师范学校、传播了新文化新思想的《湘江评论》、中国共产党第一个省级支部——中共湖南支部、创立于长沙的我们党的第一所党校——湖南自修大学、湖南第一次产业工人斗争——安源路矿工人大罢工。毛泽东、蔡和森、刘少奇、任弼时、彭德怀、贺龙、罗荣桓、何叔衡、向警予、夏明翰、徐特立、杨开慧等革命家从湖南出发，为中国革命与建设事业作出了突出贡献。今天，正是这一大批伟人及其精神、红色遗址或故居、纪念馆和陈列室形成了浓烈的红色文化，成为红土地的底色。而今这些场馆修缮如初，每年都有很多人前往瞻仰、学习。从本质上说，这就是红色基因通过物质形态载体进行传承的活动。

湖南的红色，是承接湖湘古往今来的历史延续与发展。昔日有平沙落雁、远浦帆归、山市晴岚、江天暮雪、洞庭秋月、潇湘夜雨、烟寺晚钟、渔村夕照"潇湘八景"，命名源自宋代宋迪创作的八幅山水画。现在有日出韶山、中流击水、秋收风云、星火燎原、五岭逶迤、烽火名城、将帅故里、首倡之地"潇湘红八景"，构成了湖湘大地新景观。湖南省内目前有韶山毛泽东故居和纪念馆、花明楼刘少奇故居和纪念馆、雷锋纪念馆、秋收起义纪念馆、毛泽东与第一师范纪念馆等 158 个爱国主义教育基地，有中共湘区委员会旧址、新民学会旧址、茶陵县工农兵政府旧址、平江起义旧址等 1832 个革命旧址，形成了领袖元帅之旅、湘赣红·红色旅游铁路专线、红色女杰之旅、不忘初心·重走长征路、湘西火种·重走长征路、青年毛泽东游学之路等 12 条红色旅游精品路线……每一处红色教育基地、革命旧址、红色旅游精品路线，宛若一部中国革命与湖南红色历史教科书、一堂生动的理想信念课、一次触动心灵的教学，使人受益匪浅。

其次，挥毫当得江山助，不到潇湘岂有诗——古色深厚。

湖南的古色，既有历史人文的回响，也有近现代的出世与照耀，更有新时代人民幸福生活的开创与砥砺前行。

湖湘文化的浓厚历史底蕴在于以古色孕育了湖南历史上一代代国家社稷栋梁，成为中华优秀传统文化中璀璨的明珠。湖湘之古淋漓尽致地表现于古城、古镇、古村这些载体上。这些建筑艺术与民族文化高度融合的载体无声地向人们展示着千百年来湖湘劳动人民智慧的结晶。这些带有历史印记的古资源的数量、风格、类型多，部分资源历史悠久、建筑精巧、保存完整。其中，炎帝陵、舜帝陵、里耶古城考古遗址公园、马王堆汉墓、岳阳楼、浯溪摩崖石刻、凤凰古城、毛泽东同志故居、岳麓山风景名胜区、南岳衡山风景名胜区等是湖南著名的十大文化遗产。湖南的古城古镇同样数不胜数，地处长沙的靖港古镇与铜官窑古镇以及依水而立的洪江古商城、黔阳古城，令人流连忘返；坐落于湘西的凤凰古城、乾州古城、浦市古镇、芙蓉镇、里耶镇、老司城遗址等是著名古镇，湘西还有南方小长城、红石林、矮寨、十八洞、德夯大峡谷。它们在岁月的流逝中无声地展示了独特的湖湘魅力。始建于 1368 年，因此地山峦形似芋头而得名的"芋头古侗寨"至今已经历 656 载春秋，承载了世世代代侗族人淳朴的一生。三面环山、依山傍水而建的本地特有、独具特色的吊脚楼古寨，其位置的选择、建筑整体布局与内部细节都体现了侗族人"天人合一"的理念。古侗寨的每一座鼓楼、每一座风雨桥，乃至每一口古井都有着动人的传说。每一块石头、每一棵古树都见证着古寨的变迁。芋头古侗寨绿树成荫、郁郁葱葱，有"绿色万里长城"的美称，更是国家级文物保护单位，被评为首批中国景观村落。

湖南有著名的潇湘八景，还有素负盛名的岳麓书院、岳阳楼。可以说，纵是神笔马良，也道不尽湖湘之美。人们心目中的湖南，是王冕笔下的"三月东风吹雪消，湖南山色翠如浇"；是孟浩然所赞美的"八月湖水平，涵虚混太清"的洞庭湖；是刘禹锡眼中的"湖光秋月两相和，潭面无风镜未磨。遥望洞庭山水翠，白银盘里一青螺"；是一代伟人毛泽东笔下的"看万山红遍，层林尽染；漫江碧透，百舸争流。鹰击长空，鱼翔浅底，万类霜天竞自由"。这些都印证了"挥毫当得江山助，不到潇湘岂有诗"。

正是这湖湘独有的古色，孕育了古往今来源远流长、独具一格的湖湘文化，并使其成为中华大地上的一颗耀眼明珠。以实事求是和经世致用为价值核心，以革故鼎新、敢为人先和勇于担当为精神特质的湖湘文化，滋养了一代又一代湖湘儿女，他们在三湘四水甚至在整个中华大地上谱写出一首首壮丽之歌。古有屈原、贾谊、蔡伦、周敦颐、胡安国、胡宏、张栻、王夫之，近有魏源、郭嵩焘、谭嗣同、赵必振、杨昌济、毛泽东、蔡和森、向警予、蒋先云、寻淮洲、李白、胡耀邦等以实际行动传承了湖湘精神，为后人树立了榜样。湖湘之古色，与红色、绿色交织成辉，熠熠于中华文明长河。

再次，蓝天白云渐成常态，绿水青山随处可见——绿色浓郁。

湖南的绿，是自然物质文化与以人民为中心的红色基因的融合。在与自然相处之道上，中华民族追求"天人合一""道法自然"，提出"万物各得其和以生，各得其养以成"。湖湘文化更是这种文化或价值观的发源与传承地，湖南的山川形胜，处处是景，步步有诗。张家界（含索溪峪、天子山、天门山、黄龙洞、宝峰湖）、南岳衡山、崀山、莽山、舜皇山、九嶷山、岳麓山（含橘子洲）、苏仙岭、紫鹊界梯田、梅山龙宫、桃花源、洞庭湖及君山、东江湖……都是湖南青山绿水的名片。2018年4月25日，习近平总书记在考察长江经济带发展战略实施情况时，来到湖南岳阳。他指出："修复长江生态环境，是新时代赋予我们的艰巨任务，也是人民群众的热切期盼。"[①] 以习近平同志为核心的党中央深刻认识到建设生态文明是关系人民福祉、关乎中华民族永续发展的千年大计，是实现中华民族伟大复兴的重要战略任务，因而党的十八大将生态文明建设纳入中国特色社会主义"五位一体"总体布局，习近平总书记也作出了"绿水青山就是金山银山""良好生态环境是最公平的公共产品，是最普惠的民生福祉""生态兴则文明兴，

---

① 《习近平总书记一周前叮嘱的这件大事，湖南启动专项整治!》，华声在线百家号，2018年5月2日，https://baijiahao.baidu.com/s? id=15993531921629 54929&wfr=spider&for=pc。

生态衰则文明衰"① 等重要论述。

千山合纵，万水连横，塑造了湖南独特的地理环境。湖南的生态环境保护始终走在全国前列，"绿水青山就是金山银山"的理念在全省上下成为共识。党的十八大以来，湖南坚持党对生态文明的全面领导，深学笃用习近平生态文明思想，以"一江一湖四水"为重点统筹推进山水林田湖草系统治理，打好污染防治攻坚战，系统推进自然生态保护修复，推进绿色低碳发展，提升生态环境治理现代化水平，生态环境保护发生了历史性、转折性、全局性的变化。2011—2021 年十年内，地区生产总值增长一倍，而单位 GDP 能耗累计下降 20.1%。2021 年全省森林覆盖率达 59.97%、湿地保护率达 70.54%、水土保持率达 86.08%、草原综合植被盖度达 87.04%、空气优良率达 91%、国考断面水质优良率达 97.3%。② 湖南有一块总面积 522.87 平方公里的绿地——长株潭城市群绿心，这是世界上最大的城市群绿心，国内唯一的大型城市群绿心，位于长株潭三市的结合部，为此，湖南省出台了《湖南省长株潭生态绿心保护条例》。如今湖南省内山青水碧，人与自然和谐，人民群众生态环境获得感显著增强。

总之，湖南的红、古、绿三者和谐一致、互融共通、互为支持、互为条件。湖南的红色不仅是大自然景观赋予的红，更是在艰苦奋斗的历史中凝练而成的意象与精神上的红，是中国共产党人为人民幸福、为中华民族伟大复兴而栉风沐雨、筚路蓝缕的红。湖南古色底蕴深厚、绿色山清水秀，是古圣先贤们尊重自然、天人合一、人与自然和谐共生的古和绿。绿色是大自然的底色，是红色里的民生，

---

① 中共中央文献研究室编《习近平关于社会主义生态文明建设论述摘编》，中央文献出版社，2017，第 4、6、23 页。
② 《实录：中共湖南省委"中国这十年·湖南"主题新闻发布会》，湖南省人民政府网站，2022 年 8 月 6 日，http://www.hunan.gov.cn/topic/zgzsnhn/bdsn/2022 08/t20220806_27576 343.html。

是古色里的文明传承。如今我们谈如何使三色融合，就要以系统思维、以"五位一体"来统筹发展。避免出现顾此失彼，互不兼容。以往部分开展红色文旅的地区，曾出现就开发谈开发的情况，只突出红色，忽视了对当地历史资源与生态环境的保护，这样的发展只能如同昙花一现，无法持久，也无法使人心旷神怡。须知，"红古绿"不是三种相互脱离的颜色，而是内在具有一致性的统一整体。因此，要协调好红色基因传承、古镇保护、绿色生态维护三者之间的关系，在挖掘、开发红色资源的同时，注重对古镇与生态环境的保护与建设，实现三者间的持续稳定平衡，这是每个湖南人的使命与责任。只有在尊重规律的基础上，相辅相成，互为补充，才能达到红色、古色与绿色三者的有机协调与融合。

二 实现"红古绿"三色交相辉映

实现"红古绿"三色交相辉映，能够提升旅游景区品质，绘制精彩亮丽、色彩纷呈的"大好河山"画卷，做到"踏遍青山人未老，风景这边独好"。红色铸就了湖湘文化底气，古色塑造了湖湘历史古韵，绿色绘就了湖湘生态画卷。如何持续推进经济社会现代化建设过程中"红古绿"交相辉映？又如何让"红色"更炽热，"古色"更浓厚，"绿色"更盎然呢？将红色旅游、民俗风情与山水美景紧密结合，打造复合型旅游综合体，是当下的可行之路。

2016 年，习近平总书记在纪念红军长征胜利 80 周年大会上引用了"半条被子"这个红色经典故事，湖南汝城县沙洲村便由此走进人们的视野。曾经的沙洲村地处深山腹部，交通不便，与外界鲜有往来，一度是罗霄山脉连片特困地区。可是，沙洲村青山环抱，环境优美，遗留下了古民居、古宗祠、古庙、古桥等古建筑 37 处，可谓绿色与古色俱全，更有红色为基底。这一片红、古、绿共存的区域一直以来属于贫困地区，原因可能在于"红古绿"三色各自独立存在，彼此割裂，没有发挥三色融合效应。一旦沙洲村将三色融合，当地的经济面貌与精神面貌就焕然一新了。沙洲村的政府抓住"红色文旅"的时代机遇，投入物力人力完善基础设施建设，大力发展红色旅游。经过一年多的奋斗，沙洲村取得了从贫困村到全村脱贫的傲人成绩。2020 年习近平总书记视察沙洲村时强调："中国共产党的奋斗目标就是为了让人民翻身得解放、过上好生活。"①沙洲村干部和群众牢记习近平总书记嘱托，充分挖掘当地的红色资源，讲好"半条被子"的红色故事，链接古镇古村，建成绿水青山，使沙洲村从偏僻且无人问津的偏远山区成为闻名全国的红色旅游景点。这正是红古绿三者合力的必然结果，也是对习近平总书记重要讲话的落实。

桑植县地处世界闻名的景区张家界，处湘鄂渝黔边界，具有得天独厚的地理位置，有亚热带地区保存最完整、面积最大的原始次生林，有"亚洲第一洞"之称的九天洞，有被称作亚洲物种"基因库"的八大公山国家级自然保护区。桑植素有"中国民歌之乡"的美誉，桑植民歌被列入第一批国家非物质文化遗产保护项目名录。几千年来通过口传心授的方式代代相传的民歌，形成了桑植"无地不歌、无时不歌、无人不歌"的风俗。此外，还有白族代表性传统舞蹈仗鼓舞（又称"跳邦舞"）、具有独特风格的民间歌舞艺术的桑植花灯、起源于原始粗犷的祭祀仪式的傩戏、古老的白族民俗文化活动游神、独具一格的土家粘贴画等极具特色的民俗文化，无一不彰显了桑植县深厚的传统底蕴。

桑植不仅因风景众多美如画、民族风情异彩纷呈成为享誉全国

---

① 《习近平：继续走好新时代的长征路》，《人民日报海外版》2020 年 9 月 19 日，第 1 版。

的著名旅游景点，而且是贺龙的故乡，著名的革命老区。当桑植成为发生"两把菜刀闹革命"的故事发生地、湘鄂川黔苏区的所在地、红二方面军长征出发地时，这块群山起伏、青松叠翠、溪河密布的土地便与红色结下了不解之缘。桑植红色资源丰富，有革命类不可移动文物 135 处，馆藏可移动文物 6680 多件。由于旅游资源得到开发，已被列入全国 100 个红色旅游经典景区和全国 30 条红色旅游精品路线、湖南省 5 条红色旅游精品路线。如今，随着当地政府对旅游业的重视与投入，桑植县委县政府统筹规划、融合发展，着力打造桑植红色文旅名片，做好山水绿色文章，坚持"红色当头、三色融合"的发展思路，构建"一圈一区两山两水多点"格局，将红色旅游、民俗风情、山水美景三者有机融合，实现了"红古绿"三色的交相辉映，促进了乡村经济振兴。目前，桑植县不仅在 2020 年成功摘掉了国家级贫困县帽子，而且将革命老区的名片越擦越亮。"红古绿"三色在桑植这块沃土上焕发新生活力，将进一步使当地居民过上越来越美好的生活。

湖南古镇众多，而革命遗址也多现于古镇，古镇与革命遗址的开发采取千篇一律的方式是不可取的，我们注重应凸显各古镇与革命遗址的"核心价值"，让各古镇都焕发出自身独特的风采，焕发出新时代下古镇的生机与活力。古镇红色文旅的发展要坚持经济效益、文化效益、社会效益与环境效益统筹规划，才有益于构筑符合可持续发展理念的古镇红色旅游与生态保护交相辉映的发展模式。而在开发红色资源的过程中，需得格外重视绿色生态的保护工作。保护文物和保护生态并举，共同促进经济发展，在建设美丽湖南、美丽中国的过程中是必不可少的。

三　加强政府主导　完善分级管理

宝贵的红色资源是传承红色基因不可多得的优良载体，加强和完善乡村的红色文化遗址立法保护势在必行。湖南是一片红色文化的沃土，大量的红色资源处于待开发状态。然而在经济水平较为落后的村落中，村民们缺乏对保护红色资源重要性的认识，因而不少红色文化的遗址、古镇的生态环境与文化环境遭到人为破坏。在全面推进依法治国的时代，采用法律进行保障虽不是唯一的方式，却是最高效可行的方式。相关法律法规政策这一强有力保障的出台，不仅可以让村民们知晓破坏红色文化遗迹的行为是违法的，同时村民在遵守法律的过程中增强了守法意识，有助于推动法治社会的发展。《湖南省红色资源保护和利用条例》的出台是一次有益的探索，破坏红色文化遗迹的现象得到一定程度的遏制。同时，条例的出台离不开普及教育，只有当地的村民们认识到红色基因的重要性，才会主动肩负起所承担的责任。

红色资源保护及传承红色基因工程，不是某一个红色景区或者哪一个企业能够独立办好的。在资源的整合与调度、规章的制定与执行等方方面面，政府都不能缺位。湖南省坚决落实"用最严格的制度、最严密的法治保护生态环境"①的要求，做到总体部署、统筹协调，层层分解任务，确保责任到人、落实到位。湖南省出台《"十四五"支持革命老区振兴发展实施方案》，由此开启了湖南省委省政府加强对省内革命老区等物质形态与精神形态红色资源规划发展的行动。主要体现在以下几个方面：一是大力推动革命老区立足本土，构建融红色文化、民族文化与绿色生态资源三者于一体的体系化发展理念，并以此为基础，建设成一批国家、省级乡村旅游重点村镇；二是发挥红色文化红色资源育人功能，丰富红色文旅的社会价值，将红色旅游与爱国主义教育相结合，将红色资源与政

① 中共中央文献研究室编《习近平关于社会主义生态文明建设论述摘编》，中央文献出版社，2017，第97页。

府、学校、学生相连接，构建红旅、研学、生态旅游融合发展体系；三是支持革命老区创建全国红色旅游融合发展基地，构画老区建设全域性蓝图，推动各种经济体在乡村实现机制体制的相互融合，打破传统农业经济桎梏，建设休闲农业、乡村旅游、民宿经济等新农村经济模式。

保护是开发与利用的基础，只有保护好了原有的资源，才有可能谈后面的开发与运用。应辩证看待旅游发展对古镇的影响，冷静审视古镇开发中出现的乱象。把古镇"与世隔绝"般保护起来是不可取的，古镇的红色资源的合理开发也是另一种形式的保护。开发得当，能够提升红色资源的社会教育价值，可以促进地方经济发展，有利于红色基因的传承与发展，从而能够让更多的人接触到红色资源，为保护资源献智献计献策，自然也能保护得更好。政府应加强对革命文物、遗址遗迹等红色资源保护利用的总体规划、宏观指导和制度建设，并设置定期排查制度，及时把新发现的革命文物、遗址遗迹、书籍等纳入保护范围，把具有重要价值的革命旧址核定为相应等级的文物保护单位，对于尚未核定公布为文物保护单位的革命文物，地方政府应主动采取保护措施，不得擅自迁移、拆除，做到有效保护。为此，我们必须做到以下两点。

一是加大资金投入与扶持。除在宏观层面要加强政府主导、完善分级管理以外，微观层面要增加旅游基础设施的投入、古镇的修缮与维护、交通和生态环境的建设。以上这些环环相扣，都需要投入大量的人力物力财力，需要政府站高位、谋全局。同时，开展红色资源的保护工作、传统文化的传承工作、生态文明的建设工作，需要一批道德修养高、专业素养强的综合型人才。在这一点上，需要政府发挥引导作用，鼓励高等院校、科研机构、地方研究机构、文物博物馆机构等开展相关的保护利用研究。

二是加强对乡村红色资源的基层治理。首先，为乡村振兴提供精神源泉。革命年代保留下来的大量遗址和革命故事，是宝贵的精神财富，不可被后世淡忘，要发挥基层干部的作用，加强乡村基层治理。革命年代形成的党的优良作风、严明的组织纪律，对于当今的乡村作风建设与组织建设有重要启发意义，是不可多得的精神力量源泉。其次，强化基层党组织的堡垒作用。革命时期共产党人的奉献精神在新时代乡村振兴工程之中，对于提升干部奉献担当意识，以及示范引领、凝聚人心以及团结人民群众方面具有重要的作用，而红色资源所承载的文化理念本身对于现代乡村治理又具有借鉴意义。因此，在乡村基层组织建设与基层治理中，注重融合运用湖湘红色文化资源，有助于提升乡村基层组织的精神面貌、治理能力、服务能力，发挥其战斗堡垒的作用。最后，涵养基层党员以人民为中心的意识。通过烈士纪念馆、革命遗址、革命图片和革命文物，再现红色基因内生驱动下的革命先辈们全心全意为人民服务、不惧牺牲勇于奉献的精神，引导基层党员不忘崇高使命、树立担当精神，发挥先锋带头作用，并影响和感染村民，让政策落实到每个村民中。

第三节　全员化普及：创新红色基因传播方式

进入 21 世纪以来，信息技术飞速发展，传播方式日新月异。因此，要创新红色文化的传播方式，让红色文化生动表达、广泛传播。新时代社会主义现代化国家建设需要源源不断的内生动力，而红色基因就是中国特色社会主义的文化之源、历史之源、力量之源。我们要发挥主流媒体权威性、公信力强的最大优势，还要应用信息技术的最新发展成果传播红色文化，赋予红色文化新表现形式、新表达渠道、新影响力，全面、精准、广泛地传播红色文化，这对于传承与发展红色基因具有重要意义。为此，一要扩展红色文化输出途径，二要加快数字化平台建设，三要拓宽红色基因传播群体，使红色文化产生放大效应、聚合效应和辐射效应，让受众在耳濡目染的过程中增强对红色文化的理解和认同。

一 扩展红色文化输出途径

由于主体多样，红色文化的输出途径本身就是丰富多彩的。为此要做到以下三点。

一是构建多元传播体系。红色文化的传播途径，应该是多元多维度的传播渠道系统与多样性表达方式的综合体系，包含传统媒介与现代信息技术媒介，包含声光电以及多样艺术表达形式等。快捷的传播方式，能够提升红色文化的传播速度；借助新媒体多向、互联的传播特点，能够不断扩展红色文化的影响空间。其中，为红色革命故事制作电视剧、电影、微视频、普及读物、课件等，借助微信公众号、微博、知乎等平台、线上直播等渠道扩大红色文化的传播范围，能够更加符合大众的心理诉求，能够在群众的心中留下红色文化的印迹。

再者，结合不同人群的特点与偏好，进行精准化的信息推送，也是很有必要的。此方面湖南省已有大量行之有效的行动举措。湖南省档案馆与湖南日报社联合推出的十集微纪录片《血色潇湘》，通过影视媒介，讲述了部分湘籍革命英烈，如蔡和森、向警予、杨开慧、邓中夏、夏明翰等人的故事，解读红色湖南的精神密码。还有以县级融媒体中心为依托打造的《如果文物有记忆——湖湘大地上的革命文物故事》，先后推出的《理想照耀中国》《热血当歌》《半条红军被》《耀邦回乡》《胡子将军》《电波声声》等红色剧目，以及《湖湘英烈故事丛书》《革命诗画》《胡耀邦的廉洁家风》《文家市的抉择》等红色读物及红色课件。

二是构建多样文化艺术形式表达体系。创新红色基因传播方式，需要善于布局多样化艺术表达形式，打造贴近地域特色、贴近民众生活的作品，形成有温度、有高度、有深度的红色精品剧。一部经典影片往往是几代人的回忆，而《永不消逝的电波》担得起经典二字。主人公李白克服艰难险阻，在敌人的白色恐怖下，以地下电台架起了上海与党中央的电波通信桥梁，传送了大量重要情报。为了表现"革命即将成功，我无论生或死，总觉得非常愉快和欣慰"的舍生取义革命精神，继以电影和舞剧的形式讲述李白舍己为革命的故事之后，结合李白籍贯是浏阳的实际情况，浏阳花鼓戏剧团根据受众需求进行了创新，首次以花鼓戏的形式演绎《浏阳李白》，使鲜活的历史人物形象及大无畏的革命精神以家乡人熟悉和亲切的语言再次走进人们的视野。这种创新将革命英雄人物结合当地喜闻乐见的文化形式，使作品有血有肉，得到了当地人民的认可。文化传播与"红古绿"的结合，已成为一种既能提升文化传播的有效性、广泛性，又能促进传承红色、保护古色、建好绿色的成功模式。以沈从文《边城》中翠翠和天保、傩送两兄弟的爱情故事为主线，凤凰县推出《烟雨凤凰》大型民俗情景剧，收获了广大游客的良好反响，使凤凰古城形成了"白天观景、晚上看戏"的旅游模式。此外，《边城》《天门狐仙》《魅力湘西》等结合区域特色的情景剧，在青山绿水掩映的古色文化中演绎着湖湘文化，备受人们追捧。

音乐的感染力使其在红色文化传播中具有重要作用，而红色歌曲本身又是一种特定的声乐体裁类型，因此音乐是红色文化传承中重要且具有潜移默化价值的载体，而红色基因也为音乐注入源源不断的活力。比如，一曲《浏阳河》，将湖湘老一辈革命家开天辟地、建党救国的伟大精神传唱开来，经过数代人的传唱，穿透了数代人的岁月，激励着人们奋勇前进，这首歌本身也成为湖湘文化的一个符号。再者，桂北红色文化教育培训中心与湖南卫视共同研发的音乐党史课，令人耳目一新。这个音乐党史课重现了湘江战役那段悲壮历史,观众通过听音乐、唱红歌的形式,身临其境体会党史重大事件,感悟到美妙的音乐中所承载的红色基因,从而诠释和传递了红色精神。

三是打造唱响主旋律的红色文化精神作品。借鉴精品,汲取经验,持续为影视界注入红色文化,推出有品位的红色影视作品。市场缺的不是粗制滥造的产品,而是用心用情打造的精品力作。一部呈现建党历史的《觉醒年代》,比较同类型剧作的收视率,令人意想不到地火到"破圈",赢得了广大青年喜爱。这并非偶然,更不是资本的营销宣传,而是因为它真正满足了大众的需要。该剧导演张永新表示:"我始终有一个观点,年轻观众从来不会排斥主旋律,他们排斥的是悬浮的、不接地气的、粗糙的、不严谨的作品。"①该剧通过还原真实,用年轻人喜爱但并不是迎合的方式讲故事,拉近了历史人物与当下年轻人的距离,并不是单纯喊口号式地传播正能量。生活化的剧情,真实可感且丰富多面的人物,让观众如同跨越到剧中的时代,丝毫没有隔离感。同样优秀的剧目还有《长津湖》《我和我的祖国》《大山的女儿》等。湖南汝城县沙洲村是制作红色精品的代表,通过挖掘当地红色资源、因地制宜拍摄的《半床棉被》与《烽火汝城》两部红色电影,对传承红色基因起到了不小的推动作用。

讲好红色故事,艺术化、通俗化是红色基因入脑入心的有效方法。地方政府有规划地打造红色故事品牌,卓有成效。例如,2018年10月,由中共湖南省委宣传部、中共湖南省委教育工委、湖南省文化和旅游厅、中共湖南省委党史研究室、共青团湖南省委、湖南省军区政治工作局、湖南省文物局联合主办,湖南广播电视台公

———————

① 《优秀主旋律影视剧成为年轻人的"白月光"》,《工人日报》2021年7月4日,第4版。

共频道推出了《潇湘红色故事汇》栏目，分为"赤子心、家国情、青春志、中国梦"四个篇章，十名来自全省爱国主义教育基地的优秀讲解员深情诠释了十个红色故事。该活动通过讲故事的形式，使红色经典得以口耳相传，红色文化得以生生不息。2021 年 4 月，湖南大学与湖南教育电视台承办了"潇湘红色故事汇·百年激荡青春潮"全省大学生红色故事讲述大赛暨百集纪录片《百年党史"潮"青年》活动，在全省大学生中反响强烈。

二 加快数字化平台建设

我国网民规模近 11 亿人，互联网普及率达 78.0%，形成了全球最大的网络社会。[①] 在"互联网＋"时代大势下，数字化的发展一路高歌猛进。当前，每个人的学习、工作和生活，都与网络、大数据等息息相关。《湖南省国民经济和社会发展第十四个五年规划和二〇三五年远景目标纲要》提出要发展数字经济，推动数字产业化和产业数字化，建设数字政府和数字社会，推动数字经济和实体经济深度融合，打造具有高度国际竞争力的数字产业集群。回溯"数字化产业"这一概念，出现于 2017 年文化部出台的《关于推动数字文化产业创新发展的指导意见》；2020 年文化和旅游部又出台了《关于推动数字文化产业高质量发展的意见》，其中明确指出要"促进文化产业与数字经济、实体经济深度融合，构建数字文化产业生态体系"。红色文化传播借助数字化产业，犹如插上了翅膀。

红色资源的稀缺性、不可再生性决定了必须慎重对待红色基因的传承方式。科学技术发展、数字化推进，使传承红色基因有了更为科学与长效的方式。在数字化的大背景下，促进红色文旅的宣

---

① 央视新闻客户端：《我国网民规模近 11 亿人　互联网普及率达 78.0%》，中央网络安全和信息化委员会办公室网站，2024 年 8 月 29 日，https://www.cac.gov.cn/2024－08/30/c_1726702676681749.htm。

传、体验与大数据深度融合是时代发展的需要，也是红色基因传承与发展的应然之举。引人深思的革命文物与令人动容的红色故事不缺精神内核，但倘若没有好的展现方式，吸引力也会大打折扣。实地旅游受条件约束，而通过现代数字技术——人工智能、VR、AR、3D全息影像、体感互动技术、云上文博、数字红色博物馆等新兴业态，让红色文化运用最新数字技术构建起传播速度快、传播面广、受众人数庞大的优势，便具有传统传播难以企及的实效性和便利性。以数字化构建现代传播体系，就能满足不同群众对红色文化学习与传播的多样性需求、多样性内容、全时空需求。因此，现代数字技术通过多种表达语言相融合，在展示红色文化所蕴之魂、所载之魄，在展示革命先辈的人格魅力、榜样形象等方面，更生动细腻、更深刻感人，能更好地帮助群众深入地了解红色文化的内涵与精神。

诚然，传统的革命文物和遗址是红色旅游的基本载体，但并非唯一载体。除此之外，借助现代数字技术，红色档案、文献、图片都能帮助后人再度了解革命先辈的故事，跨越时空地向社会公众传递红色基因。在这方面，湖南省建设了"湖南精神专题库"数字资源库。同时，还需要借鉴其他省份，其他省份对数字化赋能红色资源数据库作出有益的探索。如湖北省建设的"红安精神数据库"，涵盖了红色文献、音视频、口述史、红色图片、网络文献、图书报刊。与此相似的还有北京市建设的"李大钊与中国马克思主义传统专题数据库"和"北京红色教育资源专题数据库"、贵州省的"长征精神库"、上海市的"上海与中国共产党创建"等融通多媒体资源构建的大数据库。他山之石，可以攻玉。数字化建设，创新的是形式，不变的是精神内核，让红色文化的精神实质历久弥新，形成共荣相生的"数字生态圈"，为传承红色基因作出更大贡献。

　　湖南在红色资源数字化方面具有雄厚实力，湖南卫视就是其中的最佳平台。大数据潮流涌起，湖南搭上快艇，创新打造多屏联动的"我是接班人"网络大课堂。湖南智慧文旅大数据中心秉承"文旅数据决策、全媒整合传播、线上线下融合"的宗旨，打造"文旅＋互联网大数据＋媒体"新型模式，致力于媒体、互联网大数据与文化旅游行业深度融合。2021 年以"一个中心、一个平台、N个应用"为建设的架构已初具雏形，其中一个中心即为湖南文旅大数据中心，一个平台为湖南省文化和旅游厅指挥中心平台，N 个应用包括多功能视频会议系统、视频监测与应急指挥系统、数据展示与分析系统和数据安全防护系统等。指挥中心将整合全省文旅资源进行统一管理、统一服务，提高决策能力，以促进全省文旅工作提质增效。[①] 同时，湖南红色文旅信息化平台推出了极具地方特色的"潇湘红"APP，为使用者呈现"红色资源、红色文化、红色教育、红色旅游"四个业务模板，并提供"移动 APP、微信小程序、抖音小程序"三个移动端应用，生动地展示了湘籍党和国家及军队领导人、革命旧址、红色事件以及图文文物资料，还有精品红色旅游线路及爱国教育基地。此外，通过人工智能、5G＋视频应用、大数据等技术，为游客提供 18 个红色景区的景点介绍、线路攻略、全景直播、VR 剧场、AR 景观、导游导览等全方位、沉浸式的服务体验。[②] "潇湘红"在赓续精神血脉、追寻红色记忆方面，作出了有益探索。

　　其实，旅游业在实现影像数据化，为人们提供声像一体化服务

---

① 《文旅大数据更"智慧" 省文旅厅指挥中心启用》，湖南省文化和旅游厅网站，2021 年 7 月 1 日，https：//whhlyt. hunan. gov. cn/whhlyt/news/mtjj/202107/t20210701 _ 198267 50. html。

② 《湖南红色文旅信息化平台上线 发布"潇湘红"APP》，红网百家号，2021 年 6月 28 日，https：//baijiahao. baidu. com/s? id ＝ 1703819600395779995＆wfr ＝spider＆for＝pc。

方面具有独特优势。张家界武陵源景区扎实推动传统服务向数字化信息化智能化服务转型，着力开发"云旅游"，在云端上呈现景区美景，举办"云演艺"，推出魅力湘西、张家界千古情等文化演艺节目线上直播。更为特别的是，张家界市屡出新招，紧跟时代前沿与利用高科技，探索"元宇宙"旅游，推出虚实结合的业态。

当然，红色资源数字化建设也存在着需要解决的问题。

首先，合理建设和建成共享型数字资源的问题。党的十八大以来，社会各界日益重视红色资源的传承，到红色景点参观学习蔚然成风。在红色文化数字化建设中，许多人作出了有益探索。然而，在红色资源开发利用、红色基因传承、地方经济发展三者如何协调共生共赢方面，因为相关利益主体不同，还存在不同的声音。各级政府甚至同一区域不同部门对于如何传承和保护，既存在共同性的看法，也有个性的想法，易出现各自为政、资金浪费、重复建设的现象。要想良性发展，必须统一布局、协调发展、资源和建设成果共享。地方政府对数字资源平台的建设规划、统筹布局、协调监管等方面，应主动担当职责，积极发挥领头羊的作用，从而避免各自为政与重复建设的现象，形成建设合力，促进红色资源的长期发展。

其次，多元资金支持政策的问题。在很多方面，红色资源、红色文化、红色纪念馆（旧址）等与其他商品经济要素存在一定区别。因为它具有公益属性，不能完全按市场经济要求评估。一方面，给予一定的财政资金支持是政府的职责，也是后期管理与可持续发展的前提；另一方面，引入社会资金参与开发建设，有利于推动红色资源的发掘、维护，更好地实现育人功能、经济功能。作为红色资源数字化建设的主体，以往多数依靠政府的有限的拨款，而数字化建设所需的人才、技术与平台（包括设备在内），则需要大量的前期投入。因此，融资渠道多元化，吸引更多资金流入，成为红色数字资源建设快速发展的重要保障。

最后，如何让红色资源数字资源发挥其本质功能。关键是让红色资源活起来，让红色数字流量跑起来，让移动终端红起来，让红色数字资源真正用起来，而不是成为装饰品的"面子工程"，这也是数字化红色资源建设的根本目的。提高数据库的利用率，前提是让人民群众知晓数据库在哪里，点击什么，为什么要去点击，即解决数字资源功能发挥的全环节问题。这就需要加大宣传力度。在数字化发展下新生的云直播、云展览，使宣传模式得以向电脑终端、移动终端延伸。同时，受众范围也更加广泛，要让数字平台成为政府、高校、教师、学生乃至社会人士了解和学习红色文化的首选。红色资源数据库本身就是开展爱国主义教育的生动教材，其丰富的形式与内容、开放式的体验环境，为学校"立德树人"中心工作注入了活力。其形式丰富多彩，有利于吸引学生；其内容真切感人，也有助于培养学生。此外，红色资源数据库建设对线上红色旅游亦大有裨益。例如，2020 年，一场席卷全球的新冠疫情减缓了经济发展步伐，旅游业受打击的程度位居前列，相关产业也受到冲击。红色旅游应抓住数字化转型的契机，充分利用红色资源数据库，依托先进科技，突出特色，加快建设，让游客居家便能体验到实地参观所带来的感受，不出门便能打开尘封的历史档案，获得身临其境的感受。

三　拓宽红色基因传播群体

拓宽红色基因传播群体的主要对象是在校学生，要引导他们参与红色志愿服务。

一是强化学校红色教育主阵地。鼓励学校开展研学旅行，引导学生在学、思、践、悟中深植红色基因。学校要鼓励教师走出去，带领学生开展有关红色资源、红色文化、红色基因的调查研究与科研活动，并把科研成果以多元化的形式展示出来——把成果写在祖国的大地上、写在学生的心坎上。同时，革命旧址、革命纪念博物馆是开展生动翔实的红色教育的天然课堂。学校既要鼓励师生到现场开展教学，也要与讲解人员一道录制课程、制作精品红色课件。档案馆要使馆藏资料活起来，编制书籍、图册等方式，让更多的人能够有机会了解、学习。这样做，既推动了红色文化入校园，又能够鼓励广大学子成为红色基因的传播者。还应鼓励高校学子下乡，深入基层、深入群众之中，成为宣讲队伍的又一支主力。

宣讲红色故事人人有责，要鼓励青年学子自觉争做红色文化的宣讲者、红色教育的推动者、红色基因的传承者。在方式上，应坚持既有"高大上"的理论教育，又有"接地气"的宣讲，以故事、音乐、情景剧、小品等形式诠释红色精神。还可以把普通话转译成地方话，将文件转化为家常话，使红色基因传播至更多地区。

二是打造本土传播红色文化核心队伍，实现社会大宣讲与思政课小宣讲相结合。在这方面，革命老区浏阳作出了有益探索。一方面，浏阳成立了由党校讲师组成的专业化"本土红色讲师团"，同时组建了包括乡贤、导游、退休教师等在内的1500余人规模的红色志愿服务队伍。由于专兼结合、形式多样，极大地扩展了传播红色文化的队伍，形成了传播红色文化的社会中坚力量，这股力量分散于浏阳各地，使各处群众都能及时听到红色故事，感悟红色精神。另一方面，在浏阳各学校，广泛动员中小学生开展"小小讲解员"大赛、演讲比赛、才艺展示大赛等活动，寓教于乐，使其主动成为红色文化的宣传者，同时积极引导学生参与红色志愿服务，给社会各界奉献爱心。

在"革命摇篮"湖南一师，其红色场馆——毛泽东与第一师范纪念馆则充分运用深厚的红色文化资源，并发挥"千年学府"城南书院的文化底蕴，实施红色基因育人，以此为依托培养出了一批批学生志愿讲解员。自1993年以来，湖南一师平均每年培养100名，近 30 多年共培养了 3000 多名学生讲解员，形成了"红色基地育红色学子，红色学子宣传红色故事、宣传红色文化"的良性循环机制。江山代有传承者，圆梦路上永向前。由于多措并举，引导学生积极参与红色志愿服务，湖南拓宽了传播红色基因的渠道，壮大了传播红色文化的群体，调动了全社会参与的积极性。志愿者活动直接推动了红色基因"飞入寻常百姓家"，使传承红色基因成为人们"日用而不觉"的自觉行为，凝聚成社会主义核心价值观。

第四节　融入式发展：擦亮红色文旅名片

党的十八大以来，湖南省委省政府深入贯彻落实发展红色旅游的重要精神，全省充分发挥红色资源优势，突出创新升级，打造"伟人故里""将帅之乡""革命摇篮"的湖南红色旅游精品品牌，不断推动湖南省红色旅游与产业融合化、交流与市场国际化、建设与管理服务标准化、规划与发展品牌化，有力地推动湖南省红色旅游升级。新时代，湖南红旅除进一步加强多部门协作之外，还应该通过产业融合的方式，不断激发文旅活力，实现融入式发展。如何做强做大湖南的旅游业，继续擦亮红色文旅名片？一是旅游业态组合化，推进全域旅游；二是旅游景点特色化，打造差异化体验；三是游客体验多样化，提升参与体验感。

一　旅游业态组合化　推进全域旅游

为了实现旅游业态组合化，应大力推进全域旅游，着力构建多产业融合、共建共享，更具文化影响力与经济效益的系统化旅游生态。

一是要辐射周边业态，促进产业融合发展。各产业皆有其发展的内在规律，遵循规律才能事半功倍。旅游业也是如此，尤其是融红色文化与旅游于一体的红色文旅。正确认识和把握红色文旅规律是发展的前提，应发挥各个地区的区域资源优势，找准痛点短板，着力转化为有效优势，突出特色。如何全力构建立体式旅游体系、促进旅游业态组合化呢？旅游业态源于旅游业与其他产业融合发展，不同标准的分类会形成不同的划分，从旅游产品性质角度分类，则可分为观光、休闲、游乐与度假四大类，互相促进。完善"吃住行游购娱"等旅游业态，扎实推动观光旅游向休闲度假旅游、文化旅游转型。观光旅游与休闲度假旅游、文化旅游并不仅仅是时间长短上的区别，更在于内涵的转变，后者更好地做到了产业的融合发展，为旅客提供了更多的旅游机会。而在以往，因为大多数红色景区功能单一、外延不足，旅客能选择的服务大同小异，参观学习的时间较短。从现实层面考虑，要解决游客交通、电力、通信、住宿，特别是周边旅游项目的统筹辐射等问题，让游客进得来、留得住，是需要投入人力、物力与财力的，单靠某一方难以达到面面俱到的效果，终究还会回到加强产业联系、促进产业融合上来。

形成立体式旅游体系，需要产业融合的加持。湖南是文化旅游资源大省，红色资源运用得当便能为百姓谋福利、为社会谋福祉。突破封闭自循环的经济发展旧路子，创新开放多元的"红色文旅＋"经济发展模式，推动红色文旅与一、二、三产业联动，以"红色文旅＋"为抓手，催生"1＋1＞2"的叠加效应。例如，韶山市凭借伟人故居的优势，坚持资政育人方向，聚焦传承红色基因主线，突出红色文旅的教育功能，按照旅游设施建设同红色纪念设施相得益彰的要求，围绕"红色旅游＋"战略，不断发展形成以红色旅游为中心，辐射带动乡村旅游、文创开发、研学育人和赛事节会等新型业态，目前已形成一定规模效应。以丰圆工贸、毛公酒厂等特色产业发展平台，把企业建成景点，将生产线打造成观光线，构建成集产、游、销、艺于一体的新型产业体系，实现工业业态与旅游业态的融合发展，形成了"红色旅游＋现代工业"的融合发展模式。还有以韶河、银田现代农业示范园为代表的"红色旅游＋现代农业"融合发展模式。银田村曾是贫困落后的小山村，村民们通过利用得天独厚的地理条件与浓厚的红色文化开展研学基地，把源源不断的客源引入银田村。此外，黄田村研学教育基地主打中华民族传统德孝文化、传统农耕体验活动、人力资源拓展培训等综合概念新型农庄，形成了"红色旅游＋乡村旅游"的多业态融合，相互促进发展新模式。

二是要整合资源，推进全域旅游。以往的旅游大多数是封闭的自循环模式，各个旅游景点间是相互孤立、鲜有联系的。而全域旅游便是要通过加强联系打破这种封闭模式，通过加强省内城市协调合作，串珠成链，形成全省一盘棋的发展格局。我们可以结合湖南各地红色资源的特色优势，并联系周边旅游景点，强化区域合作，打通旅游产业上下游企业形成战略联盟，对旅游路线、产品、设施等进行串联、统筹开发，构建"红色＋"产业体系，促进"农工商"深度融合。同时，在思维上也需创新，善于使用大数据与区域链技术赋能全域旅游。湖南省高度重视旅游业对经济的带动发展作用，认识到全域旅游是在用红色旅游惠民、便民、富民，以形成全民共享红色旅游发展成果的大好局面。通过打造世界知名旅游目的地，湖南省委省政府决定自 2022 年起每年举办年度旅游发展大会。首届旅游发展大会通过线上线下联动方式于张家界举办，着力实现"办一次会、兴一座城"。

整合旅游资源，需要"点线面"全域推进。这就要求形成合力，将旅游景点串联，打造黄金线路。"点"指省内分散的红色旅游景点，要有特色才能吸引人，还要注重周边环境和配套设施。"线"指地理位置上连线的景点，例如湘江一线的风光带，南起长沙母亲河湘江的黑石铺大桥，北至月亮岛北端，横贯 26 公里，滔滔南来，汨汨北去，坐拥橘子洲头、岳麓书院、湖南一师等知名红色景点。"面"不仅包括长株潭经济带，更要突出全省一盘棋的发展思维。通过"点线面"的整合，达到有机串联各旅游景点，形成区域联盟的良好内部协调效应。

三是要坚持开放视野，形成红旅资源区块链。构建跨区域红旅文化品牌区块链，打造毗邻区域资源共享、市场共建机制，形成基于红色革命脉路的物质形态红色文化资源区块链。2020 年，旅游业受到突如其来的疫情冲击，产生巨大损失。在此情况下，加强合作才能有更多恢复生机的机会。红旅文化品牌区块链也是未来文旅建设的新着力点，是人们文旅生活的新着眼点。区域合作的范围不囿于一省一市，应坚持开放包容、合作共赢的心态，与周边省份合作，构建红旅新态势。

以湖南为中心，打造湘赣边、湘鄂边、湘黔边区红色文化资源产业链。湘赣边红色文化资源富集、红色景点跨省相连，是中国共产党建党建军与革命的发源地，这个红色链条上，是秋收起义、湘南起义、平江起义的发生地，是井冈山精神的诞生地。革命年代，仅湘赣边区的烈士就达 30 万人。成立于 2019 年的湘赣边红色文化旅游共同体离不开湖南与江西两省政府的共同推动，包括湘东的茶陵、浏阳、攸县、醴陵、炎陵以及赣西各县，涉及 24 个县市区。推动湘赣边红色文旅的交流合作，可以实现资源共享、客源互送、市场互促的良好效应。其中浏阳地处湘赣交界区，是革命火种的红色摇篮，具有独特的地理位置与丰富的红色资源。小河乡地处浏阳东部最偏远处，是湘鄂赣革命根据地的重要区域，一度成为红军"后勤地"。这里面积仅有 109 平方公里，却发现 40 多处革命遗址，其中包括红一方面军后方医院、红五军随营学校、红十六军临时军部旧址、湘鄂赣红军兵工厂、湘鄂赣造币厂旧址等。此外，通过举行湘赣边红色旅游节、"五彩湘赣边　欢聚浏阳河"湘赣边区域合作文旅交流系列活动、"秋收杯"湘赣边革命文物讲解大赛等一系列活动，不仅密切了区域联系，而且促进了共同发展。2021 年 10 月，国家发展改革委印发《湘赣边区域合作示范区建设总体方案》，明确要求湖南、江西两省共同促进红色文化传承、跨省产业协作，努力将湘赣边区域打造成为全国革命老区振兴发展的先行区、省际交界地区协同发展的样板区。作为中央红军长征首选目的地、红二方面军的摇篮、长征的最后出发地的湘鄂川黔革命根据地，在中国革命历史中占有重要地位，为中国革命作出了巨大贡献。该根据地旧址拥有丰富的红色资源，足以使到访者认识到红色江山来之不易，足以使每位到访者身临其境、感同身受。湘鄂边根据地是土地革命战争时期中国共产党在湘、鄂两省的边界山区开辟的苏维埃区域，包括湖南省桑植、大庸、慈利、石门、永顺和湖北省鹤峰、五峰、宣恩、来凤、咸丰等县。还有其后建立的湘鄂川黔新苏区，辐射四省。

搭好服务台，用好区块链。革命老区、遗址遗迹多分布于偏远地区，交通并不便利。要促进红色旅游，前提是加强互联互通的基础设施建设。在这点上，韶山与井冈山做得较为出色。韶山是开国领袖毛泽东的故乡，近年来韶山市将身为主席家乡人的自豪感转化为建设主席家乡的责任感，以红色旅游为龙头，以融合创新为路径，落实习近平总书记"把红色资源利用好、把红色传统发扬好、把红色基因传承好"①的重要指示，充分挖掘韶山丰富的红色资源、厚重的湖湘底蕴和多样的民族文化，红色文旅取得了傲人佳绩。湘潭市打造"红色走廊"，将韶山的毛泽东同志故居，湘乡的陈赓同志故居、谭政故居、东山书院，湘潭县的彭德怀同志故居、

---

① 《用好红色资源，总书记再次强调》，光明网百家号，2021 年 6 月 27 日，https://m.gmw.cn/baijia/2021-06/27/34953295.html。

周小舟故居、罗亦农故居等红色景点串联，为沿线文旅发展注入动力。两地还开通了从韶山到井冈山的"两山铁路专线"，此举对促进两地旅游具有极为重要的现实意义。

湖南、江西两省共同打造了"湘赣红·红色旅游铁路专线"，列车自韶山开出，以毛泽东故居及纪念馆为参观起点，途经湘潭市的湘乡东山学校旧址，株洲市的醴陵李立三故居、左家老屋（左权故居）、耿氏宗祠（耿飚故居），攸县谭政林纪念馆，茶陵县工农兵政府旧址，炎陵县红军标语博物馆，最后到达江西境内的井冈山火车站，参观革命博物馆及茨坪革命旧址。这是全国首条以红色旅游景点为纽带，将系列红色景点串联起来的铁路专线，引来了社会各界广泛关注与体验。可以看到，这条专线于旅客而言，使其有更多的选择机会感悟红色文化与红色精神。同时，对于沿途各县市来说，能够助推乡村振兴、深化湘赣边区域合作，共享红色文旅发展的成果。

二 旅游景点特色化 打造差异化体验

要实现旅游景点特色化，应更好地为游客打造差异化的体验。

一是要打造红色文旅特色品牌。"互联网＋后疫情时代"，多元文化价值观相互交织，对传承和弘扬红色基因提出了更高层次的要求。当下，弘扬红色文化、传承红色基因，除了在学校课堂的传承，也要充分利用社会这片广阔的天地，深入挖掘、整合红色资源，综合统筹政府、教育资源，根据人民精神文化生活的需要，建设爱国主义教育实践基地，开展红色研学教育实践等，擦亮革命红色文化品牌。湖南应通过以上措施，深挖红色基因的时代价值，以红色资源塑形，用革命精神铸魂，着力提升红色旅游的文化底蕴和特色魅力，打造优质红色旅游景区。

特色品牌不仅能提高红色旅游的知名度、美誉度和影响力，亦可有效引导社会人士和学生去了解宏大事件背后的细节与感动。湖南深入贯彻习近平总书记对湖南的重要指示精神，省委、省政府打造以"锦绣潇湘"为品牌的全域旅游基地。湖南已认识到品牌力即生产力，好的品牌的影响力对潜移默化传承红色基因亦大有裨益。2022年，湖南省出台的《关于加快建设世界旅游目的地的意见》指出，要打造五张名片，即着力打造以张家界等为代表的奇秀山水名片、以韶山等为代表的经典红色名片、以长沙等为代表的城市文化和都市休闲名片、以南岳衡山等为代表的历史文化名片和以城头山古文化遗址等为代表的农耕文化名片。[①]湖南高标准打造十八洞村、沙洲村，使其成为新时代红色地标。为了推动"产—学—研"相结合，全国首个"中国红色旅游创新发展研究基地"落户湘潭大学，这意味着湖南对红色旅游的谋划和发展不再停留于现象层面，更希冀于背后发展规律的深入挖掘，为红色旅游融合发展提供智力支撑和学术保障。

二是要推出红色文旅精品路线。湖南是革命文物资源大省，具有丰富的红色资源。有关数据显示，湖南拥有省级以上爱国主义教育基地192个，其中全国爱国主义教育示范基地38个，数量位居全国各省市第一；还有国家级烈士纪念设施21处、革命博物馆纪念馆70家、革命类不可移动文物2400余处，其中全国重点革命文物保护单位59处、省级革命文物保护单位438处，其革命文物资源总量和重要资源数量均位居全国前列。在《全国红色旅游经典景区名录》中，共有300处红色旅游经典景区，其中，湖南省就有韶山毛泽东同志纪念馆、彭德怀同志故居、南岳忠烈祠、胡耀邦同志

---

① 中共湖南省委、湖南省人民政府：《关于加快建设世界旅游目的地的意见》（2022年9月5日），湖南省文化和旅游厅网站，2022年9月29日，http：//whhlyt.hunan.gov.cn/whhlyt/xxgk2019/xxgkml/zcwj/zcfg_115485/2022 09/t20220929_29021161.html。

纪念馆、罗荣桓故居等 14 处景区。

湖南红色旅游品牌建设成效良好。经过多年建设，湖南省"锦绣潇湘"全域旅游品牌形成了"土家探源、神秘苗乡、古城商道、侗苗风情、生态丹霞、沅澧山水、湘军寻古、神韵梅山、世外桃源、峰林峡谷、武陵民俗、瑶家古风"以及"神奇湘东"13 条精品线路，共涵盖了 127 个节点景区、707 个特色村镇。而以韶山红色圣地为依托，构建起"红色旅游湖南行"红色旅游专线，如伟人故里·红色潇湘路、红色潇湘·不忘初心游等，充分挖掘红色文化内涵，先后研发出精品、塑像、文化出版物等 10 大类 170 种 271 款文化创意产品，先后承办多届湖南红色旅游文化节，进一步放大了红色旅游品牌效应。在这些红色遗址遗迹背后，都有感动人心且激励后人前行的故事。而由其凝炼而成的红色基因，能被后人传承，能照亮人们内心，使人们听从时代号角、坚定前行道路，凝聚起新时代的奋斗伟力，共同谱写以红色旅游融合发展促全域经济高质量提升的新篇章。

湖南红色资源非常丰富，遍布三湘四水，具有历史地位重要、资源分布广阔、辐射人口众多、典型人物和精神文化突出的特质。但也存在不足之处，仍要进一步加强品牌建设。一是两极分化现象明显。以韶山为中心的红色品牌在全国范围乃至世界范围知名度高，品牌响亮。而其他精品线路的影响力则大多数内强外弱，与全国其他省份同类旅游品牌竞争，优势不明显。二是系统思维还需进一步提升。地方政府在全域旅游发展理念方面，还需进一步强化统筹和系统思维。地方政府对旅游景点开发、红旅建设还应增强全局观、系统观，发挥区块资源、"红古绿"的系统效应。三是精品意识还要加强，部分地方政府对于红旅项目的认知还停留在抢资金、争项目、争资源的层面，没有以高质量旅游品牌建设带动区域经济、文化、民生工程发展的谋划，最终表现为没有支撑全域旅游高质量发展的系统思维和政策支持。目前来看，湖南省全域旅游示范区创建虽然在全国处于领先地位，但如何围绕全域旅游示范区创建仍有文章可做。必须依托"锦绣潇湘"联动，带动各地州市、各区域全域旅游建设，带动小微红色景点开发，形成一批乡村旅游精品景区，是未来做大做强全域旅游的重要战略考量。

三　游客体验多样化　提升参与体验感

在新时代，人民群众生活日益丰富多彩，文化艺术审美水平不断提升，精神文化需求的标准越来越高。因此，创新多样化体验形式，提升游客的感知与认知方面的体验感非常必要。

一是需要创新体验形式。打造红色文旅沉浸式体验，创造"以红色文化为灵魂，以旅游为载体"的沉浸式红色旅游体验场景。旅游活动在本质上是一种文化活动。其核心竞争力不是千篇一律的装饰，而是有突出特色的文化内涵元素、独具特色的体验感。同样，文旅精品并不意味着景区一味强调气派、上档次的外部工程，当然这些都是值得注意的，基础设施的建设必须跟上，可更需要引起关注的是建设的内涵与外在、形式与质料的主次问题。当每个旅游景区都将大量经费用于外部工程的打造，就会导致千篇一律的建筑风格、套娃式的文创产品，最终忽视了游客们最重视的旅游体验感。而真正能抓住游客内心的，恰恰是景区核心价值观的塑造，是各个景区所挖掘的区别于其他景区的精神内核，是一种精神上的感受乃至冲击。丢失内核，徒留外壳，那么无论外表如何亮丽，于游客而言不过是换了个地方看早已司空见惯的景点，景区对游客的吸引力便会大打折扣。

就湖南而言，历史文化、自然地理、民族风情由于区域不同都会有所差异。所以即使是省内的旅游产品设计，也有很大的发挥空间与创造空间。如何挖掘本地特色，坚持每个景区的建设原创性是沉浸式旅游的关键。在彰显"人"的主体性地位的理念下，旅客在红色景区不再是走马观花式观赏，他们自觉转化为红色文化内容创作的审美者、评价者、参与者，自觉置身于其中，更深地感受红色精神。因为对于游客而言，希望旅途能够慢下来，感受、品味工作和生活之外的物质与文化更为重要。对于景区而言，也能提升景区的活力与再生力，带来更多的经济效益和社会效益。目前，湖南省人口与经济稳步增长，而作为"无烟产业"的红色资源能够极大地拉动经济，促使文旅市场的催生。携程发布的《2022年上半年红色旅游大数据》显示，红色旅游正呈现向周边本地化的趋势发展，仅2022上半年便有88％的游客选择本地周边红色旅游，而上一个年度仅有四成游客选择此方式出行。[①] 红色景点以其特质出圈而圈粉众多，可见红色旅游不再是学生和老人的专属情怀，亦是社会各界人士，尤其是青年人感悟红色文化的绝佳途径。

二是需要增加产品供给。文创产品既具有实现旅游经济效益的职能，还代表着旅游者文化消费的需求，而其最大价值在于文化与精神的传承和延伸，红色旅游尤其如此。某种意义上，文创产品就是旅游的延伸，是文化传承的再认识、再延续。每当旅游结束，游客看到文创产品就不禁回想起当初在感悟红色精神、接受红色教育时的情感，使红色文化更加深入人心。但是，目前全国各地旅游景点存在严重的文旅纪念品同质化现象，无论东西南北，各景点文创产品如出一辙。造成这一状况的根本原因在于两方面：一是区域旅游文化定位与特色发掘不够，难以创新相关周边产品；二是文旅产品市场过度商业化，甚至各地文旅纪念品都来自同一商品市场或企

---

① 《【延安】上榜红色旅游10大热门目的地》，陕西省人民政府网站，2022年7月6日，http://www.shaanxi.gov.cn/xw/ldx/ds/202207/t20220706_2227727_wap.html。

业代工厂。加强区域联系不等于任凭各旅游景点的产品出现同质化、雷同化的现象，这种现象对消费者而言，会使景区和纪念品的吸引力大幅度弱化。文创产品应该与区域旅游品牌的内涵与特色统一起来，是对旅游品牌的文化内涵的传承性与创新性的统一。就红色旅游而言，应依据不同消费群体的特点，深入挖掘本地特色，打造各个景区的特色景点、产品或项目，并设计符合消费者偏好的红色文化产品，给游客以差异化体验。实现这一目标，离不开增强产品的文化属性与科技附加值。

红色文创产品是红色文化、红色基因传播与发展的重要物质形态载体，能够加深文旅底色、激活红色基因。文创产品研发是一个不断升温的课题，其内容包括推动特色文创产品的开发与销售、打造景区独特 IP 等。当前该领域存在的短板也很突出：一是专业文创设计研发机构数量少，相关专业人才缺乏，大多是其他领域设计人员兼任，且专业化程度不高；二是我国地域辽阔、民族文化多样、红色资源分布广泛，既为打造特色文创提供了良好的多样性基础，但也对精准打造量身定做的文创产品提出了更专业、更高标准的要求；三是市场需求受区域性限制，投入大，效益产出相对有限。套娃式的产品设计难以承载红色基因的内核，游客也难以对它产生消费的想法。针对这些问题，需要在设计研发上精耕细作产品，推出有自身特色的系列文创产品。在日益重视品牌的大环境下，用心用情打造品牌才能使红色旅游及其产品长久化。优秀的文创产品以其独特性吸引了无数旅客的喜爱，同时也能扩大红色景区的影响力。例如，在韶山毛泽东故居，游客不仅能在实地感悟红色精神，也能买到可以打包带走的"韶山故事"。2021 年 5 月至 11 月举行的"花明楼杯"百年湖南红色文创大赛，体现了湖南对文创产品开发研究重视，并形成投入机制健全、品牌优势凸显、产业布局合理的文化创意产业体系。

三是需要提升服务质量。红色旅游建设要构建社会效益与经济效益平衡发展的理念。从提供单一旅游要素服务转向提供综合要素，红色文化旅游更应该以提高思想政治教育、红色基因传承等社会效益为主责主业。例如，凤凰古城始建于清朝，走进大众的视野源于沈从文笔下美得纯粹的边城，城内山、水、洞、瀑、泉、峰、林等自然景观众多，梵阁回涛、山寺晨钟、兰径樵歌、龙潭渔火、溪桥夜月、东岭迎晖、南华叠翠、奇峰挺秀古八景造就了古城的灵气和秀色。凤凰古城也经历了从过度商业化向适度商业化转变的过程。古城原本是一个古朴小镇，因为旅游经济发展，自然需要大力建设，以提升接待能力，满足游客井喷式的旺盛需求。一时间，这里商铺林立，人流激增，使小镇踏上了过度商业化的高速道。发展旅游业无疑可以带动当地经济的发展，然而稍有不慎，受到市场经济的裹挟，便容易导致过度的商业化。进城收费，门票价高，而食、住、行、娱等服务却跟不上，服务人员缺乏专业化培训，就会影响游客的体验感，导致负面影响出现。旅游尤其是红色文化旅游，必须综合考虑社会效益与经济效益的平衡发展。

一方面要加强旅游基础设施建设。湖南境内有大量分散的红色资源区，其中一部分处于交通不便的偏远山区。即使游客想进去，也困于种种不便而作罢。完善交通、打通脉络是第一步，后续需要进行的基础设施建设也要跟上步伐，走可持续发展的道路。此外，还得注意不能让旅游景点千篇一律，应通过结合红色资源的特色进行创造性的发挥。另一方面要加强从业人员职业素养培训。尤其是要加强专业化讲解队伍建设，因为高水平的专业讲解对游客理解内蕴其中的红色精神具有重要作用。还要加强文化故事提炼塑造，在解说词文本建设上下功夫。解说与陈设同步，可更好地帮助游客深入理解革命文物背后的故事、其中蕴含的育人精神。

第五节　新时代升华：续写红色传承篇章

红色基因是中国共产党带领人民历经百余年奋斗形成的先进思想因子的结晶，其精神特质是党性与人民性、民族性与时代性、先进性与开放性的高度统一。红色基因蕴含自信精神，指引我们"不畏浮云遮望眼"；红色基因蕴含坚定之力，警策我们"风雨不动安如山"；红色基因蕴含担当精神，激励我们"越是艰险越向前"。我们必须坚定道路自信，谱写新时代中国特色社会主义湖南篇章；必须坚定理论自信，创新融入马克思主义中国化最新理论成果；必须坚定制度自信，凝聚建设富饶美丽幸福新湖南的强大力量；必须坚定文化自信，为建设现代化新湖南提供智力和精神支撑。

一　坚定道路自信　谱写新时代中国特色社会主义湖南篇章

道路问题是关系党的事业兴衰成败的第一位的问题。中国特色社会主义道路是一条从中国历史深处走来的道路，具有内生性和独创性。改革开放以来，我国确立了中国特色社会主义道路，这条道路是实现社会主义现代化、创造人民美好生活的必由之路。习近平总书记指出："走自己的路，是党的全部理论和实践立足点，更是党百年奋斗得出的历史结论。"① 找准道路不易，而走好道路更不容易。坚定道路自信，更离不开对红色基因的传承。红色基因本质上与中国特色社会主义道路是辩证的统一体。中国共产党带领人民在实现中华民族伟大复兴的道路探索中，逐渐形成了对于中国道路的一般性与特殊性的认知，这条道路最主要的特征之一，就是扎根

---

① 《习近平谈治国理政》第4卷，外文出版社，2022，第10页。

中华优秀传统文化沃土，并结出马克思主义中国化果实。既坚持了马克思主义的科学社会主义基本规律，又根据中国实际、时代实际、发展实际，与时俱进，形成鲜明的中国特色。也正是在发展实践中，中国共产党不断坚持探索治国理政规律，创新社会主义建设与发展模式，向其他国家展示了不同的发展道路，为多样化人类文明发展道路提供了中国经验和中国方案。

湖南红色基因形成及发展与党的革命建设历程血肉相连，是中国特色社会主义道路的确立和发展的重要组成部分。湖湘儿女始终坚持与中华民族伟大复兴同心同向，在党的百余年奋斗历程里，为了探索实现民族独立、人民解放、国家富强的道路，湖湘儿女付出了艰苦卓绝的努力。湖南早期共产党人心忧天下、敢为人先，在全国率先发起建团建党，从新民主主义革命到社会主义革命、建设和改革开放，湖湘儿女在百余年的奋斗历程中，紧密联系湖南实际，从国情、省情出发，缔造红色精神，形成湖湘红色基因元素，并历经一代代湖湘人民踔厉奋发，推动红色基因传承与发展。他们在五四运动和大革命的洪流中，在秋收起义、平江起义和湘南暴动的硝烟里，在苏维埃政权和新中国建设的征途上，以建党、建政、建军的辉煌业绩，谱写了可歌可泣的革命精神湖南篇章。

湖南红色基因包括始终坚持以人民为中心的宗旨。从萌发建党初心，到领导工农革命，以毛泽东为代表的一大批湖湘仁人志士从勤读无字之书了解民生，到建党建军"敢教日月换新天"，拯救中华民族于危亡之际。从改革开放到进入新时代，国内国际形势发生了重大变化。三年新冠疫情期间，我国社会主义道路和社会主义制度的优势不断彰显，其背后是中国共产党所坚守的"江山就是人民，人民就是江山"的理念。湖南省委和省政府以"人民至上"的情怀，解民所忧、纾民所困，始终把人民群众的安危冷暖放在心上。湖南各地坚持"严"字当头，把疫情防控作为头等大事来抓，不断提高防控疫情本领，全力保障人民群众的安全。面对突如其来的疫情，湖南举全省之力众志成城抗击疫情，"吃得苦、霸得蛮、耐得烦"，三湘儿女齐心协力与之作斗争，打赢了这场艰苦卓绝的阻击战。

湖南红色基因传承与发展要始终坚持立足中国特色社会主义道路，谱写新时代湖南新实践、新作为、新征程的伟大新篇章。抓住时代机遇、乘上改革开放的快艇的湖湘儿女，要在自信自强中增强新时代历史主动性，始终坚持核心引领和思想指引、坚持和发展中国特色社会主义，坚定自己的道路、信念和选择，并内化红色精神，弘扬红色基因，敢闯敢干，不断坚持科学发展、深化改革开放，化解国际国内新形势对湖南的挑战。进入"十四五"时期，湖南实施"三高四新"战略，大力发展电子信息、新能源汽车、现代石化"新三样"，这是湖南省始终坚持党的领导，紧密结合国家重大战略部署，彰显湖南新担当、新使命，开启湖南人民新征程的新篇章，是湖南人民在新时代中国特色社会主义现代化建设中主动作答"时代之问"。

当前，湖南经济发展已经进入新常态，如何适应和引领新常态，都需要在各领域进行广泛探索。在新时代，身负红色基因的湖湘儿女要走好创造人民美好生活、实现中华民族伟大复兴的康庄大道，就要善于将湖南红色基因心忧天下、敢为人先、艰苦奋斗、勇于创新的内生力量主动融入新时代中国特色社会主义现代化建设之中。湖湘儿女要坚持以红色基因为引领，善闯新路，全面落实"三高四新"战略定位和使命任务，坚持"稳"字当头，保持"进"的态势，把握"高"的要求，实现"新"的作为，把先辈们开创的伟业不断向前推进，为中国特色社会主义现代化建设贡献新时代的湖南力量。

二 坚定理论自信 创新融入马克思主义中国化最新理论成果

中国共产党在民族危亡之际挺身而出，挽狂澜于既倒，扶大厦于将倾，为拯救中华民族做出锲而不舍、艰苦卓绝的努力。中国共产党在以马克思主义指导中国革命实践的过程中，不断结合中华优秀传统文化和中国具体实际，实现了马克思主义创造性转化、创新性发展，取得了革命斗争的胜利，取得了社会主义建设与发展的伟大成就。理论自信是基础，理论是实践的先导。习近平总书记在党的十九大报告中强调："中国特色社会主义理论体系是指导党和人民实现中华民族伟大复兴的正确理论。"坚定理论自信就是坚定对党的执政理论以及社会主义政治、经济、文化、改革开放、国防等全方位的理论创新的自信，是对理论之源、理论之基、理论创新的自信。党的历史，本质上就是一部马克思主义理论与中国具体实际相结合的历史，是一部扎根中华民族优秀文化之上，不断以革命、建设和改革实践推动理论创新，又以创新性理论推动革命、建设和改革实践不断向前发展的辩证历史。从毛泽东思想、邓小平理论、"三个代表"重要思想、科学发展观，再到现在马克思主义中国化最新理论成果——习近平新时代中国特色社会主义思想，中国共产党始终坚持马克思主义的根本立场，以辩证唯物主义和历史唯物主义的世界观方法论指导实践。

万山磅礴有主峰，大海航行靠舵手。中国共产党在长期的革命斗争与社会主义建设实践中，始终坚持批评与自我批评，勇于自我革命，不断谱写马克思主义中国化时代化新篇章。进入新时代，党坚持立足中国国情民情，结合中华优秀传统文化，不断总结革命斗争理论与经验，辩证认识和把握科学社会主义理论，不拘泥于教条，从实际出发，实事求是，创立了习近平新时代中国特色社会主义思想，这是马克思主义中国化的最新成果。习近平新时代中国特色社会主义思想赋予了马克思主义鲜明的革命特质、实践特质、时代特质和民族特质，是中华优秀传统文化和民族精神在新时代的凝炼与升华。坚持理论自信，就要传承好自己的民族文化、政治经济文化、党的建设文化，就是要传承和发展中国共产党领导中国人民历经百余年奋斗凝聚而成的红色文化、红色基因。习近平总书记高度重视红色文化、红色教育，认为红色基因"已经深深融入中华民族的血脉和灵魂，成为社会主义核心价值观的丰富滋养，成为鼓舞和激励中国人民不断攻坚克难、从胜利走向胜利的强大精神动力"。① 他告诫我们："红色江山来之不易，守好江山责任重大。"② 只有将红色基因传承下去，才能不忘来时路，才能确保革命烈士们用鲜血和生命换来的红色江山后继有人、代代相传，才能在历史的洪流中屹立不倒，在实践的发展中奋勇前行。

一百多年前，一群湖南的优秀儿女诞生了建党初心，发出了建党、建团、建军的先声。此后，更多的共产党人在这片热土上谱写了感天动地的英雄壮歌，涌现出伟大的无产阶级革命家以及无数革命英烈，为中国革命事业留下了浓墨重彩的一页。新中国成立初期的湖南，百废待兴，中共湖南省委在党中央的坚强领导下，传承红色基因，巩固了新生的人民政权，为之后进行建设和改革事业打下了坚实基础，在这片三湘大地创造了一个又一个奇迹。

在新时代，湖南再出发，在习近平新时代中国特色社会主义思想指导下，坚持开展新时代党的建设、中国特色社会主义建设、为

---

① 习近平：《在纪念红军长征胜利 80 周年大会上的讲话》（2016 年 10 月 21 日），人民出版社，2016，第 9 页。

② 《习近平：把红色基因传承下去，确保红色江山后继有人、代代相传》，光明网百家号，2022 年 8 月 24 日，https://m.gmw.cn/baijia/2022－08/24/35975173.html。

民服务的实践探索创新，坚定理论的历史自信与创新自信。在新时代，湖湘儿女始终传承保持中国共产党关于红色政权永不变色的政治基因，以科学跨越、富民强省为奋斗目标，以走好新时代长征路为强大精神动力，不断提高人民生活的幸福感、获得感，用一个个强有力的事实证明了"中国共产党为什么能、马克思主义为什么行、中国特色社会主义为什么好"。我们有充足的理由相信，在强大的红色基因激励下，中华民族伟大复兴之实现、人类美好生活之达成必能实现。

三　坚定制度自信　凝聚建设富饶美丽幸福新湖南的强大力量

中国特色社会主义制度是当代中国发展进步的根本制度保障。中国处在世界百年未有之大变局中，在中国共产党的领导下，展开了一场人类历史上覆盖范围最广、治理力度最大、惠及人口最多的脱贫攻坚战，注定载入史册。建设富饶美丽幸福新湖南是湖南人民在新时代的历史使命，而红色基因在物质建设、生态建设与精神建设上都提供着强大的精神力量。在物质建设上，湖南坚持大力发展生产力，促进"幸福湖南"的实现。从 2012 年到 2021 年，湖南城镇居民人均可支配年收入由 2.13 万元增加到 4.49 万元；农村居民人均可支配收入由 0.74 万元增加到 1.83 万元，实现了从"总体小康"向"全面小康"的历史性跨越。全省 682 万建档立卡贫困户、6920 个贫困村、51 个贫困县全部脱贫摘帽。① 单是从数据便能感受到：湖南人的生活水平正节节升高，我们打赢了这场战争。

中国特色社会主义制度优越性最鲜明的体现，就是 2020 年打

---

① 《湖南人均可支配收入大幅增长，人均消费支出增长至 22798 元》，华声在线百家号，2022 年 8 月 19 日，https://baijiahao.baidu.com/s?id=174155893979816
6104&wfr=spider&for=pc。

赢的脱贫攻坚战。以湘西花垣县十八洞村为例。作为"精准扶贫"思想的首发地，在习近平总书记视察之后，十八洞村的村民们谨记并坚决执行总书记关于"实事求是、因地制宜、分类指导、精准扶贫"的嘱托，弘扬践行"真扶贫、扶真贫"务实作风。经过三年奋斗，2016 年十八洞村在全县率先退出贫困村行列，2017 年 2 月十八洞村成功脱贫摘帽，2021 年在全国脱贫攻坚表彰大会上被授予"全国脱贫攻坚楷模"荣誉。历史总是由不懈奋斗的人民群众创造的，辉煌也是由日复一日、艰苦卓绝的努力铸就的，十八洞村不仅拉开了脱贫攻坚的历史帷幕，用"精准脱贫"的十六字方针金钥匙打开了锁闭的偏远村庄，也为全国提供了可复制、可推广的脱贫致富经验。此外，湖南还涌现了一批脱贫攻坚典型，如同星星之火，借助春风助推乡村振兴，遂成燎原之势。打赢脱贫攻坚战之后，下一步是推动高质量发展。

首先，美好生活成为新时代红色基因发展的必要内涵。改革开放以来，不断完善的社会主义制度与不断发展的现代化建设实践，成为新时代传承与发展红色基因必然体现的最大最新成果。脱贫攻坚的胜利与乡村振兴的接续，就是党的红色基因在新时代的直接体现及其成果。为人民群众谋幸福，满足人民群众不断增长的美好生活的需要，就是党的初心所系。要更好地发展和体现中国特色社会主义的本质，更好地书写中国式现代化建设的湖南篇章，胸怀大局，在实现共同富裕、构建人类命运共同体方面展现湖南担当。在党中央的指引下，湖南把握新发展阶段，贯彻新发展理念，推动高质量发展，实现了生态文明与经济发展双向奔赴的良好局面。美好生活还体现在人与自然和谐之美，在生态建设上力求更加"美丽"，保护生态环境就是保护生产力，改善生态环境就是发展生产力。党中央强化立法保障，加强生态环保领域执法检查，守护好一江碧水，让奔腾不息的潇湘之水注入洞庭、奔腾向海。湖南人坚决贯彻习近平总书记四次亲临湖南考察时强调的"绿水青山就是金山银山"的理念，走好生态优先、绿色发展的路子，在生态文明建设上展现了新作为，并应继续再立新功。

其次，在精神文明建设上显著增强幸福感。湖南省扎实推进社会主义文化建设，以"文化强省"为目标，融入科学技术，创新了红色基因传播方式，开展了传承红色基因的系列活动。湖南省社科院、省社科联、省档案馆、省地方志编纂院在以文化人方面做出了重要贡献，做了存史、资政和育人的工作。湖南高度重视红色基因的传承，打造"红色基因库"，印发了《湖南省革命文物保护利用工程（2020—2022 年）实施方案》，对加强革命文物保护、管理、利用等提出明确要求，营造了良好的社会保护氛围。从而推动了各地城乡文化旧址保护与开发利用，联动推动当地道路交通、配套文化教育、医疗卫生、商业服务基础条件提升，形成了文旅消费、优质教育引进来，红色文化、特色产品走出去的良性机制，像十八洞村、沙洲村就是典型，更多孩子在家门口即可享受优质的教育。其中省会长沙已经连续 14 年获评"中国最具幸福感城市"。

四 坚定文化自信 为建设现代化新湖南提供智力和精神支撑

《中共中央关于党的百年奋斗重大成就和历史经验的决议》指出："文化自信是更基础、更广泛、更深厚的自信，是一个国家、一个民族发展中最基本、最深沉、最持久的力量。"文化自信是中华民族上下五千年文明史凝结的中华优秀传统文化自信，是党领导全国各族人民在探求救国救民之路、实现民族独立、人民解放斗争中形成的革命文化自信，是社会主义建设、改革开放中创造的社会主义先进文化自信。这些共同构成了中国特色社会主义文化的自信，并植根于中国特色社会主义伟大实践。习近平总书记深刻论述了中国特色社会主义文化自信的本质及意义。针对文化自信的重要性，习近平总书记指出：“坚定文化自信，是事关国运兴衰、事关文化安全、事关民族精神独立性的大问题。”① 新时代，文化自信要以伟大建党精神、红色基因为力量之源，成为全体人民的理想信念，不断开创中国特色社会主义建设新局面的强大精神力量。唯有奋斗才能创造美好人生，奋斗精神内蕴于红色基因中，敢于奋斗、勇于斗争的精神正是建设现代化新湖南的强大精神力量。坚定“四个自信”，“说到底是要坚定文化自信。文化自信是更基本、更深沉、更持久的力量”。② 其中，传统文化是一个民族的根，坚定文化自信离不开传统文化的深厚滋养。湖湘文化中的坚韧不拔、百折不挠的精神品格，是湖湘儿女所体现的奋斗精神之源。不仅体现于古代王夫之，近代陶澍、谭嗣同、唐才常等人身上，现代湖湘儿女也传承着先贤们留下的传家宝，敢闯敢干，改天换地。

2020 年 9 月，习近平在湖南考察时强调：“在推动高质量发展上闯出新路子，谱写新时代中国特色社会主义湖南新篇章。”此外，他强调要“充分运用丰富的历史文化资源，紧密联系中国共产党和中国人民的奋斗历程，深刻领悟马克思主义中国化的内在道理，深刻领悟为什么历史和人民选择了中国共产党和社会主义”，这就是对历史文化的自信；强调“自主创新是企业的生命，是企业爬坡过坎、发展壮大的根本。关键核心技术必须牢牢掌握在自己手里”，这就是讲新时代科技文化的自信；强调“要牢固树立绿水青山就是金山银山的理念，在生态文明建设上展现新作为”，这就是生态文

---

① 中共中央宣传部编《习近平文化思想学习纲要》，学习出版社、人民出版社，2024，第 43 页。

② 习近平：《在哲学社会科学工作座谈会上的讲话》（2016 年 5 月 17 日），人民出版社，2016，第 17 页。

明的自信。① 新时代坚定文化自信要坚持继往开来，坚持党的领导，坚持与中国具体实际相结合、与时代相结合。增强文化自信，还要充分发挥红色文化对意识形态领域的固化作用。我国目前意识形态领域的斗争依然复杂。"国内外敌对势力往往拿中国革命史、新中国历史来做文章，竭尽攻击、丑化、污蔑之能事，根本目的就是要搞乱人心，煽动推翻中国共产党的领导和我国社会主义制度。"② 虽然由于改革开放的推进，我国逐步富裕起来，并成为世界第二大经济体，解决了"挨打""落后"的问题，但在重要领域"失语""挨骂"的问题仍亟须解决。历史的经验值得注意：20 世纪苏联解体背后有着复杂的原因，其中尤为突出的在于意识形态领域被西方所占领。在新时代，坚定文化自信，就要应对意识形态新领域的挑战。当下，互联网传播受众之广、速度之快、威力之大不可小觑。如何筑牢互联网这个意识形态斗争的主阵地、主战场、最前沿，是传播中国特色社会主义文化必须回答的问题。湖南应牢牢把握党的二十大精神和习近平总书记在视察湖南马栏山视频文创产业园时的重要讲话精神，做强文化创新，才能不断丰富社会主义文化新内涵。紧紧抓住意识形态工作责任制这个牛鼻子，牢牢守住防范化解意识形态风险底线，坚决维护意识形态安全和政治安全。湖南需要把举旗帜摆在首要位置，把学习贯彻习近平新时代中国特色社会主义思想作为首要政治任务，坚持守正创新，高质量推动湖湘文化与红色文化创造性转化与创新性发展。

新时代，湖南在传承红色基因过程中不断创新，深耕湖湘红色文化，推进"三高四新"战略，不断开创红色基因传承新局面，取得了系列重大成果。湖南注重传承红色基因，提炼其中蕴含的精神

---

① 《在推动高质量发展上闯出新路子　谱写新时代中国特色社会主义湖南新篇章》，《人民日报》2020 年 9 月 19 日，第 1 版。

② 《一、发展中国稳定中国的必由之路》，《人民日报》2014 年 7 月 2 日，第 14 版。

价值密码，并不断将其融入新时代的理论创新之中。省会长沙在这个方面积极探索，开创先河，交出了可喜的答卷。

精准建构湖湘红色文化体系，建构传承红色基因赋能地区经济发展制度体系、产业发展体系，助力"三高四新"战略的实践，是新湖南发展必然。因此，一要打造湖南城市文化标识。形成具有城市形象特色的文化标识是城市文化软实力最集中的体现，如省会长沙，既要优化历史传统的马王堆、天心阁、岳麓书院、城南书院，形成长沙古文化标识，还要打造湖南一师、马栏山视频文创产业园、湖南卫视等现当代文化标识，还可以优化"毛泽东青年艺术雕塑""三馆一厅""爱心斑马线""文和友"等新时代文化标识，使之成为广大市民和游客喜爱的打卡地。在挖掘湖湘文化底蕴的同时，结合工程机械产业打造"制造之都"，结合袁隆平院士精神文化打造"国际稻都"，进一步丰富和发展长沙的城市文化标识。二要推动文创产业升级。打造国际文化创意中心是"强省会"战略的重要目标之一，也是提升文化软实力的重要支撑点。要继续做好"湘军"文创金字招牌，发挥"广电湘军""出版湘军""动漫湘军"等传统特色文创产业的作用，擦亮世界"媒体艺术之都""东亚文化之都"等金字招牌。要在加快马栏山视频文创产业园建设，推动天心文化（广告）产业园、后湖国际设计艺术产业园、浏阳河文化产业园等特色文化产业集群发展，推动文化与科技融合，催生新的文化业态，延伸文化产业链条，集聚创新创业人才，实现文创产业的转型升级。三要完善文旅服务功能。作为国家现代公共文化服务体系示范区，长沙已经创造了一系列具有引领示范作用的"长沙经验""长沙样本""长沙模式"，如长沙图书馆"总分馆体系"建设。还应当继续深化推进国家现代公共文化服务体系示范区和国家文化旅游消费示范城市建设，大力推进国家级夜间文化和旅游消费集聚区建设，根据市民精神文化需要，新建完善图书馆、博物馆、音乐厅、文化馆、艺术馆、展览馆、美术馆、纪念馆等文化设施建设，进一步拓展全民阅读、全民健身、全民参与文化活动等平台，扩大公共文化服务的覆盖面，以打造"文旅名城"工程为抓手，推动文旅与城市深度融合。

湖南正在努力谱写文化自信的新篇章。文化自信的核心是坚定理想信念，文化自信的本质是道路自信，文化自信的要义是弘扬民族精神。在向第二个百年奋斗目标进军的当下，坚持马克思主义就是要坚持习近平新时代中国特色社会主义思想，将弘扬中华优秀传统文化与学习党史、新中国史、改革开放史、社会主义发展史相结合，不断增强湖南省在中国特色社会主义现代化建设过程中的历史自觉，坚定文化自信。要加强红色基因传承工程研究成果的宣传、推广和转化，培根铸魂，传承好革命文化、社会主义先进文化。湖南要做好红色基因传承、红色资源利用、红色精神发扬，不断丰富红色基因的新时代内涵与特质，通过繁荣红色文化催生发展活力，激发精神动力，让红色资源在三湘大地生生不息，让红色传统在湖湘沃土薪火相传，让红色基因深植于每个潇湘儿女心中，激励新时代湖南人民开拓创新、锐意进取，为建设现代化新湖南提供强大精神文化支撑。

前有古人，星光灿烂；后有来者，群英荟萃。一部中国革命史，见证了无数革命先烈为了建设充满光明的新中国甘愿抛头颅、洒热血的壮烈行为。青春由磨砺而出彩，人生因奋斗而升华。"恰同学少年，风华正茂。"青春益然、朝气蓬勃的中国，要由一代代青年接续拼搏奋斗而成；在新时代，走中华民族伟大复兴的新长征路，需要一代代湖南人民接续奋斗。强国有我，自强不息，我们要为实现第二个百年奋斗目标——实现中国式现代化，全面建成中国特色社会主义现代化强国而努力奋斗。

后　记

　　本著作为湖南省"十四五"时期社会科学重大学术和文化研究专项项目"湖南传承红色基因专题研究"（编号：21ZDAZ06）的最终研究成果。此专项项目研究历时 3 年多，立足湖南丰富的红色资源，着重研究湖南红色资源中蕴含的精神实质与中国共产党建党精神之间的内在联系、内在统一，进而论证湖南红色基因传承为弘扬伟大建党精神重要组成部分。项目探究湖南红色基因传承的路径和方法，可为全党全社会传承红色基因提供有益借鉴，为新时代党史学习教育、立德树人提供可行性参考。

　　湖南第一师范学院李昱教授担任本项目首席专家，主持集体撰写工作，并完成对全书的统稿、校对和修订，胡慧娥、吴涛全程协助。主要参与写作和研讨的团队成员是李昱、曾长秋、陈明、阮东彪、吴涛、胡慧娥、宋徽瑾、刘国峰、李凌云。

　　付梓之际，衷心感谢湖南省哲学社会科学规划基金办公室、中共湖南省委党史研究院、湖南省档案馆、湖南第一师范学院和社会科学文献出版社的大力支持。鉴于团队研究能力和撰写水平有限，本书不足之处，敬希同行专家及广大读者批评指正。

本书撰写组

2025 年 5 月

图书在版编目(CIP)数据

传承与弘扬：湖南传承红色基因研究 / 李昱等著.
北京：社会科学文献出版社，2025.5.——（湖南第一
师范学院红色学术文库）.——ISBN 978-7-5228-4295-0

Ⅰ.D642

中国国家版本馆 CIP 数据核字第 20245WD705 号

湖南第一师范学院红色学术文库·思政系列

传承与弘扬：湖南传承红色基因研究

著　者 / 李　昱等

出 版 人 / 冀祥德
责任编辑 / 陈　颖
文稿编辑 / 卢　玥
责任印制 / 岳　阳

出　　版 / 社会科学文献出版社·皮书分社（010）59367127
　　　　　地址：北京市北三环中路甲 29 号院华龙大厦　邮编：100029
　　　　　网址：www.ssap.com.cn
发　　行 / 社会科学文献出版社（010）59367028
印　　装 / 三河市龙林印务有限公司

规　　格 / 开　本：787mm×1092mm　1/16
　　　　　印　张：19.75　字　数：255 千字
版　　次 / 2025 年 5 月第 1 版　2025 年 5 月第 1 次印刷
书　　号 / ISBN 978-7-5228-4295-0
定　　价 / 108.00 元

读者服务电话：4008918866